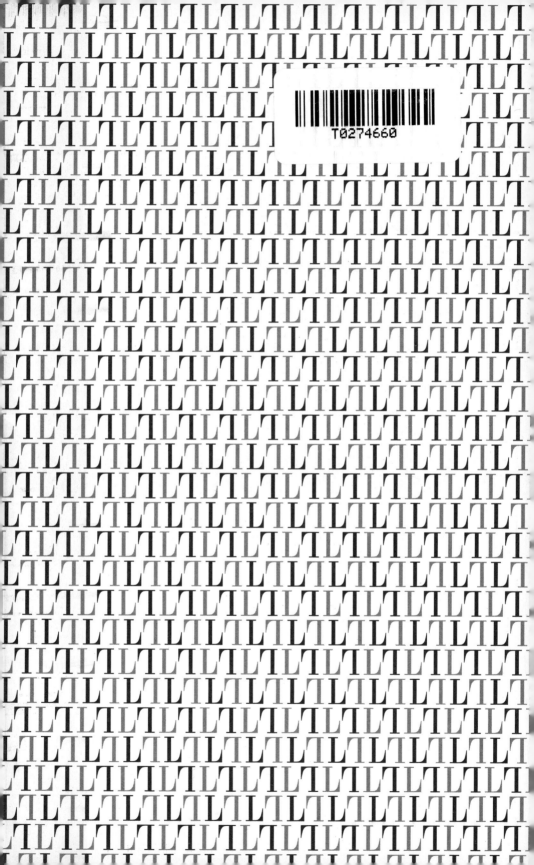

T0274660

Alejandra Pizarnik
Biografía de un mito

# Alejandra Pizarnik
# Biografía de un mito

### Cristina Piña
### Patricia Venti

Lumen

*ensayo*

Papel certificado por el Forest Stewardship Council®

Primera edición: enero de 2022

© 2021, Cristina Piña y Patricia Venti
© 2021, Penguin Random House Grupo Editorial, S.A.
Humberto I 555. Buenos Aires
© 2022, Penguin Random House Grupo Editorial, S.A.U.
Travessera de Gràcia, 47-49. 08021 Barcelona

*Printed in Spain* – Impreso en España

ISBN: 978-84-264-0792-4
Depósito legal: B-17.665-2021

Compuesto en M. I. Maquetación, S. L.
Impreso en Unigraf, S. L. (Móstoles, Madrid)

H 4 0 7 9 2 4

# Índice

# Palabras preliminares

Cuando en 1990 empecé la investigación que culminaría en la biografía de Alejandra Pizarnik publicada en la colección Mujeres Argentinas de Editorial Planeta, dirigida e inspirada por Félix Luna, tenía, a la vez, muchos recursos y una carencia casi absoluta de material.

En efecto, todavía estaban vivos muchos de los amigos y conocidos de Alejandra, a partir de cuyos testimonios armé la biografía, y contaba con una pequeña pero importante cantidad de material: la parte de su biblioteca que había quedado en la casa paterna de Montes de Oca —en ese momento en manos de Pablo Ingberg— y algunas cartas enviadas a sus amigos, reveladoras, tanto por su contenido como por sus aspectos gráfico-estéticos. Y, tal vez lo fundamental, el nítido recuerdo de su presencia en muchas personas que no habían pertenecido a su círculo más estrecho, lo que demostraba su peso en el ámbito de la literatura argentina de los años cincuenta a los setenta.

Sin embargo, me faltaban elementos capitales: los diarios, la correspondencia, sus «papeles» —cuadernos, borradores, cartas, anotaciones, dibujitos, etc.—; la parte sin duda fundamental de la biblioteca que tenía en su departamento de Montevideo 980 y, factor central, el testimonio de su familia, tanto argentina como francesa.

Aclaremos: no es que en su momento no haya hablado con su hermana, Myriam Pizarnik de Nesis, pero hubo una lógica reticencia de su parte, en tanto yo era alguien que, si bien no había conocido personalmente a su hermana —según, en cambio, era el caso de escritores como Olga Orozco, Ivonne Bordelois o Antonio Requeni—, venía a husmear en la vida poco convencional de Alejandra. Por cierto que Myriam gentilmente respondió a mis preguntas, pero sin facilitarme demasiados datos que ya no tuviera.

Felizmente, el paso del tiempo no deja solo las marcas del «ultraje de los años» del que hablaba Borges, sino que además aporta nuevas realidades. En el caso de Alejandra, esas realidades fueron, ante todo, una auténtica catarata de documentos tanto propios como de otros autores que, desde la década de los noventa, comenzaron a surgir. Para simplificar las cosas, me referiré primero a los de su autoría, que, por orden de aparición, comprenden la correspondencia que recogió su amiga Ivonne Bordelois en 1998; la edición de sus mal llamadas *Poesía completa* y *Prosa completa* en la editorial Lumen, así como de la exigua selección de sus *Diarios* —aparecidos entre 2000 y 2003, todos a cargo de Ana Becciu—; el depósito en la Biblioteca Nacional de Maestros de Buenos Aires de la parte de su biblioteca que estuvo en Montevideo 980 y que le habría dado la madre de Alejandra, Rejla (Rosa) Bromiker de Pizarnik, a Ana Becciu tras la muerte de la poeta; la ulterior publicación de la *Nueva correspondencia Pizarnik* que compilamos Ivonne Bordelois y yo (2012); las cartas intercambiadas entre ella y su analista, el Dr. León Ostrov, editadas ese mismo año por su hija Andrea Ostrov; y, finalmente, la versión 2013 de sus *Diarios*, con más del doble de páginas que la versión anterior, sin por ello llegar a ser completa, también realizada por Becciu.

Pero lo más importante es que si pudieron aparecer las ediciones a las que me refiero, se debió a que su familia depositó en la Biblioteca de la Universidad de Princeton la totalidad de sus «papeles»—diarios, cuadernos, borradores, inéditos, correspondencia, etc.— que estaban en manos de Aurora Bernárdez, en su carácter de albacea literaria de Julio Cortázar. Este, como es sabido, era un buen amigo de Alejandra y a él le llegaron en la década de los noventa. La historia de cómo terminaron esos papeles en manos de Cortázar está —como muchas circunstancias en la vida de Alejandra— enredada en versiones contradictorias donde no voy a detenerme: valga saber que, tras salir del país —donde estuvieron a cargo de Olga Orozco varios años—, quien los tenía terminó entregándoselos a Cortázar para que se depositaran en la Fundación Guggenheim, de la cual ambos escritores habían sido becarios. Pero la muerte le llegó a Cortázar antes de realizar ese traspaso, por lo cual tuvo que encargarse de ellos Aurora Bernárdez.

Esto en cuanto a los documentos de los que Pizarnik es autora; a los que es preciso sumar, en primer término, las diversas referencias a su persona que fueron surgiendo en textos de ficción, diarios y correspondencia de escritores de la época, entre los cuales cabe citar los diarios de Julio Cortázar, las novelas *Inés*, de Elena Garro, y *La muerte me da*, de Cristina Rivera Garza, un libro de poemas de Inés Malinow y una carta de Silvina Ocampo depositada también en Princeton.

En segundo —y capital— lugar, los libros y artículos de especialistas que visitaron Princeton y escribieron a partir de dicho material, como es el caso de la coautora de este libro, Patricia Venti, la especialista inglesa Fiona Mackintosh y Mariana Di Ció, argentina, doctorada en París, entre las más importantes.

Si ahora nos centramos en el aspecto más estrictamente personal del transcurso del tiempo, mi relación con Myriam Pizarnik se fue consolidando a partir de la mutua confianza, lo cual permitió, por un lado, que en largas conversaciones durante el verano de 2016 fuéramos completando múltiples aspectos desconocidos de la familia Pizarnik/Pozarnik (forma que adoptó en Francia el apellido de origen ucraniano). Y por el otro, que, junto con la fundamental intervención de Patricia Venti, llegáramos a conectarnos con la familia Pozarnik instalada en Francia y con la cual Alejandra residió alrededor de unos meses o un año[1] durante su viaje a Francia de 1960-1964.

En este punto es imprescindible que señale el papel decisivo que tuvo y tiene Patricia Venti en esta biografía. Con ella nos conocemos desde hace largos años, cuando viajó a la

---

1. Como en el caso de muchos otros datos de la vida de Pizarnik, no hay certeza absoluta al respecto, ya que por un lado están las referencias de la propia Alejandra en sus diarios y sus cartas —que como veremos no son totalmente confiables— y por otro, la memoria de su familia francesa.

Argentina para investigar sobre Alejandra a fin de redactar la tesis doctoral que preparaba para la Universidad Complutense de Madrid —que primero defendió con la máxima nota y luego publicó en forma de libro, uno de los más importantes dentro de la bibliografía crítica sobre Pizarnik—. Desde el comienzo, Patricia, que había investigado como una auténtica Sherlock Holmes en Europa y aquí, me manifestó su voluntad de hacer una nueva biografía: ella había estado dos veces en Princeton y se había quedado un mes en cada ocasión, motivo por el cual manejaba todo el material allí depositado así como el que recabó en revistas europeas. Tal empeño era absolutamente legítimo ya que mi biografía tenía —como yo bien lo sabía— falencias por desconocimiento de material y condicionamientos espacio-temporales, entre ellos el fundamental de no haber podido viajar a Europa antes de escribirla, por razones económicas obvias para la Argentina de fines de los ochenta, comienzos de los noventa.

Yo le manifesté mi total acuerdo porque no quería saber nada más con las cuestiones biográficas de Alejandra, que tantos dolores de cabeza me habían traído en su momento (no viene al caso señalarlos, pero hablar de ella fue como profanar el tótem de una secta secreta, despertando así reacciones totalmente disparatadas).

Sin embargo, pasaron los años, Patricia se volcó al mundo del cine —donde ha tenido y tiene una trayectoria sumamente rica e interesante— y el proyecto quedó en agua de borrajas.

Hasta que, cuando en 2013 viajé a Sevilla a dar un seminario sobre Pizarnik, Patricia bajó desde Madrid para visitarme y me propuso el proyecto que aquí se concreta: unir nuestras investigaciones, avanzar lo más que pudiéramos y escribir conjuntamente una biografía lo más cercana posible a la realidad.

Esta vez acepté encantada y, luego de investigar personalmente en París en 2014 y visitar Princeton en 2015, realizar juntas una estadía en París en marzo de 2016 y otra más breve en 2017 —tras mi viaje al Coloquio de la Universidad Hebrea de Jerusalén consagrado a Alejandra— para entrevistar a los Pozarnik, comenzamos a trabajar.

Como autora de la única biografía hasta ahora existente sobre Alejandra —el breve texto impertinente y tal vez de mala fe perpetrado por César Aira, publicado en España y sin circulación en la Argentina, pertenece más a las maniobras de construcción de la propia «figura de autor» del narrador que a la bibliografía sobre Pizarnik—, soy consciente de las graves falencias de aquella, al punto que yo misma la considero más un borrador que una indagación profunda en la vida de Alejandra.

Pero en este caso, Patricia y yo estamos convencidas de que sin ser la biografía —a esta altura de la historia sabemos que La Verdad no existe y que cada ser humano es diferente según con quién se relacione y la mirada que se le dirija—, será lo más fiel posible a las informaciones que tenemos sobre su vida, al margen de revelarnos aspectos de su existencia hasta ahora absolutamente desconocidos y que, para nosotras, son de capital importancia.

Entre ellos, quizá el más decisivo sea el aportado por la inclusión de fragmentos de su diario de 1950 en la nueva edición de los *Diarios* de 2013.

Nos encontramos allí con textos acerca de la experiencia de la división de la subjetividad de una madurez estremecedora y que resulta casi imposible atribuir a la chica de catorce años que en ese momento era Alejandra. Por cierto que, como señala de manera general Mariana Di Ció en su libro, es muy probable que se trate de una reescritura de su época adulta de apuntes de su adolescencia, lo cual, si bien tiene importancia para no sobrevalorar la escritura de esos fragmentos, en absoluto niega la lucidez espeluznante que sin duda aparecía en los textos originales.

Semejante revelación —cuya exclusión de la primera antología de sus *Diarios* resulta inexplicable e imperdonable— en cierta medida ha transformado nuestra visión de la autora, porque, al no responder, casi con seguridad —según la opinión de especialistas en psiquiatría a quienes consultamos—, a un brote esquizofrénico que daría cuenta de tal experiencia interior devastadora, nos enfrenta con una lucidez auténticamente prodigiosa respecto de ella, que parece remontarse, más allá de lo psicológico, a un plano casi ontológico.

Y como esa, muchas otras son las revelaciones aportadas por el material, lo que nos sitúa frente una nueva Alejandra, mucho más compleja, desgarradora, entrañable, transgresora e insufrible que la que conocíamos hasta ahora.

En otro sentido, si el acceso a su prehistoria familiar le quita algo del aura excepcional que adquiría su figura contra el trasfondo de una familia de inmigrantes sin formación universitaria, ya que tanto varios hermanos de Elías como de Rosa la tuvieron, hace que su pasión por la literatura arraigue sólidamente en el terreno de su familia, al ponernos en contacto con las figuras de singular cultura que encontramos en ambas ramas de su genealogía. Asimismo, conocer los horrores por los que pasaron tíos y primos a raíz de la presencia del nazismo en Ucrania y toda la zona del Báltico le da un asidero histórico a su profundo desgarramiento interior, tanto por la atmósfera de preocupación y tristeza que se vivió en su casa —destacada por Myriam— como por una cuestión de proyección transgeneracional de las experiencias de los antepasados.

Acerca de esto último, si bien no nos proponemos analizar transgeneracionalmente a Alejandra —ninguna de las dos tiene competencia profesional—, hay conceptos y aperturas que aporta ese enfoque que sin duda son útiles a la hora de examinar su personalidad.

Por fin, nos parece importante señalar que este libro no es una biografía *ad usum*, sino más bien un viaje a través de una vida breve y dolorosa, su travesía hacia el infierno, que finalmente terminó en suicidio, destino coherente con la vida que vivió y que, en rigor, era inevitable que sucediera.

Para esta nueva versión, tengo —tenemos— que agradecerles a mucha gente e instituciones. Ante todo, a su hermana Myriam Pizarnik de Nesis, quien, como dije antes, habló largas horas conmigo y compartió desde historias hasta fotos antiguas y algunas de sus delicias gastronómicas. En segundo término, a su familia francesa, entre quienes destacamos, por un lado, a Monique Pozarnik de Hochman, Florence Pozarnik, Pascale Pozarnik de Bettinger y Jean Pierre Hochman, y por otro, a Alain Pozarnik. En tercero, a las dos parientas de Alejandra que entrevisté, las hermanas Chela y Silvia Pozarnik, una en Buenos Aires y otra en Israel. En cuarto, a algunos amigos que entrevisté en Buenos Aires como Rubén Brahin y Antonio López Crespo. Por fin, al Dr. Patricio Ferrari, con quien fui a Princeton, donde actuó como Virgilio en lo relativo a la biblioteca, el lugar, etc., y que me facilitó lo que había anotado en su visita anterior.

En lo relativo a instituciones, en primer término agradezco al Fondo Nacional de las Artes, que me concedió una de las Becas del Bicentenario de 2016, gracias a la cual pude convertir en palabra escrita el enorme material que teníamos, en aquellas partes del libro cuya redacción asumí. Porque cada una de nosotras se ocupó de escribir algún o algunos capítulos, pero la redacción final, por una cuestión de unidad de estilo, la realicé yo, manteniendo el esquema de mi anterior biografía y los títulos de los capítulos —excepto el III, porque el nuevo material utilizado demostraba que París no fue «una fiesta», como lo nombré remitiéndome al título del libro de Hemingway—. Sin embargo, Patricia revisó el borrador final y sugirió modificar aquello que le pareció pertinente, lo cual en este caso implicó transformar el título en «El barco ebrio: París y la construcción del personaje alejandrino», para mantener el principio de darle a cada capítulo el título de un libro.

Es tiempo, asimismo, de volver a agradecerles a los amigos que, en su momento (1990), me hicieron partícipe de sus recuerdos en largas entrevistas o textos que salvaban la distancia geográfica, como es el caso de Ivonne Bordelois, en ese período en Ámsterdam, y Edgardo Cozarinsky, en París. En Buenos Aires fueron muchos —algunos de los cuales han muerto—; y a los que paso a enumerar: Esmeralda Almonacid, Rodolfo Alonso, Elizabeth Azcona Cranwell, Diana Bellessi, Lía Boriani, Luisa Brodheim, Ana Calabrese, Arturo Carrera, Juana Ciesler, Ethel Noemí Cruz, Jorge da Fonseca, Elinor Franchi, Jorge García Sabal, Luis Gregorich, Juan José Hernández, Roberto Juarroz, Enrique Molina, Fernando Noy, Elvira Orphée, Eduardo Paz Leston, Federico Peltzer, Hebe Perazzo, Marcelo Pichon Rivière, Antonio Requeni, Víctor Richini, Perla y Enrique Rotzait, Betty Sapollnik de Wilner, Raúl Vera Ocampo, Oscar Hermes Villordo, Roberto Yahni y, fundamentalmente, Olga Orozco, quien pasó largas horas conmigo recordando a su amiga entrañable y fue como el hilo de Ariadna para guiarme por el laberinto de amigos a los que debía remitirme. En otro sentido, a Guillermo Fernández Jurado y Susana Estrugo, de la Cinemateca Argentina, quienes me ayudaron a encontrar los datos que me hacían falta del Primer Festival Cinematográfico de Mar del Plata de 1954; a Jorge Cruz, quien me abrió el archivo de *La Nación* para consultar el material de la autora con el que contaba el diario; y por fin a Silvia Manzini, quien no solo me asesoró con bibliografía psicoanalítica, sino que además leyó el manuscrito y me hizo valiosas sugerencias.

Pablo Ingberg, quien en ese momento tenía la biblioteca de Alejandra que había quedado en el departamento de Montes de Oca de sus padres y que ahora está en la Biblioteca

Nacional, prácticamente se puso a mi disposición, durante largas horas y recién vuelto de un viaje, para consultar en su casa los libros marcados por Alejandra.

En relación con esa primera versión, no sería justo dejar de agradecerle a mi hija, Florencia Fernández Feijoó, quien, junto con Julieta Filloy —especie de hija postiza—, transcribió horas de entrevistas grabadas con infinita paciencia y dedicación.

Agradezco, por fin, y ya en relación con esta nueva versión, a todas las personas de mi entorno íntimo —hija, nietos, pareja, analista, amigos— por haberme secundado —cada uno a su manera— en esta tarea que, sin duda, fue grata pero compleja, debido, como he dicho, a la gran cantidad de información que tuvimos que coordinar, articular y convertir en un relato coherente que diera cuenta de una vida tan múltiple, compleja, dolorosa y rica como la de Alejandra Pizarnik.

CRISTINA PIÑA
*Buenos Aires, 1 de noviembre, 2019*

¿Quién fue realmente Alejandra Pizarnik? ¿La polígrafa de palabras «puras» y forjadora de su propia leyenda? ¿O la escritora existencial, pornográfica, tremendista, que se las ingenió para engañar y ocultar determinados episodios de su vida-obra? Cada año aparecen en el mercado correspondencias, recuerdos, testimonios, películas que ofrecen de ella la imagen de una poeta marginal y conflictiva, *enfant terrible*, fea, mala, incapaz de llevar adelante una vida adulta. En sus diarios íntimos se constata, por un lado, la vida que vivió y, por otro, la que contó. ¿Cómo distinguir la ficción de la realidad? En su caso, la escritura fue un espacio donde consolidar los sentimientos de orfandad, soledad, dolor y muerte, lo que ha servido para engañar a los críticos y biógrafos.

Han transcurrido treinta y cinco años desde que empezaron mis encuentros y desencuentros con Alejandra. El primer acercamiento ocurrió en una librería de segunda mano en Maracaibo, cuando su dueño me regaló un librito de poemas llamado *Pequeños cantos*. Varios meses después de aquel primer hallazgo, cuando ya me había olvidado de ella, revisando mi biblioteca, encontré una revista venezolana, *Zona*

*Franca*, editada en 1972, que le dedicaba un dossier. Aquella coincidencia me sorprendió y por primera vez pude advertir que detrás de la poeta consagrada, existía una mujer que fue devorada por sus propios fantasmas. Pero los encuentros no terminaron aquí. En el año 1992 me fui a Alemania y al revisar el índice anual de *Cuadernos*² descubrí que existía un conjunto de reseñas y artículos sumidos en el olvido. Emprendí un arduo trabajo de recopilación de ese material disperso y armé con ello un volumen de textos publicados en revistas y periódicos. Esta compilación me llevó seis años y posteriormente me estimuló a continuar una tesis doctoral sobre su obra. De forma que, desde los años ochenta hasta mediados de los dos mil, me consagré al estudio de su vida y obra. Posteriormente, estando ya en París, retomé el tema de la biografía de Pizarnik junto a Cristina Piña, estudiosa y académica argentina, quien ha sido pionera y gran especialista en su obra. Juntas decidimos reunir nuestros materiales para armar esta especie de tela de araña.

Así pues, esta biografía no es una novela ni un relato hagiográfico, es un documento que expone a la luz los momentos y las personas que marcaron la vida de Pizarnik. En su caso, existe un hecho fundamental que no podemos obviar: su suicidio. Ella se «despidió de este mundo» el 25 de septiembre de 1972, y los testigos de la desgracia se quedaron con la carga de haberla sobrevivido sin la posibilidad de subsanar los errores. Por ello, aquellos que la conocieron anhelan «contar la ver-

2. *Cuadernos por el Congreso de la Libertad de la Cultura*. Editada en París y dirigida por Germán Arciniegas.

dad de los hechos», el porqué de una existencia signada por lo funesto. A cierto nivel, parientes y amigos envidian la valentía de su acto, el cual —por contradictorio que parezca— fue anhelado y esperado por todos. En cuanto a los lectores, sus poemas infectados de muerte les siguen fascinando, porque de antemano existe el conocimiento de que la autora real fundió vida y literatura. De forma que sus textos finales son percibidos como si hubieran sido escritos póstumamente:

> Nunca, a través de esta poesía, logramos aprehender viva a Alejandra Pizarnik. Siempre sentimos como si nos hablara un cadáver, un expósito, un ser que no sabe que vive, que no ha conocido la vida sino que está habitando el mundo de los muertos [...] Ella creía que estaba viva. De ahí que en sus pesadillas, al creerse viva, busque un puñal para suicidarse.[3]

La poeta se hizo eco de una figuración pública y durante una década se forjó un destino trágico. Al igual que los artistas románticos, ella estaba poseída por la sensación de su propia singularidad; sentía que el mundo a su alrededor no estaba a la altura de sus sueños. La experiencia real le parecía solo una «imitación de vida» y lograba satisfacer sus deseos eróticos únicamente a través de su «personaje» con tendencias masoquistas.

Con el paso del tiempo he comprendido un hecho fundamental: Pizarnik osciló entre un destino literario relegado a

---

3. Rafael José Muñoz, «Alejandra Pizarnik: una muerta viva», en *Zona Franca* 16, dic. 1972, p. 28.

lo privado y otro expuesto a la esfera pública que contrasta intensamente con aquel primer registro. De manera que adentrarse en su existencia puede provocar una gama de sentimientos encontrados que seguramente ella, perpetua adolescente, se propuso de algún modo crear en quienes la rodeaban o en sus lectores. En mis investigaciones sobre su biografía «atormentada y conflictiva», para algunos, y «genial y transgresora», para otros, me he topado con mucho secretismo, eso sí, procurando cubrirlo todo bajo un manto de idealización, admiración y reverencia en torno a su persona. La primera vez que viajé a Buenos Aires tras las pistas de la «escritora suicida» fue en 1997, y debo confesar que me asustó la cantidad de «misterios» de los cuales nadie quería hablar. Una vez en la capital porteña, gracias a Mempo Giardinelli, pude localizar a ciertas personas cercanas a Pizarnik y empezar un peregrinaje de encuentros.

La primera reunión la tuve en una cafetería del centro. Una mujer de cuarenta y cinco años me esperaba sentada en una mesa del fondo. Antes del saludo me dijo: «Solo la vi una vez». La miré algo sorprendida, encendió un cigarrillo y continuó: «Estaba postrada en una cama. Yo había ido a visitar a una amiga que también había intentado suicidarse. Ya sabés, en el psiquiátrico los tienen a todos dopados». La reunión no se prolongó mucho tiempo y tuve la sensación de estar rozando una zona «prohibida» para aquellos que nos encontramos fuera de la historia. Después de este recibimiento a la vida/muerte de Alejandra, comenzó un cúmulo de casualidades, una detrás de otra, que objetivamente carecían de importancia pero que a mí me iban resultando cada vez más significativas. Un día, en una editorial argentina, conocí a una amiga de Alejandra. Conversamos sobre mis investigaciones filológicas y me invitó a su casa. Al entrar al piso, lo primero que observé fueron varios retratos de la «poeta» colgados en la pared. La señora me condujo hasta la sala y me ofreció un café. Mientras lo preparaba, fui al servicio, y al volver, los retratos habían desaparecido. No pregunté por qué los había quitado, pero me sentí inquieta. Al sentarnos a conversar, me dijo: «Ninguno de nosotros escribirá su biografía, está demasiado viva, y si te acercás, te destruirá». A pesar de lo extraño de la situación anterior, quise seguir en mis «pesquisas» y le pedí a mi tío (un emigrante italiano que vino a Buenos Aires en los años cuarenta) que me acompañara al cementerio judío donde estaba enterrada. Cuando llegamos a su tumba, observamos que yacía junto a su padre y que tenía un retrato de ella en la lápida. Al querer sacarle una foto, el obturador de la cámara se bloqueó. En cuanto salimos de allí, el aparato funcionó como por arte de magia. De esta forma, se iba acrecentando esa serie de «contingencias» un tanto desconcertantes, que no sabía a dónde me conducían. Pasaron varios días de relativa calma, hasta que un hombre me llamó por teléfono y me dijo que quería verme. Vino a buscarme cerca de mi casa y estuvimos caminando casi media hora en silencio. De repente se detuvo frente a un portal y murmuró: «Aquí solía leer sus versos». El edificio estaba en ruinas, nadie vivía en él. Luego tomamos un autobús y fuimos a una cafetería. Cuando entramos, el dueño lo saludó efusivamente. Pidió dos pizzas y, mientras esperábamos, extrajo de un sobre un manojo de hojas manuscritas; la primera página tenía escrito en letras de molde «Artaud, biografía» y lo firmaba Pizarnik. Quise leerlo pero no me dejó, se puso nervioso y, contrariado, lo guardó de nuevo. Comimos, hablamos de la «mafia literaria» argentina y después cada uno se fue por su lado. Nunca más volvía a verlo.

De aquella primera visita no pude sacar nada claro, solo que había estado en el ojo del huracán. Luego regresé a Europa y comencé un doctorado en España. Cuando estaba escribiendo mi tesis, apareció en el mercado editorial *Poesía completa* (2000), entonces descubrí, a través de una breve nota, que existía un material —tanto autobiográfico como ficcional— inédito depositado en la Universidad de Princeton[4] que, tal vez, podía suscitar una revisión biográfica de la escritora judeo-argentina. Después de la lectura de sus diarios y manuscritos comprendí que estaba ante un gran descubrimiento. A medida que avanzaba en la investigación, iba comprendiendo que la ida a Estados Unidos era más que nunca necesaria. En la reducida sala de «libros raros y manuscritos» de la biblioteca de Princeton, me encontré con su voz, su letra, su vida contada en un tono sufriente. Las páginas

4. «El presente volumen recoge la obra poética publicada en vida de Alejandra Pizarnik, los poemas póstumos reunidos por Olga Orozco y por mí [...] y poemas que han permanecido inéditos hasta la fecha. [...] Otro volumen recogerá su obra en prosa y un tercero, sus diarios. Todo este material, así como su correspondencia, las cajitas y sobrecitos en los que guardaba palabras o frases recogidas en lecturas o conversaciones, los cuadernos en los que anotaba poemas o fragmentos de otros autores [...] irán ahora a constituir el Archivo Alejandra Pizarnik, en la Universidad de Princeton, Estados Unidos...» (Alejandra Pizarnik, *Poesía completa*, Barcelona, Lumen, 2000, p. 455).

que leí eran pensamientos repetitivos que volvían —una y otra vez— a mí. Al principio tuve miedo de invadir su intimidad, pero luego sentí que estaba haciendo lo correcto, ya que la única forma de acceder a su historia era a través de su propio discurso, ello sin olvidar que todo sujeto autobiográfico tiende a mitificar y glorificar su propia existencia.

En abril de 2006, volví a Buenos Aires por segunda vez, teniendo en mi poder mucha información que me permitió hablar sobre Alejandra como si la hubiera conocido personalmente; lo cual me otorgó la confianza y la complicidad de las personas a las que fui entrevistando día tras día. Muchos de los testimonios no concuerdan entre sí, ya que, como bien se sabe, la memoria suele jugarnos malas pasadas y acomoda los hechos a la conveniencia del interlocutor. Otros pecan de «semblanzas mitificadas», y en la mayoría de los casos el narrador desea jugar un papel protagónico en la vida de Pizarnik. Por ello, en la medida de lo posible, mantuve varias conversaciones con sus allegados, y así alcancé a tener una idea más clara de dónde empezaba la realidad y acababa la ficción.

Asimismo, como cobiógrafa de este libro, afectivamente he procurado mantenerme al margen del personaje para no caer en la idealización de su vida. Ahora bien, al momento de sentarnos a escribir las diferentes etapas de su existencia, utilizamos principalmente dos fuentes: la primera y principal fueron sus diarios, manuscritos y cuadernos de notas; en segundo término, los recuerdos de quienes la conocieron, que recrean aquellos espacios donde el silencio de la autora nos impide visualizar la escena biográfica.

Todo esto ha determinado el tono, el modo y los contenidos de nuestro discurso, es decir, una manera de pensar, de sentir y comprender mejor a Pizarnik y el contexto social que la rodeaba.

PATRICIA VENTI,
*París, 1 de noviembre, 2019*

# 1

# A la sombra de las muchachas en flor

Buma, Flora, Blímele, Alejandra, Sasha: cinco nombres para un mismo desamparo.

Buma para la madre y el padre, el íntimo círculo de amigas del colegio, el mundo de la infancia y la primera adolescencia.

Flora en la Escuela Normal Mixta de Avellaneda, donde se atrevía a preguntar y a discutirles a los profesores, liera e inteligente, alumna de 8, a veces de 9 porque importaba más leer e inventarse, en el pequeño cuarto propio, un París admirado en los libros que matarse estudiando para sacarse 10.

Blímele para los maestros de la Zalman Reizien Schule, donde hombres y mujeres formados en Europa y librepensadores le enseñaban a un pequeño grupo de hijos de inmigrantes de Europa Oriental a leer y a escribir en iddish, a conocer la historia del pueblo judío, a venerar las festividades de su religión.

Alejandra al llegar la adolescencia, como contraseña para asumir la propia vocación, como máscara de fuego con la cual enfrentar la fiesta y el horror de la poesía.

Sasha al final, como el nombre más secreto, con resonancias de leyenda rusa y de joyeros del zar, de antepasados en el bosque helado de la Ucrania paterna; como último disfraz del desamor.

Buma, Flora, Blímele, Alejandra, Sacha: cinco nombres para un idéntico destino puntual.

El destino eran cincuenta pastillas de Seconal sódico tras cumplir un rito cargado de significación: cuando los amigos desolados entraron en el departamento de Montevideo 980 —en ese entretiempo sin tiempo que transcurrió entre que su amiga Ana Becciu la llevara, ya sin vida, al Hospital Pirovano y le entregaran su cuerpo a la familia para que lo velara, tapado por la estrella de David como prescriben los ritos, en el flamante local de la SADE, en Uruguay 1371—, encontraron las muñecas maquilladas y, junto a sus últimos papeles de trabajo dispersos, un texto perturbador: «No quiero ir nada más que hasta el fondo». Todo se había consumado en la madrugada del 25 de septiembre de 1972, a pesar de la vigilia atenta de quienes tanto la querían —Rosa o Rejzla, su madre, Olga Orozco, Elvira Orphée, Ana Becciu, Ana Calabrese, Víctor Richini, Arturo Carrera, Marcelo Pichon Rivière, Antonio López Crespo—; a pesar de la llegada de *Niebla*, la novela de Miguel de Unamuno que le pidió prestada a Roberto Yahni dos días antes de morir y que tal vez leyó o no leyó; a pesar del proyecto de un libro con sus poemas ilustrado por Esmeralda Almonacid; a pesar de la casi certeza de la aparición de lo que luego sería *El deseo de la palabra*, antología tristemente póstuma y heroicamente batallada por Antonio Beneyto en diversas editoriales españolas, pero que entonces era un libro armado con la colaboración de Martha Isabel Moia, el cual tendría —junto con los poemas y las prosas por primera vez recogidos en libro— dibujos, collages, esa otra forma de seducir el espacio que practicaba Alejandra. Como años después, traspasada de dolor, lo diría esa especie de hermana mayor o madre literaria que fue Olga Orozco para Alejandra en su *Pavana para una infanta difunta*, esa noche: «Se rompieron los frascos / se astillaron las luces y los lápices / se desgarró el papel con la desgarradura que te desliza en otro laberinto». Y el personaje, lenta y seguramente diseñado por Flora Pizarnik, nacida el 29 de abril de 1936 en Avellaneda, provincia de Buenos Aires, cumplió su destino textual sepultando a Buma, Flora, Blímele, Alejandra, Sasha, con cincuenta pastillas de Seconal sódico.

¿Por qué hablamos de su destino textual? ¿Qué quiere decir esto del personaje que devora a la mujer de carne y hueso? ¿Qué significa esta nueva Alejandra que mata a las demás?

Desde nuestro punto de vista está vinculado con la concepción del poeta y de la poesía que tuvo Alejandra, al menos hasta poco antes de morir, concepción que incidió de manera decisiva en la configuración de su biografía personal. Si bien desarrollaremos esta relación entre la Alejandra-poeta y la Alejandra-persona biográfica más adelante, por ahora baste señalar que su estética literaria —que la inscribe en la tradición de poetas que, como Nerval, Baudelaire, Rimbaud, Lautréamont, Mallarmé, Artaud y otros, concibieron la poesía como un acto trascendente y absoluto que implicaba una verdadera *ética*— llevó a Alejandra a configurar su vida según el conjunto de rasgos tradicionalmente atribuidos al mito del poeta maldito, mito este que culmina con la muerte —real o metafórica, voluntaria o accidental— como gesto extremo ante la imposibilidad de conjugar la exigencia de absoluto que se le atribuye a la tarea poética con las limitaciones de la experiencia vital, de unir vida y poesía «en un solo instante de incandescencia», como lo dijo admirablemente Octavio Paz, que tanta importancia tuvo como amigo y modelo para Alejandra.

Quien, como ella, escribió que aspiraba a hacer «el cuerpo del poema con mi cuerpo», se proponía hacer de su vida la materialización de su poética, convertirse en el *personaje* de su absoluto verbal.

Precisamente en ese sentido hablamos de un personaje lenta y pacientemente elaborado que, el 25 de septiembre de 1972, se entregó a su destino textual, aniquilando a las lejanas y próximas Buma, Flora, Blímele, Alejandra y Sacha. El avatar más acabado de Alejandra —ese nombre elegido para asumir la poesía—, «la forma que supo (el) Dios (de la poesía) desde el principio», como se podría decir parafraseando a Borges.

Ahora bien, ¿cómo surgió esta Alejandra de muerte y de poesía?, ¿desde qué lugar de una familia y una ciudad se fue configurando «la que no pudo más e imploró llamas y ardimos»?, ¿cuándo y por qué comenzó la lenta y segura metamorfosis que tendría el doble final de una tumba en el cementerio judío de La Tablada y un lugar cada vez más importante y prestigioso en la poesía argentina?

Para eso hay que comenzar desde el principio, un principio que nos lleva, como gran parte de la historia cultural argentina, a un barco que, en 1934 traía a una joven pareja de la Ucrania natal —en rigor, Polonia en ese momento—: Rosa (Rejzla) Bromiker de Pizarnik y Elías (Ela) Pizarnik. Dos que, en realidad, ya eran tres, pues Rosa estaba embarazada de Myriam, la hermana mayor de Alejandra.

## Abedules trasplantados

A pesar de que los archivos guardan muchas fotos que nos permiten saber cómo era Avellaneda en 1934, en rigor desconocemos cómo la vio la joven pareja de Rejzla y Ela al llegar desde París. Tampoco guardamos la imagen, a través de la memoria familiar, de cómo eran esos barcos cargados de inmigrantes que llegaban al puerto de Buenos Aires desde aquella Europa espantada ante el avance del nazismo, del estalinismo rampante, del fascismo largamente afirmado en Italia, de los conflictos de lo que todavía no era pero que en una década y media sería Europa Oriental, y del terror financiero que siguió al crack económico de 1929 en Wall Street.

Tampoco están las voces de Ela o de Rejzla para contárnoslo, porque murieron en enero de 1966 y en febrero de 1986, respectivamente. Sin embargo, algunas lecturas, cierto cine que construyó a su manera la época, las fotos guardadas por Myriam, la hermana de Alejandra, y por los primos franceses —Monique, Florence y Pascale— pueden ayudarnos a recuperar el largo camino que trajo a Rejzla y a Ela desde su

Rovne o Rowno natal —una ciudad de Ucrania, país que pasó históricamente del dominio austrohúngaro al polaco y el ruso a lo largo de la convulsionada historia del siglo XX— hasta este lejano puerto de Buenos Aires. Aquí se encontraron con una geografía urbana chata, sin duda muy diferente de la propia del París que habían dejado atrás. Porque entre Rowno y Buenos Aires estuvo Francia, por unos pocos meses, donde habían emigrado primero el hermano mayor de Elías, Simón, y después Armand, ambos para poder acceder a la universidad, cosa que su condición de judíos no les permitía en su país natal.

Si bien en los años treinta Rowno estaba bajo el dominio polaco, las raíces de la familia sin duda eran rusas, ya que esa era la lengua que, junto con el iddish, hablaban los Pizarnik o, más precisamente, Pozarnik. Porque, en rigor, el apellido era con «o», lo que nos remite a su sentido en ruso —«pozhar» quería decir fuego en esa lengua[5]— y así fue como lo mantuvieron los hermanos de Elías tanto en el Rovne o Rowno natal, como en Samarcanda, donde vivieron Rosa y David, otros dos de los siete hermanos de los cuales Elías era el menor.[6] Este sentido lo reafirma el chiste que le habría hecho la ma-

5. Si nos queremos poner un poco lacanianos con los nombres, es sumamente significativo que en el apellido de Alejandra esté el fuego, cuando pensamos en ese amor por la literatura que desde que era muy pequeña empezó a arder en ella hasta convertirse en el incendio que arrasó con su vida y en ese desborde incandescente que marca su palabra.

6. Este dato no es del todo seguro, ya que, por la fecha de nacimiento que se tiene de la hermana Rakhel —que habría muerto en la Shoá—, ella sería de 1910, es decir, tres años menor que Elías. Pero, como señalamos, hay muy pocos datos sobre ella.

dre de Rejzla, Flora Brake Kaufmann, y que pasó de generación en generación, según el cual, cuando su hija le informó que estaba saliendo con un hombre de apellido Pozarnik, la señora le dijo: «¿Cómo?, ¿con un bombero?».

Bromas aparte, suponemos que, como les ocurrió a tantos inmigrantes que llegaron a la Argentina con apellidos difíciles para los oídos poco cultivados de los empleados de inmigración, Rejzla y Ela bajaron del barco llamándose Pozarnik e ingresaron al país, pluma inculta de por medio, como Pizarnik.[7]

Si los nuevos Pizarnik no pasaron, como era habitual entre los europeos que venían a «hacerse la América», sus primeras noches en el Hotel de Inmigrantes, se debió a que ya estaban en el país la hermana de Rosa y su marido, Jane Bromiker de Mester y Benjamin Mester, a la que después de Rosa seguirían el hermano Noia (Naúm), casado con Teme y con quien ya tenía a Berta, la primera hija, a la que se sumarían tres varones nacidos aquí —Natalio, David y Jacobo—, y el hermano solterón Miguel, mujeriego, carrerista y de buen tomar. Y todos se afincaron en Avellaneda.

Esa inserción, a pesar de llegar a un territorio no totalmente desconocido por la presencia de la familia, sin duda debe de haber sido dura: venían de familias de posición económica desahogada —respecto del abuelo Pozarnik, Myriam recuerda

7. Claro que eso también era un azar: un primo de Elías del mismo apellido, y con quien los Pizarnik mantuvieron contacto a lo largo de los años, siguió manteniendo la «o», por lo cual las dos primas segundas de Alejandra, Silvia y Chela, a quienes Cristina Piña entrevistó respectivamente en Tel Aviv (2017) y Buenos Aires (2016), se llaman Pozarnik, al igual que los primos franceses.

que era constructor y que tenía una casa, una vaca y veraneos en Zacopane, una localidad turística del sur de Polonia en medio de las montañas—, además de una sólida cultura.

Esta puede juzgarse por el hecho de que, en el caso de la familia de Elías, si bien él solamente accedió al *Gymnasium* —al igual que Rosa—, sus hermanos mayores Simón y Armand escaparon a Francia donde podían cursar la Universidad. En el caso de Simón, estudió ingeniería —al igual que su esposa Dvoira, a quien conoció en la facultad— y, en la medida en que consolidó su situación, convocó a su hermano Armand —primero tocaba el cello en una orquesta local de Rowno y, en el momento en que decide quedarse en París, vuelve de una gira en barco por todo el mundo, tocando en la orquesta de a bordo—, a quien, por su talento, hizo estudiar en el Conservatorio.

Por el lado de Rosa, si bien no son tantas las precisiones, hubo una hermana, Zlate, casada con el director de un hospital ruso y que estudió Letras en Rusia, con quien no es difícil vincular la pasión por las letras de Alejandra, de la misma manera en que el padre les comunicó el amor por la música.

Porque no era solo Armand quien tocaba en una orquesta, sino que Ela también había formado una orquestita propia —hay una foto donde se lo puede ver con sus compañeros músicos— en la que tocaba alternativamente el violín, la mandolina y la guitarra.

Lo que Elías no llegó a cursar, en razón del endurecimiento de las circunstancias en el Rowno natal, fueron estudios universitarios, lo cual sin duda determinó el trabajo que se vio forzado a hacer apenas llegó a Avellaneda. Porque si después llegaría a ser un *cuentenik* respetado dentro de la comunidad judía centroeuropea de Avellaneda —es decir, un vendedor domiciliario preferentemente de joyas, aunque también de otros artículos como electrodomésticos, que para nada tenía que ver con nuestra idea de un vendedor ambulante o buhonero, como lo explicaremos después—, comenzó vendiendo toallas y camisetas en la calle. Y este es el punto en el que es muy difícil no ceder a la impresión del milagro.

Porque esa pareja de jóvenes que llegó sin trabajo, sin dinero y sin conocer el idioma —cuando ese mismo año de 1934 nació Myriam, hubo que llevar un intérprete al Hospital Fiorito para que tradujera las indicaciones del médico y las inquietudes de Rosa— a los pocos años había alcanzado una posición bastante sólida. En efecto, tras alquilar por escaso tiempo una piecita en una pensión, Elías pudo trasladar a su familia —que a partir del 29 de mayo de 1936 incluía a Flora, el verdadero nombre de Alejandra— a un departamentito en la calle Italia 55, a unas pocas cuadras del Hospital Fiorito pero, sobre todo, muy cerca del colegio al que fueron las dos hijas, la Escuela Nacional N° 7.

Después pudo comprar el terreno de Lambaré 114 y construir una casa de dos plantas —de la que la familia solo ocupaba el piso de arriba pues alquilaba la planta baja—, adonde se mudaron cuando Myriam tenía 11 años y Alejandra 9, es decir, en 1945.[8] Allí permanecieron varios años hasta que se

8. Como recuerda su amiga Aurora Alonso, hace años un grupo de poetas jóvenes rescató la esquina de la casa poniéndole una placa donde se la señalaba como la casa de Alejandra, si bien muy poca gente del barrio sabe quién fue y no conoce sus poemas.

mudaron al departamento de Montes de Oca 675, a instancias de Alejandra, ya que veía coartada su libertad cuando empezó sus estudios universitarios porque, al no tener teléfono en Lambaré, tenía que volver a una hora fija para que su padre la pasara a buscar por la parada del colectivo, adonde a su vez la llevaba cuando iba para el centro.

A este ascenso económico tenemos que sumar el departamento que Elías compró en los años cincuenta en Miramar, para que sus nietos tuvieran donde veranear. Porque Myriam se había casado en 1953 con Elías (Zito) Nesis y ya en 1957 tenía dos hijos, Mario y Fabián. Se trata del mismo departamento que, después de la muerte de Elías, Rosa vendería —con la total anuencia de Myriam, quien generosamente renunciaba así a la parte que le tocaba— para comprarle a Alejandra en 1968 el departamento de Montevideo 980.

Este ascenso demuestra que la Argentina de los años cuarenta, a pesar de no estar ya, como a principios de siglo, entre los siete primeros países del mundo, era una nación bastante próspera, donde quien trabajaba podía vivir relativamente bien. Y Elías Pizarnik había trabajado duramente y lo seguiría haciendo hasta el final de sus días, cuando Rosa lo reemplazaría en su trabajo.

Dijimos antes que era *cuentenik* y no hemos utilizado la palabra en iddish como un efecto de atmósfera o como una muestra de conocimiento; ocurre que por tratarse de una forma peculiar de comercio, habitual en la comunidad judía al menos de esos años, no responde exactamente a nuestro concepto de vendedor domiciliario, menos aún al de mercachifle, pues dentro de la comunidad judía no había diferencia, en cuanto al estatus social, entre quien tenía un local comercial —generalmente en la parte delantera de su casa— y quien trabajaba a domicilio.

Una de las compañeras de escuela de Alejandra, cuyo padre era joyero y quien, además de ser amigo de Elías, lo proveía de alhajas para sus negocios domiciliarios, explicaba que los *cuentenik* tenían sus libros de contabilidad, operaban prácticamente con el mismo criterio comercial de cualquier negociante y su actividad era tan respetable y respetada como cualquier otra. Por lo general, vendían a plazos —como era común en una época en que la «libreta» del almacenero o del lechero era moneda corriente— y contaban con una clientela más o menos fija. Si bien Elías comerciaba también con otros objetos, según dijimos antes, su rubro fundamental eran las alhajas.

Al respecto, Myriam recuerda que a ella le tocaba, además de ordenar el dinero, guardando los billetes de un peso en un hermoso sobre de lagarto azul que Rosa había traído de Europa, armar los estuches donde iban los relojes Omega de oro que el padre les vendía a los obreros peronistas, prolijamente dispuestos sobre algodón amarillo.

Si citamos esta anécdota es porque la fantasía de que los antepasados eran «joyeros del zar», como Alejandra les dijo a muchos de sus amigos hacia el final de su vida, en realidad no era un invento de su imaginación literaria o su costado histriónico y un poco snob, sino una fabulación que urdieron entre las dos hermanas. Porque, como recuerda Myriam, pensaron que, ya que eran rusos, al menos tenían que serlo con un toque de calidad y clase, por lo cual se inventaron los antepasados nobles...

Y Alejandra también convierte la casa en material poético cuando, como lo recuerda Aurora Alonso, tras una limpieza *manu militari* emprendida por la madre después del casamiento de Myriam, Buma recita, en la clase de Literatura argentina, una de sus primeras prácticas poéticas, en forma de epigrama humorístico: «En la calle Lambaré / feliz era en mi cabaña / vino la vieja y su saña / no ha dejado nada en pie/ en la calle Lambaré». Como podemos ver, ya desde los inicios de su carrera como poeta, Alejandra sacaba a relucir un humor especialísimo que alcanzaría su forma definitiva en su texto póstumo *La bucanera de Pernambuco o Hilda la polígrafa*.

Pero no solo había un creciente bienestar económico, sino que, si les damos crédito a las palabras de Myriam, también había armonía familiar —al menos hasta la adolescencia de Alejandra—, y los padres se preocupaban especialmente por la educación de las hijas, cada uno desde su lugar: Elías, el de sostén económico y moral de la familia —Myriam destaca la preocupación de su padre por el «qué dirán» de la comunidad—, y Rosa, el de ama de casa dedicada a sus tareas y a la educación de sus hijas.

Si aquí hemos señalado la cuestión de la importancia atribuida a las opiniones de la comunidad, es porque cuando vamos al *Diario* de Alejandra —a la versión completa depositada en la Biblioteca de Princeton— nos encontramos con una versión totalmente diferente de la relación con el padre y la madre. Sobre todo en París, cada vez que los recuerde será con rencor y acusándolos de no haberlas querido ni a ella ni a Myriam, de haber hecho de la infancia un infierno, de ha-

berla golpeado —fundamentalmente la madre— y de haberla dañado para siempre, como se puede ver en las siguientes
entradas (que no fueron publicadas en la nueva edición del
*Diario* de 2013)[9] y que, en el caso de la segunda, citamos in
extenso por su importancia:

> Pero lo que te hicieron a ti tus padres es inenarrable. Pensar en
> mi infancia es obligarme a odiarlos. ¿Cómo es posible que ha-
> yan carecido absolutamente de recursos mentales y afectivos
> para hacernos sufrir tanto a Myriam y a mí? Mi madre jamás
> me acarició y jamás me besó, espontáneamente y naturalmen-
> te. Eso era lo impensable. Lo único que surgía de ella era la
> prohibición, el <u>NO</u>, la mirada colérica, de desaprobación. No
> obstante, yo fui culpable, posteriormente de su ira y enojos.[10]

> [...] cuando nadie me veía me golpeaba la cabeza contra la
> pared hasta que venía mamá a arrancarme del muro y a orde-
> narme que no me haga la idiota. Ahora, querida mamá, lo
> hago de memoria y por más que te encolerices y grites tu ame-
> naza ha sido consumada [...] A veces me gusta decir que tus
> gritos fueron los causantes, y en verdad así debe ser. Me diste
> más miedo que el que pueden dar a una niñita en la selva los
> rayos, la lluvia y los animales crueles. Me diste tanto miedo
> que hasta temo odiarte y cuando pienso en ti me emociono y

9. Alejandra Pizarnik, *Diarios* [Edición de Ana Becciu], Barcelona, Lumen, 2013. Salvo indicación expresa, siempre se citará por esta edición.
10. Papeles Pizarnik, Biblioteca de la Universidad de Princeton, Departamento de Libros Raros y Ediciones Especiales, Departamento de Manuscritos, Caja 1, Carpeta 8 (11 de enero, 1961).

tiemblo y quisiera destruirme más aún —si ello fuera posible— para calmar tus deseos arbitrarios y confusos que solo expresaste con tus gritos y tus amenazas espantosas. Cada vez que me recuerdo niñita me vienen ganas de que te mueras de una muerte horrible y que la asocies de alguna manera conmigo y que reconozcas que es tu justo castigo. Yo no te pedí amor (mi necesidad de amor fue tan absoluta que aún de haber sido generosa no me hubieras podido colmar nunca). Yo no te pedí nunca nada. Pero recordar que castigabas con látigos y palos a una niña minúscula y recordar también tus frases caóticas llenas de promesas atroces del viejo Testamento y de amenazas que solo se cumplían en mi imaginación, me hace morir de ira y ello me hace más daño que todo, pues cuando odio, tus amenazas se cumplen y respiro mal, vomito sangre sin estar enferma [...] justamente tú a quien conozco solamente por el contacto físico que tuvimos hace años cuando me pegabas como quien hace el amor hasta que te ibas jadeante y mojada abandonándome en un rincón con el cuerpecito dolorido y los ojos fijos en una muñeca sin cabeza a la que le juraba no volver a hablarte en mi vida porque habías ido más allá del castigo, a una zona peligrosa en la que hay humillación, ofensas imperdonables y odio.[11]

Asimismo, merecen citarse los dos siguientes fragmentos de momentos muy distantes pero ambos publicados: el de la entrada del 9 de noviembre de 1962, donde nuevamente los padres aparecen como destructores:

11. *Ibidem* (12 de agosto, 1962).

Cuando yo era una niñita decía siempre sí. Sí al juego, al canto, a las exigencias familiares. Cuando tenía tres años era bellísima y sonreía. Aún mi madre no había ganado, aún las [tachado] no me torturaban. Me ponían sobre una silla y me hacían cantar. Yo cantaba. Me ordenaban silencio. Me callaba. Me mandaban a un rincón con los juguetes rotos y polvorientos y allí me quedaba. Hoy pienso en esa niñita y me asombra comprobar cómo trabajaron para arruinarme. Labor perfecta. Quedó lo que tenía que quedar: un poco de ceniza. Pero no me quejo. Es idiota defender a los inocentes. Alguien contaba cómo los ojos de Anna Frank eran cada día más enormes, cómo se consumía y lloraba cada día menos. La faena repugnante de mis padres y maestros es semejante. Es igual, quiero decir. (pp. 520-521)

y el del 22 de agosto de 1970, centrado fundamentalmente en la madre y donde se alude a la vecina del piso de arriba de Montevideo 980, de quien nos ocuparemos en el último capítulo:

Entretanto, me asfixio porque recuerdo el terror de mis noches de infancia, cuando mamá prendía la luz intempestivamente con el fin de descubrir en dónde teníamos las manos: si debajo o encima de la frazada. Y como se daba el caso de que las mías estaban debajo, simulaba ordenar mi cama para concluir ordenándome que pusiera las manos en donde correspondía.

De esas visitas nocturnas y difíciles de creer —oh pero eran tan ciertas, tan ciertas, ¿por qué, si no, me asfixiaría ahora mientras la vecina duerme?—, de esas visitas quedó un temor extraordinario y sobre todo mi mala respiración. Contengo el aliento para no hacerme notar y a la vez hago ruidos exagerados para demostrar que no temo hacerme notar. Ese terror de las visitas nocturnas de mi madre, seguida por mi padre con [sic] por un sirviente o un paje. Y ahora estoy sola, vivo sola, pero en el silencio de la noche estoy pendiente del momento en que la mujer del 8ème note que no duermo, que tengo las manos en donde no se debe y que toda yo soy un holocausto a lo que no se debe. (p. 958)

A partir de esta contradicción no podemos decir nada con seguridad sobre Rosa y Elías como personas reales, sino de los padres que experimentaron cada una de las hijas: para Alejandra, si hemos de atenernos a sus *Diarios* y al trato despectivo hacia Rosa que algunos amigos recordaron, su madre en especial fue un infierno; para Myriam, en cambio, padres buenos y generosos, con una evidente predilección por ella de parte del padre —que Alejandra también señala en sus *Diarios*, solo que atribuyéndole una interpretación personal—, quien valoraba su orden, su habilidad manual y a la que estaba dispuesto a consolar por cualquier inconveniente. Al respecto, merece señalarse la anécdota, contada por la propia Myriam, de que ante sus protestas por sus cabellos rizados, el padre se ofrecía a darle cien cepilladas todos los días para que se volvieran más lacios.

Pero frente a esta supuesta preferencia, tenemos también una contrapartida: el testimonio de una de las hijas del primo de Elías también instalado en la Argentina, Chela Pozarnik, quien como siempre escuchaba a Elías hablar solamente de su hija Alejandra y destacar sus valores, se asombró al conocer a Myriam pues directamente ignoraba su existencia.

Es decir que resulta casi imposible pronunciarse con seguridad absoluta sobre los sentimientos de Elías y Rosa hacia sus hijas, si bien el hecho de su preocupación por la educación de ambas es innegable.

Porque las chicas no solo iban a la Escuela Nacional N.º 7 de Avellaneda, sino también a la Zalman Reizien Schule, donde les enseñaban a leer y escribir en iddish, las instruían en la historia del pueblo judío y les impartían conocimientos sobre su religión. En la elección de este establecimiento se trasluce algo de la ideología de los padres, quienes, como era bastante común en cierto tipo de inmigración judía de la época, se cuidaban muy bien de manifestar sus opiniones políticas en general.

En la Avellaneda de la época había dos escuelas judías: una más ortodoxa, tanto desde el punto de vista religioso como pedagógico, y la Zalman Reizien, que, debido a la orientación pestalozziana de sus maestros —sin excepciones formados en Europa—, resultaba verdaderamente progresista.

Se manejaban con métodos pedagógicos de avanzada, daban gran libertad a los alumnos, que eran pocos, y respondían, de manera general, a la orientación filosocialista de Elías Pizarnik, quien dentro de la comunidad era considerado un hombre, si bien respetuoso de la tradición religiosa, con ideas más avanzadas que la mayoría.

Al respecto, nos parece interesante señalar la coincidencia general, aunque de corte más moderado tanto en lo político como en lo religioso, con la orientación de sus hermanos instalados en Francia. Como lo recordaba sobre todo Florence Pozarnik, su padre Simón no solo no era un judío practicante, sino que fue miembro del Partido Comunista Francés —alguna vez la llevó a repartir el diario *L'Humanité* a la salida del subterráneo— hasta 1956, en que se desafilió a causa de la invasión soviética a Hungría. En cuanto a Armand, tampoco era practicante, como lo revela su segundo matrimonio con Geneviève, la madre de Pascale, de origen católico, y sus ideas también se inclinaban a la izquierda.

Además de lo que señalamos, la Zalman Reizien Schule era una escuela donde se podía «atorrantear» y donde los varones, con esa mezcla de ingenuidad y de mala intención típica de la edad, apenas salía el maestro del salón, corrían a las chicas para pellizcarlas o, precisamente por la falta de la disciplina rígida que prevalecía en las escuelas estatales, organizaban juntos travesuras que por lo general terminaban en el salón de actos, donde se escondían bajo el escenario.

Volviendo a la atmósfera de la casa paterna, hay dos factores que es preciso destacar. Por un lado, la mayor cultura que, comparativamente con los hogares de otros emigrados judíos de Europa Oriental, se respiraba en la casa, en concordancia con el nivel cultural de las dos familias de origen. Porque no era solo que a Elías le interesaran la historia y la geografía, que amara las canciones francesas de la época —Edith Piaf, Juliette Greco, Jacques Brel, Ives Montand, Georges Brassens— y por sobre todo la música clásica, sino que, según todas las personas que lo conocieron y el testimonio de las fotos, tenía un aire de distinción natural que, junto con su buena planta, sus ojos celestes y su discreción, lo convirtieron en el ideal masculino de muchas compañeras de Alejandra cuando llegaron a la floración edípica. Además, Elías Pizarnik, según las palabras de Myriam y esas mismas compañeras, era un hombre de buen carácter, tímido y reservado pero de modales refinados y en general cálido, especialmente comprensivo para las que luego fueron «las locuras» de Alejandra, en la adolescencia y la juventud, con una sensibilidad más cercana a la de su hija menor que a la de Rosa, su mujer.

Esto no debe hacernos olvidar la atención al «qué dirán» que Myriam recuerda en él, y que, si bien se fue aflojando con los años —y sin duda con el crecimiento de Alejandra como escritora—, sobre todo en la adolescencia impedía demasiados excesos por parte de Alejandra.

Por su parte, Rosa era una mujer más refinada que la mayoría de las señoras de la colectividad. Para algunos por influencia de su marido, para otros por sí misma, el hecho es que era cuidadosa en su manera de vestir —si bien no llegaba a ser «pilchera» (la expresión es de Myriam) como su marido, a quien le gustaba especialmente vestirse bien—, lo cual realzaba su figura menuda que se fue redondeando con los años, y su cara bonita. A pesar de ser tan tímida como su marido, quienes la conocieron afirman que era afable y siempre estaba dispuesta a que las amigas de las hijas invadieran la casa y, según las épocas, hicieran catastróficas tortas de vainilla en la cocina o se encerraran en el cuarto de Alejandra para escuchar discos, hablar de Sartre, del existencialismo, esas cosas que Rosa no entendía pero por las que no podía impedir que su hija menor se fascinara. Por supuesto que hubiera querido un destino diferente para Buma, no ya los adolescentes gestos estrafalarios que terminaron en la elección de la poesía como camino vital. Pero esto forma parte de la historia más compleja y casi insoluble a la que antes nos referimos: la relación interna de Alejandra con sus padres, sobre la cual hay mucho más que decir.

Quizás un pequeño rasgo sirva para sintetiza el sentido preciso en el cual Elías y Rosa Pizarnik se recortaban de los otros miembros de la comunidad por sus modales más cuidados y corteses: como lo comentaba una compañera de secundario y amiga íntima de Alejandra, de origen italiano y religión católica, en lo de Pizarnik los padres nunca hablaban en iddish entre sí o con las hijas cuando había alguna persona que desconocía el idioma. Cosa que para nada ocurría en otras casas de Avellaneda.

El segundo factor que se puede señalar en relación con la atmósfera de la casa de los Pizarnik lo constituye una de las diversas fisuras que quitan a la infancia de Alejandra su aparente armonía, felicidad y tranquilidad, lo dejamos para cuando nos centremos en la dualidad que preside casi la totalidad de su vida y su subjetividad.

## Bumita, Blímele, Blum

De la vida de Buma —como la llamaban sus padres— en la infancia, no es mucho lo que podemos saber, además de lo que cuentan sus compañeras de escuela primaria y su hermana Myriam.

Que era una chiquita divertida y un poco gorda, sin duda despabilada, no cabe duda, como lo demuestra el hecho de que estuviera dispuesta a formar parte de un número vivo en la Zalman Reizien Schule, según lo recuerda su compañera Betty Sapollnik, a quien junto con Buma le tocó hacer de pimpollo en el *Vals de las flores* que la maestra pergeñó para un acto de la escuela. El episodio tiene su gracia porque, como recuerda la amiga, ambas poco tenían que ver con los esbeltos pimpollos a los que aludía el vals, ya que eran un par de gorditas simpáticas pero sin el menor complejo por su físico.

Señalamos esto porque, unos años más adelante, los kilos van a ser una de las cruces que arrastre Buma y el comienzo —inocente por cierto— de sus muchas adicciones a las drogas químicas, a raíz del consumo de anfetaminas para combatir la gordura.

Pero hasta los doce años, Buma, según el relato de quienes la rodeaban, era una chica feliz, sin otros rasgos singulares que unos grandes ojos verdes y una piel morena sobre la cual estos resaltaban, lo mismo que su boca sensual de labios gruesos. Además era un poco actriz, ya que, como recuerda Myriam, en las reuniones familiares —los Pizarnik se reunían con su familia y con amigos como lo testimonian varias fotos en la terraza de la casa de Lambaré— siempre recitaba algún poema y se convertía, en palabras de su hermana, en el «alma de la fiesta».

Este dato, asimismo, nos hace sospechar que lo que luego se caracterizó como tartamudeo de Alejandra puede no haber sido tan acusado antes de 1948, lo que pondría esa peculiaridad del habla en íntima relación con las alteraciones de su conducta que comenzarían a partir de los doce años, para irse acentuando con el correr de los años.

Porque a esa edad cae víctima de una enfermedad que parece transformarla totalmente. Como cuenta Myriam, Alejandra contrae escarlatina, una enfermedad que, al margen de sus riesgos generales, dentro del mundo de los Pizarnik viene cargada de un carácter fatal: una de las hermanas de Elías —no hemos podido saber cuál— muere a causa de ella. De manera que la escarlatina de Alejandra se vive en la familia como una situación extrema, al punto que se alteran radicalmente las costumbres de la casa: durante los dos meses que dura la enfermedad, Myriam duerme en la habitación de su padre, mientras que Alejandra lo hace con la madre, y la enfermera, en la de las chicas.

De esto lo que nos importa es el mencionado cambio radical que se produce en Alejandra, que de una chica osada y alegre pasa a ser triste y callada, cambio con el que no podemos sino poner en relación, como antecedente, la experiencia de extrañamiento de sí que aparece en sus diarios de 1950, es decir, cuando tenía catorce años. En efecto, como pudimos saber por la segunda edición de sus *Diarios* de 2013, Alejandra sufre una experiencia que, si bien es habitual en los adolescentes de esa edad según la opinión de especialistas, alcanza una radicalidad y una hondura que no son tan comunes.

Para justificar nuestras afirmaciones, vamos a transcribir algunos fragmentos de esas reflexiones sobre la división del yo, haciendo la salvedad de que no podemos saber si la redacción, sumamente cuidada y literaria, es la original. Seguramente, siguiendo la opinión de la especialista Mariana Di

Ció en su libro consagrado a la escritura de Pizarnik,[12] se trate de una reescritura posterior, lo cual, sin embargo, no le quita radicalidad a la experiencia en una adolescente de catorce años:

Ella no teme la muerte. Sabe que «la otra» no morirá. Es más aún: morir significaría tal vez —y esta es su esperanza— incorporarse a sí misma, abrazarse sin miedo, atreverse a abrir los ojos y mirarse. Mirarse por vez primera. Por eso quiere morir… (p. 990)

Ella se ama porque tiene miedo de odiarse. Hay algunos días —si bien son muy pocos— en los que se confiesa su odio. Pero esos días sufre como una herida abierta. […] Por eso va delante de sí misma y se agasaja y se halaga, temerosa siempre de no haber hecho lo suficiente para complacerse… (p. 991)

Pero sobre todo creer en la propia inutilidad. No apasionarse por nada propio ni ajeno. […] Conocer que la esperanza es una mentira, que lo absoluto es la única aspiración legítima y que es inalcanzable. […] Negar a la esperanza, a la espera y al sol. Agonizar con los ojos cerrados, sin apelación. (p. 992)

Al nombrar estos cambios, nos parece que también merece señalarse la alteración que traen a la casa de los Pizarnik los acontecimientos europeos. A partir de 1939 la guerra se aba-

12. Mariana Di Ció, *Une calligraphie des ombres. Les manuscrits d'Alejandra Pizarnik*, París, Col. Manuscrits modernes, L'Harmattan, 2014, p. 52.

te sobre Europa, y para familias judías como los Bromiker y los Pozarnik ello implica un riesgo extremo, al que en gran medida sucumben ambas. Porque son muchos los muertos por los nazis, sea en campos de concentración, sea en lo que los primos franceses llaman la *Shoah à balles*, es decir, la Shoá a balazos, modalidad que entraña tanto los asesinatos azarosos de judíos por las calles, que en apariencia eran comunes en los países bálticos y en Polonia, como los fusilamientos después de hacerles cavar su propia fosa. El ejemplo más crudo de la primera es lo que les ocurre a la hija y la primera mujer de Armand Pozarnik. Cuando están en Riga (Letonia) —de donde es la mujer de Armand— un grupo de soldados se apodera de la hijita de Armand, la revolea y le aplasta la cabeza contra la pared. Y como la madre empieza a gritar, la matan a balazos.

Como ejemplo del segundo, los fusilamientos, están la muerte de dos hermanas Pozarnik: Rakhel, a quien matan junto con su hijo David, y Riwka.

Enterados de estas noticias, y después de la ocupación de Francia por parte de los alemanes, no es de extrañar que el miedo y la tristeza estuvieran presentes en casa de los Pizarnik, quienes sin duda hasta 1945 vivieron en una zozobra constante: la propia Myriam cuenta que a los cinco años tenía pesadillas en las que Hitler aparecía para llevársela.

Pero también hay que destacar la ayuda que Elías dio a sus parientes de Francia a través de JOINT —Comité Judío de Distribución Conjunta—, institución que desde 1918 canalizaba la ayuda para los judíos del mundo que estaban en situación de vulnerabilidad. En efecto, una vez terminada la guerra, Elías les envió ropa, calzado y todo lo que pudo a sus hermanos, quienes siempre le estuvieron agradecidos. Sin duda, dentro de esta gratitud tenemos que incluir el hecho de que a Alejandra la recibieran Simón y Dvoira en 1960 en su casa de Chatenay-Malabry, primer punto de llegada de Alejandra a Francia en su camino hacia el París soñado.

Pero, insensiblemente, nos hemos alejado demasiado de la infancia de Alejandra, marcada por las contradicciones y las grietas que señalamos.

Otra grieta, destacada por sus compañeras de colegio, era la constante confrontación en todo sentido a que la sometía su madre con la hermana mayor, Myriam. Porque Myriam era delgada y bonita, rubia y perfecta según el ideal materno, todo lo hacía bien, no tartamudeaba, no tenía asma —otro de los factores que marcaron su infancia— y no hacía lío en la escuela.

Es decir, una infancia con dos caras —como, por otra parte, lo son la mayoría de las infancias—: por un lado la apariencia de armonía y el bienestar económico, hecho a fuerza de trabajo; las travesuras y la libertad de unos padres bastante comprensivos y un barrio donde se jugaba en las calles o en las casas de las amigas. Por el otro, la tristeza y la interrogación metafísica sobre la identidad, el asma, la tarta-mudez, la gordura —si bien este problema se volvería algo verdaderamente importante solo en la adolescencia—, la her-mana linda y perfecta.

Al margen de ellos, y tal vez reconciliándolos o presen-tándose como un camino para ir más allá de ellos, la másca-ra de la literatura que ya comienza a definirse: desde chica a

Buma le apasionaba escribir, como lo recuerda su hermana. Seguramente por eso, la composición sobre María Antonieta y Luis XVI que escribió a los diez u once años despertó la admiración de su maestra, quien la envió con todos los honores al Consejo Escolar. Era 1947, Juan Domingo Perón ejercía la presidencia de la Argentina, y el país, al igual que la infancia de Flora Pizarnik, tenía dos caras que, con el tiempo, habrían de enfrentarse, hasta que todo terminara en muerte y duelo.

## Buma/Alejandra

Si en la infancia de Buma ya pueden distinguirse ciertas fisuras que la recortan, pese a la apariencia de normalidad, respecto de las demás chicas, durante la adolescencia se producen cambios notorios y definitivos que irán configurando su personalidad. Se convertirá así en la «chica rara» del colegio, llena de excentricidades y, para algunos padres, en la imagen exactamente contraria a la que aspiraban para sus hijas. Porque en el período que abarca su paso por la escuela secundaria —1949 a 1953—, el prototipo de adolescente que forjó el imaginario social entre las familias de clase media argentina tiene que ver con el recato y la discreción, la buena conducta y la aplicación en la escuela, una femineidad concretada en vestidos de telas vaporosas para las fiestas de cumpleaños, un lenguaje que *jamás* caía en la grosería o las malas palabras, habilidad para cocinar, coser y cumplir adecuadamente con las tareas del hogar y, de manera general, una preparación para formalizar, en un futuro no demasiado lejano a la finalización de la escuela secundaria, un matrimonio conveniente con un muchacho serio, trabajador y respetuoso. Especialmente en el caso de familias de comerciantes, no entraba para nada en las perspectivas paternas que las chicas se aventuraran en la universidad, menos aun, que desarrollaran aptitudes para alguna forma de actividad artística o vinculada con el arte.

Sin embargo, pese a ese ideal colectivo, tenemos que recordar los antecedentes universitarios de los Pizarnik y los Bromiker, y la comprensión que demuestra ante las aspiraciones de la hija menor adolescente que sus padres le compren un escritorio para escribir, lo que se concretará ya en la escuela secundaria, entre sus 13 y sus 14 años.

Sin embargo, dentro del encuadre general de ideales femeninos de los años cincuenta, Buma lentamente se iría perfilando como un elefante en un bazar, la contracara perfecta de Myriam, su hermana, un personaje en el que todo parecía adoptar la forma opuesta a «lo-que-debe-ser», delineando una imagen perturbadora e inquietante por lo poco habitual.

Quizás una manera de ir captando sus diferencias sea yendo de lo más externo a lo más interno. Por eso, imaginemos un mediodía de invierno de 1950, en el que Alejandra vuelve a pie a su casa de Lambaré 140 desde la Escuela Normal Mixta de Avellaneda, junto con alguna de sus compañeras. Frente al delantal planchado y al aspecto prolijo y convencional de la chica con la que conversa animadamente, Buma parece la imagen de la negligencia y lo estrafalario. Debajo del delantal arrugado asoma una pollera tableada escocesa, y las medias tres cuartos amarillas —o rojas o verde botella— están caídas sobre los mocasines marrones. Por encima del cuello redondo del guardapolvo, sobresale una polera verde botella y usa un Montgomery beige con forro a cuadros. En lugar de la valija reglamentaria de cuero marrón y dos cerraduras lleva una especie de mochila colgada del hombro, la cual, si hoy en día forma parte inseparable de nuestra imagen de los adolescentes, en los años cincuenta resulta insólita. Arrastra los pies al caminar y la postura física tiene algo forzado y a la vez tenso: el cuello se extiende hacia adelante y los hombros están un poco encorvados. «Como una tortuga», dirá al recordarla una de sus compañeras. El pelo que, como casi siempre, lleva muy corto, es castaño claro y no lo adorna con cualquiera de las vinchas, peinetas o moños que usan sus amigas. La cara lavada, como es obligatorio para asistir al colegio, está afeada por un terrible acné que arrastrará toda su vida. A pesar de que ya ha empezado a tomar Parobes para adelgazar —en esa época, los remedíos para bajar de peso eran de expendio libre, pese a estar hechos a base de anfetaminas—, en uno de los bolsillos del delantal guarda los restos de uno de sus adorados sándwiches de mortadela que, pese a la batalla contra la gordura, no puede dejar de comer.

Pero la apariencia desaliñada y estrafalaria —las poleras, las medias tres cuartos, los pantalones, los suéteres enormes, de hombre, que nada tienen que ver con lo que usa cualquier señorita de Avellaneda o de cualquier otro de los barrios de clase media de la ciudad— no está reservada solo para el colegio: por lo general, cuando pueda eludir la vigilancia o las imposiciones maternas, Buma irá a las fiestas donde sus amigas adolescentes refirman su condición de «mujercitas» con vestidos de seda o de tul con pantalones y suéteres o poleras, sin una gota de maquillaje, como todos los días, o peor.

Veamos cómo la describe una de sus grandes amigas, Aurora Alonso:

¿Cómo era ella? Bajita, delgada pero de formas redondeadas, manos y pies pequeños, ojos muy claros, el cutis estragado por el acné y por sus uñas. Fue la primera persona que conocí que frecuentara la cama solar que le había recetado el dermatólogo, también para el acné de la espalda. Buma caminaba casi en punta de pies; la marcha era su distintivo, pasos muy cortos, algo furtivo y gracioso. Entre los quince y los diecisiete años tuvo la pasión de las fotos. Se sacaba fotos carnet, fotos placeras, fotos de salón, algunas muy buenas como las que le (nos) tomó un fotógrafo de la calle Charcas casi San Martín, mano de Retiro, o la de Saderman, muy conocida. Era fotogénica y creo que la media sonrisa que hay en las de esa época la definen.[13]

Para colmo de males, desde más o menos esa época —los quince años— fuma a escondidas como un murciélago, a pesar del asma y de que hacerlo constituye un verdadero «pecado» para los adultos; cuando está con sus amigas es malhablada y «puteadora». «Malos modales», sentenciarán algunas madres; «¡El peor de los ejemplos!», gritará otra, que la consi-

13. Testimonio de Aurora Alonso a Patricia Venti.

dera el origen obligado de todos los defectos reales o imaginarios que descubre en su propia hija; «¡Si aprendieras algo de tu hermana!», protesta día tras día Rosa, que no se resigna a que sus dos hijas sean hasta tal punto la cara y cruz de sus deseos maternos.

Para sus amigas, en cambio, si bien era la excéntrica del grupo, resultaba una compañera macanuda y divertida que siempre se descolgaba con algo raro, movilizador y atractivo. Por ejemplo, cuando revolucionó a todas sus compañeras redecorando su cuarto de la manera más anticonvencional al cumplir quince años, actitud en la que varias la siguieron para dolor de cabeza de sus respectivos padres, en muchos casos menos permisivos que los Pizarnik para las veleidades de sus hijas.

En esos años los cuartos de adolescentes eran abrumadoramente convencionales e idénticos: camas de madera patinada con respaldo tapizado o de esterilla, colchas con volados color rosa o en suaves estampados que mezclaban el gris, el blanco y el rosa, veladores con pantallas de tul, arañas de caireles o de bronce, paredes empapeladas con diseños de bastones o de florcitas. A Buma no se le ocurrió nada mejor que pintar una pared de negro, cubrió las demás con fotos de revistas, marquillas de cigarrillos y dibujos; ¡hasta empapeló el techo con láminas! El reino de la perdición y el colmo de la perversa moda francesa, habrán pensado las buenas señoras que se enteraron o que tuvieron que soportar idénticas exigencias por parte de sus hijas, moda refirmada por las canciones de la Piaf y tantos otros baladistas franceses que, día y noche, Buma hacía sonar en el Winco de su reino inexpugnable.

A esta escenografía se unirían, con los años, sus propios poemas y la biblioteca que fue creciendo a la sombra del existencialismo en flor. Porque antes de que terminara el colegio, algunas de las amigas, a instancias de Buma, empezaron a leer a Sartre y a deslumbrarse con esa filosofía de la que no entendían ni la mitad pero que absorbían fascinadas en *El ser y la nada, El existencialismo es un humanismo*, los tres tomos de *Los caminos de la libertad*. Existencialismo y también psicología, materia que las desvelaba a todas porque el serio y sólido profesor Luis María Ravagnan se había convertido en el ídolo de las alumnas de 5º año, en la imagen de la sabiduría y la respetabilidad intelectual, al punto que nadie, salvo la desfachatada Buma, se atrevía a preguntarle nada, menos aún discutir sus conocimientos.

Pero para llegar al final del bachillerato faltan unos años, acerca de los cuales queda bastante por decir. De modo que volvamos a ese mediodía de 1950 en el que Buma Pizarnik se dirige a su casa tras una mañana de colegio.

Algo que destacaron al hablar de la época escolar de Buma tanto su madre, en los pocos testimonios que dejó, como sus compañeras fue su excelente asistencia al colegio. Pero no era porque lo que aprendiera allí le resultara verdaderamente interesante, sino porque se divertía y porque encontraba un ámbito propicio no solo para los líos que le gustaba promover —fumar a escondidas en el baño del colegio, colarse por la ventana del aula cuando llegaba tarde—, sino también para su sociabilidad. Una sociabilidad que, si bien tenía sus bemoles como veremos, la llevaba a tener un amplio grupo de amigas. Como las más cercanas no estaban en su división —Betty Sapollnik, Lía Boriani, Hebe Perazzo, Luisa Brodheim, Elena Davidovich—, en los recreos se reunía con ellas y generalmente iba o venía del colegio acompañada por Betty o Lía.

A pesar de que con las dos compartía una batalla central —los kilos de más— a las que luego volveremos por el valor que tienen tanto respecto del uso y abuso de anfetaminas como en relación con su progresiva certeza de ser una chica fea, en la época escolar respondían a dos costados diferentes de su vida adolescente. A Betty la unía la tradición religiosa y las actividades que, en torno del Templo, cumplían con las respectivas familias. También, al igual que con otras compañeras, con ella compartía los primeros «asaltos», las fiestas de cumpleaños, los «metejones» musicales —porque antes del fervor por las canciones francesas hubo una época de furor operístico, pegadas a la radio y con Buma cantando día y noche *La donna è mobile* con su voz baja y desafinada—, algunos veraneos en Mar del Plata, donde habitualmente descansaba la familia.

Con Lía, en cambio, la relación pasaba más por la dimensión intelectual y por la complicidad de ser las «ovejas negras» de las respectivas familias. Las dos tenían hermanas mayores perfectas a las que las madres respectivas elegían como modelo para seguir; las dos tenían madres que abierta o secretamente reprobaban el costado anticonvencional de sus hijas menores —más notorio en Buma—; las dos, con diferente grado de claridad, sabían que no querían encajar en el modelo familiar y que mucho más que cocinar las fascinaban la psicología, la filosofía, la literatura.

Pero cuando hablamos de estas amistades y de este compañerismo, no podemos olvidarnos de lo que Alejandra, ya en París, recuerda como característico de todo su período escolar: un tiempo de aislamiento, fantasías compensatorias de éxito y una profunda soledad tanto en su casa como en el colegio, como lo dice en estas reveladoras entradas del 10 de julio y el 31 de diciembre de 1960. En la primera, asimismo, se manifiesta la verdadera raíz de sus problemas con la comida que, además del consumo de anfetaminas, la llevarán, sobre todo en París, a una utilización autodestructiva de la comida y el ayuno:

Recuerdo lo que hacía en mi adolescencia —durante mis cinco años de asistencia al Liceo—: mis padres se iban varias veces por semana por la tarde, más o menos de dos a seis de la tarde. Yo me quedaba sola e invertía mi tiempo en poner discos en la victrola, discos de jazz cantados por Johnny Ray o Frankie Laine y cerraba los ojos o los abría pero hacía abstracción del comedor en que me encontraba y me convertía en un famoso cantante que cantaba en la sala de actos del Liceo delante de los profesores y de los alumnos, que se enloquecían conmigo y me aplaudían con delirio. No solo movía los labios delante del «público» sino que también bailaba (tropezaba con las sillas y con la mesa: me he dado no pocos golpes). Cuando llegaba mi madre, ella creía que yo me quedé estudiando, yo estaba tan agotada y enervada que o me peleaba con ella o me sepultaba en una pila de revistas femeninas llenas de folletines idiotas que me enajenaban. Además, acompañaba la lectura —la enajenación mental— con la enajenación por medio de los alimentos: me preparaba enormes sándwiches y los devoraba sin darme cuenta, sin hambre, colmando el enorme vacío y la gran angustia. Así hasta la hora de irme a la cama donde comenzaba la gran función: venía mi madre invisible, venía mi padre invisible, yo me transformaba en la niña más bella del mundo y la ternura me llegaba por medio de estas sombras creadas por mi soledad. Al día siguiente me despertaba llorando —a causa de no querer abandonar la cama paradisíaca— y me iba a la escuela donde la angustia comenzaba a roerme por la indiferencia de mis compañeros y a veces su hostilidad y no pocas veces su agresión.

Los lúgubres domingos —lúgubre ya no es un adjetivo de domingo en mi caso: es un epíteto inseparable—, los lúgubres domingos me caen ahora como frutos podridos: asociados para siempre a la soledad. Nunca tuve con quién salir, con quién ir al cine, con quién ir a pasear. Y cuando conseguía alguna chica o algún muchacho mi deseo de inspirarle interés por salir conmigo, el domingo siguiente provocaba un clima de tensión y tristeza. Por otra parte, en qué consistía esa salida: ir a algún cine de la calle Corrientes, luego a algún bar lácteo, pasear un poco por Florida y volver después a casa. Aún ahora continúa la soledad de los domingos. No hablo de París, sino de Buenos Aires. (pp. 344-345)

Lo que más me dolió siempre en mi vida de Buenos Aires era la vergüenza de mi soledad. Si nadie me llamaba y me pasaba el sábado y domingo sola en mi pieza, me daba miedo y vergüenza ante mis padres. (p. 382)

Semejantes palabras nos llevan a preguntarnos si las cosas fueron efectivamente así —y no como sus amigas de la época lo recordaron al hablar con nosotras— o si es una muestra de la proclividad de Alejandra a ver solo lo negativo de su pasado y de su vida.

Volviendo ahora a su período de escuela secundaria, ya desde entonces Buma estaba hechizada por la literatura. No solo la que enseñaban en el colegio o la que secretamente iba descubriendo y haciendo circular entre las compañeras —Faulkner, Sartre—, sino también la que escribía. Lía recuerda, casi fotográficamente, los papelitos que sembraban su cuarto —pesadilla insoluble para su madre por la ropa tirada, los discos por el suelo, los papeles por todas partes, a veces un inocultable olor a cigarrillo— y la constante redacción de su diario —diario del que desgraciadamente nada ha llegado a la actualidad, ya que, excepto las pocas hojas recuperadas de diarios de 1950, solo se ha conservado desde septiembre de 1954, es decir, después de que Alejandra hubiera terminado la escuela secundaria. Sin embargo, su existencia está incluso confirmada en los *Diarios* existentes: en entrada del 26 de julio de 1955, por ejemplo, se refiere a su diario de los años 53-54 (p. 99). Por su parte, Aurora Alonso, también compañera de Alejandra, recuerda que en 4.º año escribieron una revista mural manuscrita, titulada *Púdica*. Firmaban Alejandra Brown y Gabriela Marquina, por lo cual a Aurora le quedó como sobrenombre Gaby.

Lo que casi ninguna recuerda es qué escribía en ese entonces. Apenas queda la memoria de poemas que no terminaban de entender del todo, porque nada tenían que ver con lo que ellas leían. Curiosamente, y en relación con la escritura, no hay coincidencia entre sus compañeras en cuanto a la firmeza de su vocación: mientras Lía asegura que Buma, ya desde 3.º o 4.º año afirmaba que quería ser escritora, las otras compañeras creen recordar que solo a fin de 5.º año proclama su vocación, aunque no de manera «pura», sino mezclada sobre todo con el deseo de sobresalir, de triunfar.

Quizás por eso hayan sido tan dubitativos sus comienzos en la Facultad: primero Filosofía, que alterna con la Escuela de Periodismo —de la que tenemos un buen testimonio gracias al libro de Juan Jacobo Bajarlía, profesor y mentor de Alejandra en ese momento—, después Letras y, paralelamente, sus clases en el taller de Battle Planas, que, si nos guiamos por lo que dice Bajarlía, fueron accidentales y no duraron prácticamente nada. Pero estas dudas acerca de los estudios ocurren un tiempo después, y en este período es preferible mantenerse más fiel a la cronología, pues quedan algunos temas de singular importancia antes de llegar al «despegue» que la Facultad implicó para Alejandra, ya que también fue la época en que comenzaron sus primeras publicaciones.

Al comienzo de este capítulo deslizamos la idea de que, en esta historia familiar, todo parecía duplicarse. No se trata solamente, por cierto, de la duda acerca de la nacionalidad paterna —rusa o polaca— o el apellido duplicado —Pizarnik o Pozarnik— o los antepasados constructores que Alejandra y Myriam convertirían en joyeros nobles de la Rusia zarista. También las dobles —y cada vez más múltiples a medida que su vida avanza— imágenes que Buma/Flora/Blímele/Alejandra dejaba en los demás o, por qué no, *actuaba* para los demás.

Un caso importante en la época escolar es su relación con los varones, su manejo de la sexualidad incipiente. Y si digo «incipiente» en el caso de una chica que tiene entre quince y dieciocho años, no es porque la sexualidad no esté ya desarrollada a esa edad, sino porque, a principios de los años cincuenta, una chica de clase media de un respetable barrio porteño casi infaliblemente no iba más allá de unos pudorosos bailes y algún beso más comprometido con el novio formal que luego la convertiría en su «esposa virgen».

Sobre la relación temprana de Buma con los varones hay dos versiones exactamente contrapuestas, que incluso revierten aspectos de su característica manera extravagante de vestirse y andar, casi desafiantemente, a cara lavada. Porque, por un lado, la memoria recupera a una Buma «piola» que, pintada como una puerta, se hacía la vampiresa en los asaltos y, ¡horror!, «chapaba» alegremente con los muchachos. Una especie de continuación, en otro sentido, de la gran liera y payasa del colegio que, en el escenario de la sexualidad, se exhibirá con la misma rebeldía anticonvencional que la hacía escaparse en hora de clase a fumar al baño del colegio, discutirle al mítico profesor Ravagnan, irse, el Día del Perdón, a comer a escondidas a casa de alguna compañera católica o responder al «¡qué atrevida sos, Buma!» de la madre de una amiga —especialmente sensible a sus miradas petulantes—, mientras se apoyaba una mano en la cintura y mascaba chicle con un airecito displicente, con un «E, ¡che va fare!», que llevaba a los quintos infiernos a la escandalizada señora.

Pero por otro lado, hay quien recuerda una total falta de coquetería en las fiestas —pantalones manchados y arremangados, mocasines informes, la cara lavada entre las muselinas y el maquillaje de las «señoritas»—, una especie de desinterés sexual casi absoluto y ni la menor confidencia acerca de atracciones por algún muchacho del barrio o conocido en alguna reunión. Un silencio llamativo —al menos desde la perspectiva adulta—, pero que de ninguna manera implicaba hosquedad o rechazo: durante alguno de los veraneos en Mar del Plata —los Pizarnik iban a un hotelito cerca de La Perla—, hubo inocentes «levantes», es decir, aceptar la invitación a salir por la noche de unos muchachos franceses conocidos durante un paseo en bicicleta por la rambla, perfectamente correcta y sin otra consecuencia que charlar y bailar; salidas con muchachos conocidos, diversiones y bailes. Pero nada más.

Seguramente las dos versiones son igualmente ciertas: ante el grupo más convencional y tradicionalista de compañeras, Buma jugaría a la liberada, exteriorizando a la adolescente que se sofocaba entre tanta pacatería y necesitaba, además, llamar la atención, distinguirse, exhibirse —rasgo que mantuvo, transformado, durante toda su vida. Ante quienes eludían más las rigideces del intercambio entre varones y mujeres propio de la época, se comportaría como quien simplemente quiere divertirse, al margen de que alguno de los muchachos la atrajera, y llamaría la atención a partir de sus salidas verbales, que ya por entonces eran famosas.

En rigor, como dan testimonio sus *Diarios* y la correspondencia inédita depositada en la Biblioteca de Princeton, las relaciones de Alejandra con los varones solo adquieren otro cariz a partir de 1955, cuando va a la Escuela de Periodismo y a la Facultad, época donde se registra su única relación verdaderamente seria, en tanto hubo hasta fecha de matrimonio. Pero para analizarlas es preciso introducirse en el nuevo contexto determinado por los estudios superiores, con el cual también está relacionada la progresiva importancia que la sexualidad va adquiriendo para ella.

Es cierto que entre 1951 y 1956 —si bien las fechas no son seguras— mantiene una relación fundamentalmente epistolar con Guillermo Orestes Silva, uruguayo y sin duda pariente de la escritora Clara Silva, de quien Alejandra se hace amiga en esa época, a pesar de la gran diferencia de edad entre ambas —Clara Silva nació en 1905—. Si hay dudas acerca de las fechas es porque, por un lado, falta una gran cantidad de la correspondencia —que evidentemente fue frondosa por lo que ambos dicen en las cartas que se han conservado— y por otro, porque en la primera que encontramos de Alejandra a Orestes, está anotado, en el margen superior: «Antes de recibir la última carta. Yo 15 años o 19», solo que no puede aludir a la edad que tiene en el momento de la carta, la cual, si bien no tiene fecha, es sin duda de 1955, como lo deducimos de la referencia a la próxima publicación de su libro, que es evidentemente *La tierra más ajena*. A esta le sucede la posterior a la última que le envía Orestes —y que se ha conservado junto con otras dos o tres más, ya que hay una hoja suelta con el relato de un sueño que Orestes tuvo con ella y que no se sabe si lo envió por separado o junto con la carta anterior—, donde se alude a un encuentro que han tenido en Buenos Aires —y que sería por lo menos el segundo, ya que antes se habían conocido— en el que al parecer solamente se han abrazado, pero ha tenido una significación radical, como se ve en este párrafo:

> Quiero decirte muchísimas cosas pero para ello debería abrir mi pecho y hablar, hablar y decirlo todo, todo lo que ocurrió después de tu partida, todo lo que ocurrió antes... y NO PUEDO. Hay algo horrendo y maléfico. Estoy maldita y quiero morir. [...] Comprendo sí, comprendo tu soledad y tu cariño hacia mí, comprendo la euforia que te ha penetrado después de ese abrazo <u>sublime</u>. Te comprendo... y por eso me sube ahora el llanto.[14]

Si bien Alejandra anotó —seguramente años después— «17 años» en el borde superior de la carta, nuevamente resulta un dato falso, ya que si la anterior es, como dijimos, de 1955, ella tenía 19 años y ahora, 20 o a lo sumo 21, ya que cuando vamos a las cartas de él, dado que la última es del 6 de agosto de 1956, la última de Alejandra es posterior, seguramente no mucho tiempo después, pero ignoramos exactamente de cuándo.

De la lectura de las pocas cartas que nos quedan podemos deducir que por cierto hubo una relación amorosa entre ellos y que se amaron profundamente, pero que fue más bien platónica, en tanto se trata de dos adolescentes —no descartamos que la relación puede haberse iniciado cuando Alejandra tenía 15 años (1951) y prolongarse cinco años más— que

14. Papeles Pizarnik, Biblioteca de la Universidad de Princeton, Departamento de Libros Raros y Ediciones Especiales, Departamento de Manuscritos, Caja 9, Carpeta 11.

se atraen por su respectiva soledad, su pasión por la literatura —él mucho más interesado en la prosa que Alejandra—, su conciencia desdichada y su incapacidad de abrirse con otras personas. Pero lo que llama la atención es la lucidez que ya en ese momento tiene Alejandra respecto de su destino sin una pareja o una familia, como se ve en estos dos fragmentos de su última carta:

> Ahora me juego la felicidad de estar contigo, estar contigo siempre ¡cuánto me gustaría! Contigo hasta el fin. Pero no. La dicha no me atrapará, no es de mi clase, yo soy del dolor, soy para el dolor. [...] Tú mismo deseas lo que yo, la soledad. Ya me lo has dicho. Lo he comprendido. Nuestro sufrimiento es análogo. Tal vez por eso nunca podremos estar juntos.

Es decir que en esta primera relación de la que tenemos registro, la sexualidad todavía no aparece, como sí lo hará a partir de su ingreso en la Facultad y la Escuela de Periodismo. Pero tampoco es posible afirmar nada taxativamente, ya que, cuando vamos al diario, nos encontramos con un «Él» que aparece interfiriendo con el misterioso L. y por quien arde de amor, que tal vez podría ser Silva, como lo veremos al tratar la relación con L. Al respecto, si hemos incluido a Silva en esta sección, es por la duda respecto del verdadero momento en que se desenvuelve la relación: entre sus 15 y sus 21 años o después. De todos modos, volveremos al tema en el próximo capítulo.

Pero si esta duda no se puede resolver, también cabe preguntarse por qué ella guardó sus propias cartas y cómo lo hizo. Porque de las de él surge que, al menos recibió la primera, si bien la segunda puede no haber sido enviada.

Volviendo a sus rasgos de chica de escuela secundaria, Buma no solo era zafada en su lenguaje y sus modales, extravagante para vestirse y muy libre —gracias a la relativa permisividad de sus padres— y singularmente inteligente y abierta a las corrientes intelectuales que empezaban a llegar a esta Buenos Aires todavía un poco provinciana. También era una bromista genial, capaz de hacer reír indefinidamente a sus interlocutores, llena de salidas, de juegos verbales, de humor. Algo que, por otra parte, la acompañaría toda su vida y sería parte esencial de su personalidad, si bien con los años ese humorismo insólito —y para algunos muy típicamente judío— se iría haciendo cada vez más obsceno y más sarcástico, cada vez más cruel. Y también se inscribirá en su obra, en los textos en prosa que solo se conocieron casi en su integridad gracias a la edición póstuma preparada por Olga Orozco y Ana Becciu, pero que ya habían aparecido en algunas publicaciones periódicas y que estaba presente en las cartas a algunos corresponsales, como Osías Stutman.

En la adolescencia, todavía faltaba esa veta oscura y sexual en su conversación desafiante, como parecía faltar, a pesar del cajón lleno de fotos de John Wayne, Rock Hudson, Gregory Peck y de las posibles actitudes de vampiresa, esa excitación, por recatada no menos real, de las «muchachas en flor» ante el mundo masculino.

Aunque, ¿sería solo por una cuestión estética la obsesión por la gordura o en esa batalla está la marca más patente de su interés en el otro sexo y la clave de su frustrado deseo de ser deseada? Ya lo hemos dicho varias veces: Buma era gordita —no gorda, apenas rellena y con piernas fuertes— y vivió la adolescencia entera matándose de hambre. También, a partir de cierto momento en que fue a un médico con una de sus amigas —Myriam no recuerda más precisiones— se acostumbró a las anfetaminas; luego descubriría que le daban una lucidez especial para escribir y vivir la noche — ámbito que a partir de su ingreso en la Facultad fue cada vez más su mundo— y el día.

Sin duda, en esos primeros años de adicción, las anfetaminas tuvieron un sentido muy diferente del que luego adquirieron y del que ella les confirió, a partir de una concepción estética y una idea del artista —a la que nos referimos tangencialmente ahora y que en su momento discutiremos más a fondo—. Quienes la conocieron entonces y luego supieron de su adicción progresiva —alguien recordó que siempre se refería a los sucesivos departamentos que Alejandra tuvo en París y después el de Montevideo 980 como «La farmacia», por el despliegue de psicofármacos, barbitúricos y anfetaminas que desbordaban de su botiquín— insistieron en que sin duda uno de los orígenes de la tendencia a «empastillarse» hasta llegar a la muerte está en esos remedios para adelgazar que no solo ella sino todas las «gorditas» de principios de los años cincuenta compraban en cualquier farmacia de barrio. Si las anfetaminas no la abandonaron —como, una vez que se aficionó a él, no la abandonó el alcohol—, tampoco la abandonó su obsesión por la gordura.

Al respecto, creemos que, más allá del costado exhibicionista o perverso que alguien pueda discernir en el gesto de fotografiarse desnuda casi al final de su vida, y también por esa época, a veces abrir la puerta de su departamento de Montevideo en ropa interior, para sobresalto de los visitantes, ambos hechos representan una especie de revancha de quien siempre luchó contra su cuerpo y, por fin, al lograr que estuviera tan delgado como siempre soñó, sintió la compulsión de mostrarse. Pero mostrarse para compensar, en la exhibición del cuerpo deseado, años de ocultamiento bajo vestimentas estrafalarias o informes cuyo fin fundamental era esconder, hacer desaparecer ese cuerpo vivido como la negación del propio narcisismo.

En esa batalla contra el propio cuerpo, además de todo lo dicho, es preciso tomar en cuenta que todos en la familia eran más o menos delgados.

Hemos hablado, por un lado, de la diferencia que Alejandra experimentaba en relación con lo físico, pero además de los kilos de más estaban la tartamudez —que, sea como defecto, sea después como elemento de su «personaje alejandrino», marcó toda su vida—, el asma, el acné; por el otro, de la diferencia intelectual: la inteligencia superior, la experiencia de la división del sujeto, el interés por la literatura, la filosofía, la psicología, temas que en su entorno tenían poco terreno para prosperar a pesar de la buena voluntad del padre por entenderla y de la complicidad con ciertas amigas que compartían sus descubrimientos. Quizá sea válido comenzar a vincular ambas diferencias con la imagen anticonvencional que desde jovencita empezó a cultivar y que tendía, precisamente, a valorizar dicha diferencia y a darle un sentido positivo. Con esto no pretendemos sugerir algo tan vulgar y tan banal como que Alejandra escribió porque se sentía fea y distinta, que abrazó una vocación con tanto fervor y construyó un «personaje» tan fascinante y terrible solo porque se sentía infeliz con su cuerpo. Simplemente señalamos un punto posible de arranque para la construcción de ese personaje, el cual, por cierto, si no hubiera estado acompañado de una obra con el nivel poético que alcanzó la suya, no habría pasado de una excentricidad de entrecasa.

Si la ropa extravagante, los modales, el «desencuadre» general respecto de los cánones prevalecientes en su medio familiar y social son rasgos significativos, mucho más lo es el cambio de nombre que, a cierta altura de su adolescencia, realiza. Porque en algún momento que ni sus compañeras ni su hermana recuerdan con precisión, Buma empezó a pedirles a todos que la llamaran Alejandra, que luego sería su único nombre literario. ¿Por qué Alejandra? No lo sabemos; a lo sumo podemos suponer que por sus posibles resonancias rusas —no en vano, años más tarde, les pediría a los amigos más entrañables que la llamaban Sasha, el diminutivo ruso de Alejandra— o por sus resonancias triunfales —Alejandro Magno Alejandro I, zar de todas las Rusias— o, inconscientemente, por su alusión al don profético del artista —recordemos que Alejandra es una de las formas de Casandra— o tal vez solo por su indudable eufonía. ¿Por qué, directamente, el cambio de nombre? Eso resulta más fácil de imaginar: suponemos que tuvo que ver con la voluntad de ser otra, de abandonar a la Flora, Buma, Blímele de la infancia y la adolescencia, y construirse una identidad diferente a partir de esa marca decisiva que es el nombre propio, esa inscripción de la ley y el deseo paternos en el sujeto que llegamos a ser. No ya la muchacha en flor/Flora, asociada a una tradición y un origen; sí a la nacida del propio deseo y envuelta en lejanas resonancias aristocráticas, triunfales o proféticas. «Yo es otro», dijo Rimbaud, y ese otro verdadero puede materializarse con mayor fuerza a partir del poder de un nombre.

Ello no implica que no haya tenido dudas al respecto, como se ve en el hecho de que su primer libro —que le pagó el padre—, *La tierra más ajena*, esté firmado Flora Alejandra Pizarnik, así como en las referencias de Bajarlía al temor de perder la identidad que le daba dejar totalmente de lado su «Flora». Pero no tiene mayor importancia, lo que sí nos importa es que el cambio se produce y entraña toda una forma de situarse en la realidad y en la palabra, la asunción de un destino indisolublemente unido a la escritura.

Pero para ser otra es preciso otro escenario, por eso su metamorfosis solo se concretará verdaderamente a partir de que termine la escuela secundaria e ingrese en el nuevo mundo que es la Facultad, el periodismo, la pintura, los grupos de poetas.

Antes de dejar a la colegiala, sin embargo, queremos detenernos en el surgimiento, ya desde su más temprana juventud, de una fascinación que se convertirá en la cifra de su escritura y en cierta forma en el signo de su vida: la muerte.

Indudablemente la adolescencia es el período en el que comienzan a surgir ciertas preguntas claves y ciertos cuestionamientos vinculados con el sentido de la vida. Todos en algún momento nos hemos preguntado cómo será morir, qué se sentirá, qué habrá más allá de este «querido mundo que» en el momento de dejarlo «se deforma y se apaga»; pero en Alejandra, ya desde los catorce años era una auténtica obsesión de la que dan testimonio tanto su diario del verano de 1950 como el recuerdo de una de sus amigas íntimas.

En el diario ya citado de 1950, cuando tenía catorce años, entre muchos otros hay un fragmento sumamente significativo a poco de comenzar un párrafo donde se interroga sobre el sufrimiento:

> Ella piensa siempre en suicidarse. No porque ame la muerte sino porque considera que el sufrimiento deviene demasiado grande y sabe que llegará un día en el que ella, pequeña como es, ya no podrá contener tanto dolor y entonces. (p. 989)

Acerca del recuerdo de su amiga Lía, esas palabras que en su momento parecían apenas un rasgo más de la «chica rara» y que no lograba comprender del todo, adquirirían, tras su vida, su obra y su muerte, el valor de un signo lleno de sentido: «Yo quisiera morirme, sabés, para saber qué hay después de la vida, cómo es la muerte, qué es la muerte. ¿Cuándo me moriré para saberlo de una vez?». Así una y otra vez, no solo en esos años de desplantes, de descubrimiento del existencialismo, de las rebeldías y las peleas con la madre, sino en cada verso de sus poemas y en cada palabra de sus textos en prosa, en los que convoca a la muerte, le da un rostro, la conjura, la corteja, intenta seducirla buscándola, temerosa y fascinada a la vez, hasta encontrarla en la ceremonia final.

# 2

# Retrato del artista adolescente

*He didn't want to play. He wanted to meet in the real world the unsubstantial image which his soul so constantly beheld.*[15]

JAMES JOYCE

Si bien el mundo occidental ha dejado de lado los rituales de iniciación que caracterizaban el acceso a la madurez sexual y al mundo del trabajo en las sociedades primitivas, los viajes de egresados que desde hace años parecen casi inseparables de la finalización de la escuela secundaria conservan algo del carácter ritual de sus lejanos antecesores. Porque en esa fiesta que los egresados celebran a lo largo de varios días, a la vez que se despiden del estrecho universo familiar en el que se han movido hasta entonces, festejan su ingreso en el mundo signado por el trabajo, el estudio o la aptitud matrimonial, según sea la zona de la experiencia adulta hacia la cual los lleve su vocación.

15. Él no quería jugar. Lo que necesitaba era encontrar en el mundo real la imagen irreal que su alma contemplaba constantemente. (Trad. de Cristina Piña)

En el caso de Alejandra y sus compañeras, además del obligado baile de egresadas —para el que seguramente la obstinación materna logró embutirla en alguno de los primorosos vestidos obligados (y somos tan dubitativas pues no han quedado fotografías que testimonien la presencia de Alejandra en la fiesta, y sus amigas casi no recuerdan detalles de su vestimenta)—, hubo el también consabido viaje a Chapadmalal. Recordemos que estamos en el final de la segunda presidencia de Perón, y la costumbre de la época era enviar a los egresados al complejo de hoteles que el presidente había hecho construir en la zona, donde las chicas habrán compartido sus expectativas para ese nuevo 1954 que se les presentaba lleno de transformaciones y novedades.

En especial para las que, como Alejandra, habían logrado vencer la oposición paterna e ingresarían en la Facultad, a partir de una vocación más o menos segura y más o menos factible. En el caso de Alejandra, si bien la vocación parecía segura —ya señalamos que al terminar 5º año afirmó que sería escritora—, no era tan sencillo decidir a dónde dirigirse para desarrollarla. En 1954 no existían los talleres de escritura o literarios que hoy en día se han estabilizado como un espacio legitimado para la práctica de la escritura, de modo que quien, como Alejandra, estaba seducida por la literatura y tanto quería ser escritora como absorber toda la literatura que fuera posible, tenía muchas opciones a medias pero ninguna definitiva. En efecto, si por un lado estaba la carrera de Letras, que daba una formación básicamente docente y académica, por otro estaba la Escuela de Periodismo de la calle Libertad, la cual, si bien no formaba verdaderos periodistas

—ya que hasta muy cerca de fines del siglo XX la tradición de la prensa argentina ha pasado por foguearse en la redacción de un diario—, tenía una relación más viva y más directa con la escritura. Por fin, y quizás eso fuera lo fundamental, estaban los grupos de poetas y plásticos que, en la época, se reunían en los diversos bares, instituciones, talleres de pintores y tertulias de una Buenos Aires singularmente activa desde el punto de vista cultural *underground*, ya que el oficialismo no miraba con buenos ojos a esa bohemia especialmente alerta a las novedades europeas y contraria, casi sin excepciones, a la ideología peronista. Para llegar a esos grupos uno de los mejores caminos era pasar por la Facultad de Filosofía y Letras, pues alrededor de la recordada sede de la calle Viamonte, entre San Martín y 25 de Mayo, florecían bares y librerías —el bar Viamonte, la Jockey, el Moderno, el Florida, las librerías Letras, Galatea y Verbum— donde se reunía la mayor parte de los que después fueron los protagonistas de la vida cultural de las décadas de los cincuenta y los sesenta, y que, en muchos casos, venían de un momento todavía anterior, pensemos, sino, en Aldo Pellegrini.

Aunque no descartamos el hecho de que la vocación literaria de Alejandra se mezclara con esos confusos anhelos de «triunfar» y «sobresalir» rápidamente a los que antes nos referimos, creemos que uno de los factores determinantes de la hesitación que marcó sus primeros pasos en la vida universitaria fue esa endémica falta de un «lugar» que acoja a quien quiere ser escritor y que responda a sus expectativas de conocimiento de la literatura, la filosofía y el arte. Porque todo eso buscaba Alejandra, como lo demuestra el hecho de que pasara de la carrera de Filosofía a la de Periodismo, luego a la de Letras, al taller del pintor Juan Batlle Planas —por breve que fuera su asistencia— para, finalmente, abandonar todo estudio sistemático y formal y dedicarse plenamente a la tarea de escribir. Antes de llegar a esa consagración total, pasó por muchos lugares, conoció a muchas personas, escribió y corrigió infatigablemente, publicó sus primeros libros, empezó la tímida construcción de ese «personaje» que finalmente prevalecería sobre todos los demás y cuyos rasgos surgieron a partir de la adopción de una estética y de un modelo mítico particular.

Su breve concurrencia al taller de Batlle Planas habría obedecido a una crisis vocacional que tuvo al conocer a Elizabeth Azcona Cranwell. Solían decir que la palabra nunca daba en el blanco, por lo cual Alejandra decidió pintar y empezó sus clases con Batlle Planas. Como eran los años de periodismo, además entrevistó al pintor, muy cotizado, y con Elizabeth escribieron una nota que salió en *El Hogar* con una fotografía del pintor y otra de él con Alejandra y Elizabeth en el taller.

Los dos primeros lugares a los que llegaría en ese año crucial de 1954 fueron la carrera de Filosofía y la Escuela de Periodismo de la calle Libertad, a las que entraría, respectivamente, acompañada y sola, por más que en la Escuela de Periodismo encontraría su primera guía en el camino literario. Luisa Brodheim, quien ingresó con ella en Filosofía y Letras, todavía recuerda los viajes en colectivo desde Avellaneda hasta la Facultad, donde discutían acaloradamente sobre todo y todos. Porque esa diferencia que siempre había signado a Alejandra respecto de su entorno humano parecía ahondarse con su ingreso en el mundo de la Facultad; también, sin duda y en primer término, por el universo nuevo que estaba descubriendo en la cátedra de Literatura Moderna que dictaba Juan Jacobo Bajarlía en la Escuela de Periodismo, gracias a quien la literatura comenzó a llamarse, para Alejandra, no solo ese Sartre que devoraba desde tiempo atrás, sino Proust, Gide, Claudel, los surrealistas franceses, James Joyce, la vanguardia poética y narrativa en general.

Creemos no exagerar si consideramos a Bajarlía una especie de Virgilio para la Alejandra de dieciocho años que, por primera vez, se aventuraba en lo que luego sería «su» medio por derecho propio. En efecto, además de revelarle algunos de los nombres fundamentales para la configuración de su «familia literaria» y su línea de filiación poética, fue la primera mirada «autorizada» a quien le mostró sus poemas —en largas conversaciones y lecturas por los cafés donde circulaban los escritores de la época y en el estudio de Bajarlía, donde a veces se quedaban la noche entera—; quien la ayudó a corregir todos los textos que después formarían parte de su primer libro, *La tierra más ajena* —pagado por su padre, como ya señalamos—; quien le presentó a su primer editor, Arturo Cuadrado, y quien le hizo conocer a los primeros artistas e intelectuales con los que entró en contacto —Juan Batlle Planas, Enrique Pichon Rivière, Oliverio Girondo, Aldo Pellegrini—, es decir, algunas de las figuras del grupo surrealista e invencionista argentino.

Como el mismo Bajarlía lo comenta en un testimonio de 1984 y en su libro de 1998, la relación que unió a maestro y alumna, la cual comenzó con un diálogo de la chiquilina de grandes ojos verdes antes de clase, se fue ahondando en la intimidad de charlas y discusiones sobre lo que leían, escribían y traducían:[16] «Desde entonces comenzamos a vernos permanentemente... Conversábamos acerca de James Joyce y de André Breton». Claro que esta relación no quedaría completa si no señaláramos la atracción que surgió entre ellos, que habría de terminar finalmente a causa de la disparatada voluntad de Alejandra de casarse con Bajarlía a raíz de las peleas con su madre. Al respecto, más importante que recuperar esa noche vertiginosa y loca en la que Alejandra se apersonó ante Bajarlía con una valijita pidiéndole que se casaran, es destacar el clima de efervescencia cultural y sentimental que se creó entre ellos, y que redundó sin duda a favor de Alejandra y su desarrollo.

Lo que también menciona Bajarlía es la gran ansiedad por publicar que tenía Alejandra y opinamos que resulta perfectamente coherente, no solo con el deseo de verse convertido en autor que tiene todo muchacho o muchacha que

16. Si bien no han quedado registradas las fechas entre las que Alejandra asistió a l'Alliance Française, por sus libros de gramática francesa es evidente que fue a más de un curso —no sabemos a cuántos—, lo que le permitió manejarse bien con la lengua. Esto queda demostrado en que se desenvuelve con soltura desde el momento en que llega a París en 1960, al manifestar un dominio progresivo del idioma que le permite incluso escribir un conjunto de poemas en francés —aunque con algunos errores gramaticales—, como veremos al ocuparnos de su estadía en París.

escribe, sino con esa otra voluntad de triunfar y de desco-
llar que antes señalábamos.

Lo irónico es que Alejandra luego renegará de ese primer libro tan ansiado, por encontrarlo demasiado torpe para su
ulterior y extrema exigencia formal. Quizá, también, porque
es el único donde permite que persista una huella fundamental de su otro mundo, el de la familia y la escuela, ya que lo
firma Flora Alejandra Pizarnik. En ese sentido, *La tierra más
ajena* —en el que luego nos centraremos con más detalle—,
si bien representa un paso fundamental para la constitución
de su identidad *otra* como escritora, por ser su primera publicación lleva la misma señal de duda y de hesitación que marca a ese período iniciático en su inscripción institucional: ya
es Alejandra pero todavía es Flora, todavía hay un vínculo,
que luego se encargará de cercenar de una manera casi absoluta, con esa Buma/Blímele/Flora de la infancia y la primera
adolescencia. Además, está el carácter de «don paterno» del
libro, en tanto Elías costeó económicamente la edición. Es
decir que, en el fondo, no era *ser otra*, o apenas serlo a medias
y a partir de la sanción paterna, sin verdaderamente des-fun-
darse, des-nombrarse, crearse *otra* en la escritura.

Antes de llegar a la publicación concreta del libro, están,
como dijimos, las lecturas y las correcciones junto con Bajarlía,
el universo de libros y de experiencias que empezaba a ofrecér-
sele y que Alejandra llevaba al mundo de Avellaneda. Hebe
Perazzo recuerda innumerables sábados por la noche en que se
encerraba en el cuarto de Alejandra —metamorfoseado respec-

to de años anteriores pues ya aparecían las señales de su perdurable amor por el surrealismo, concretado en collages que ella misma hacía, poemas pegados o escritos en las paredes, quizás el póster del ser más hermoso de la tierra para Alejandra y su amor ideal, Gérard Philipe—, donde hablaban y escuchaban discos hasta cualquier hora, a veces se tomaban unos whiskies y soñaban que estaban en el París convocado por los autores que empezaban a engrosar la biblioteca de Alejandra.

Frente a lo mucho que Bajarlía habló sobre Alejandra, cuando vamos al diario de ella solo encontramos unas pocas referencias, de las cuales solo dos aluden a un interés sexual en él —ni la más mínima mención de la noche en que se escapó de su casa y lo buscó con su valijita. Pero de este episodio no hay dudas: fueron muchos los amigos que lo recordaron, además de que la idea del casamiento a ella al menos se le cruza por la mente. Las dos referencias que mencionamos son las siguientes, correspondientes ambas al mes de agosto de 1955:

En un momento dado, mientras J.J.B. me habla, siento un leve deseo voluptuoso por él. Se me ocurre que no estaría mal que me case con él. ¡No! Al minuto, me contradigo pues pienso en mis libros, que ya no serían míos, que estarían mezclados con los suyos; lo que será una tremenda pérdida de libertades de autonomía. ¡Jamás me casaré! Si me curo, tendré amantes. J.B. habla de hechos eróticos. Cuenta que Benavente era invertido. Yo lo sabía, pues un día mirando una fotografía, me di cuenta. (6 de agosto de 1955, p. 131)

24 h. Falté al Colegio para tener tiempo de leer la Vida de Proust por Leon Pierre-Quint. Me siento enferma. Tengo mareos. Hoy fue un día bastante amable. Me encontré con Bajarlía. Mientras lo esperaba, fui al toilette. Comencé a peinarme cuando entró una mujer rubia con aspecto de vedette. Me miraba muy seria y como queriendo incitarme. Otra mujer que entró interrumpió nuestra comunicación visual. Volví a mi asiento, que casualmente daba frente a su mesa. Nos miramos mucho, pero yo no quería profundizar, pues sabía que en esa confitería llena de gente a nada podríamos llegar. Por lo tanto abrí mi librito de Baudelaire (proyectos de prólogos a Las flores del mal) y traté de leer. Llegó J.J. No sabía qué decirle, pues la mujer me miraba. Comenzamos a hablar de literatura. Le dije que lo único que escribo es «una especie de diario» (bastante interesante). J.J. insinuó que mi ausencia le fue [*sic*] beneficiosa literariamente, pues le ha «permitido» escribir 4 obras teatrales. Sonrío amargada. Si resultan buenas, el público agradecerá mi impotencia afectiva que les permitió nacer. Poco después llega un hombre repulsivo que besa a la rubia y se sienta con ella. Trato de no mirar para no avergonzarla. (Compruebo que comienzo a hablar en presente). Pienso en J. J. B. Hoy me ha gustado bastante. Me habla de Sylvia. Si su novio la deja, está arruinada. Me estremezco. ¡Con qué facilidad decimos que el «otro» está arruinado! (9 de agosto, pp. 145-147)

Destacamos esta parquedad porque, en muchos otros casos, son mínimas las referencias que Alejandra hace a relaciones que sin duda fueron importantes. En cierta forma es como si, además del constante buceo en su interioridad, de sus reflexiones sobre literatura o de comentarios sobre ciertas amigas o más que amigas, en su adolescencia solo escribiera sobre el «amor» por ciertos hombres —ese ÉL en el cual luego nos centraremos— y la atracción por diversas mujeres, mientras que en su juventud y madurez la sexualidad ocupa el centro de su escritura.

Revisar los libros de estos primeros años de Facultad y de contacto con escritores es en primer lugar una tarea fascinante por sí misma: ver sus marcas admirativas y de reconocimiento empático en los seis gruesos volúmenes de Proust, comprados a razón de uno por mes y sin duda devorados con ansiedad y fascinación, en Gide, en Claudel, en Kierkegaard, en Joyce, en Leopardi, en tantos otros. Pero también, porque a través de esa escritura secreta que son los subrayados se puede seguir y captar la configuración de su subjetividad, tanto como percibir sus grandes problemas interiores de esta época. Porque ya están inscriptos con nitidez abrumadora su experiencia de multiplicidad interior, su noción trágica del amor, su individualismo extremo —¡cuántos subrayados en Gide!, ¡qué deslumbramiento ante la angustia y la afirmación subjetiva en Kierkegaard!—, su temor y su atracción ante la muerte, su desprecio por el mundo burgués, su rechazo y su culpabilidad ante la figura materna. Y si bien la marca capital de su estética y su concepción vital serán los poetas surrealistas, creemos no exagerar si señalamos la lectura de Proust como la matriz más honda de su concepción sobre el complejo laberinto humano de las pasiones, tanto como la de *Partición de mediodía* de Claudel

—aunque en última instancia no le guste el escritor, como lo dice en su *Diario*— representa el espejo donde encontró la marca de su *extranjería*. Una extranjería respecto del origen —la familia—, la propia lengua y el mundo en general. «He crecido completamente sola», «estoy separada de la vida» son frases que existencial y poéticamente se transformarían en la cifra de su identidad.

Sin embargo, según su opción estética, quienes más profundamente la marcaron fueron los poetas surrealistas, cuya influencia no se agota en un ocasional contacto temprano con algunos de sus principales representantes y difusores en el país, o en los notorios nexos que podemos descubrir entre su primer libro y la poesía de Breton, sino que resulta verdaderamente configuradora de su vida y su poesía a partir de la incorporación del aspecto más esencial y revolucionario del programa surrealista: la concepción de que lo poético va más allá de la escritura concreta del poema y afecta la vida misma. Porque el gran aporte revolucionario del surrealismo no fue ni la escritura automática ni el ejercicio sistemático del azar objetivo, sino el gesto radical de convertir la vida en poesía, haciendo saltar las convenciones esclerosadas de un sociedad burguesa y *pompier*, un estallido de formas insólitas, abriéndose al inconsciente y lo onírico, afirmando una extrema libertad imaginaria para así acceder a la «superrealidad» que anula «en un instante de incandescencia», la distancia ente sujeto y objeto, interior y exterior, vida y poesía.

Casi con certeza, esta explosión de libertad fue lo que, ante todo, sedujo a la adolescente anticonvencional que era Alejandra, pues implicaba encontrar en la estética literaria y

pictórica del surrealismo ese espacio de relaciones fulgurantes y dinámicas por el que clamaba desde sus primeras rebeliones y desplantes y su sistemática actitud de nadar contra la
corriente. Asimismo, los surrealistas traían la valorización
del inconsciente y la instauración del psicoanálisis, no solo
como terapia específica, sino también como modo de conocimiento de la subjetividad e instrumento para la liberación
de las fuerzas creativas.

En relación con esto, resulta fundamental citar las palabras que escribió su amiga Ivonne Bordelois en el testimonio
que le envió a Cristina Piña para su biografía de 1991, ya que
en buena medida coinciden con las nuestras, pero agregán-
doles elementos de otro tipo:

La imaginación, el mundo imaginario de Alejandra, está visi-
blemente imantado por el paisaje surrealista. Pero [...] si bien
el entronque visionario y el parentesco vital de Alejandra con
el surrealismo es obvio, su escritura está lejos de ser surrealista. Este punto se corrobora con mi experiencia propia. Recuerdo las innumerables veces que en su cuarto de la rue St. Sulpice o en su casa familiar de Constitución discutimos los
originales de *Árbol de Diana* y *Los trabajos y las noches*. Cada
palabra era sopesada en sí misma y con respecto al poema
como un diamante del cual una sola falla en diez mil facetas
bastaría para hacer estallar el texto. Las palabras se volvían animales peligrosos, huidizos, erizados de connotaciones o aso-
nancias involuntarias, súbitamente dispersos o excesivamente
condensados, crípticos. Se añadía, se cambiaba, se tachaba, se
recortaba, se contemplaba el poema como un objeto mural,

una obsesiva piedra de obsidiana. Nada más lejos de la escritura automática que este constante regresar e inquirir a cada línea, como a un pequeño oráculo, el permiso de la vida, a decirse. [...] Y no basta con revisar y pulir cada uno de los textos: importa además sobremanera [...] el ordenamiento mismo de los poemas, el evitar que un poema arroje una sombra prematura sobre el siguiente, el cancelar el desequilibrio de las voces, el saber trenzar las transiciones sabias y enfrentar las rupturas necesarias. Hasta la madrugada nos hundíamos en estrategias y estratagemas...[17]

Volviendo a nuestra reflexión sobre la valoración del inconsciente que implica el surrealismo y la validez del psicoanálisis, no solo como terapia específica sino como modo de conocimiento de la subjetividad e instrumento para la liberación de las fuerzas creativas, quizá la validez de su terapia con León Ostrov —que comenzó aproximadamente por esta época pero que se convirtió en amistad a partir del traslado de Alejandra a París, como lo demuestran las invalorables cartas que intercambiaron— no está solo vinculada con aspectos concretos de sus problemas internos, sino que además significó un elemento capital para la constitución de su práctica poética y, con el tiempo, se convirtió en un instrumento privilegiado para indagar en su subjetividad. Por ahora detengámonos en ciertos aspectos concretos en los que su terapia con Ostrov fue fundamental y que se relacionan con

17. Cristina Piña, *Alejandra Pizarnik*, Buenos Aires, Planeta, 1991, p. 120.

algunas de las «diferencias» a que nos hemos referido en el capítulo anterior. Ante todo, pensamos en su tartamudez y su timidez.

Acerca de la primera, es realmente llamativa la transformación que logró con los años y que consideramos vinculada con su trabajo analítico. Como lo señalan quienes la conocieron desde ese momento en adelante, lo que de pequeña fue tartamudez comenzó a transformarse en una personalísima forma de hablar —como una extranjera, como alguien que no maneja con fluidez el español, lo cual le confería un singular toque exótico—, que la Alejandra mujer explotaba con gran sabiduría, como un elemento más de la peculiar seducción que ejercía sobre quienes la rodeaban. Porque la chiquilina que se consideraba a sí misma fea, y que los demás veían como una criatura trémula y poco atractiva, logró convertirse en un personaje auténticamente fascinante, que conseguía centralizar la atención en cualquier parte donde apareciera, no solo por la seriedad y pasión que transmitía respecto de su enfoque de lo poético, sino por una especie de encanto nocturno que emergía ante todo de esa voz —casi trabajada como la de una actriz—, muy ronca y de peculiarísima dicción, así como de otros rasgos, por ejemplo el humor progresivamente más delirante, las salidas insólitas y cautivantes. Pero dejémosle la palabra a Ivonne Bordelois, entrañable amiga, a partir de su encuentro en París, quien sin duda ha caracterizado como nadie la dicción de Alejandra:

Siempre me ha llamado la atención el que entre las muchas semblanzas publicadas en torno a Alejandra no se haya hablado nunca —salvo en una rápida referencia de Rodolfo Alonso— de la extraordinaria voz de Alejandra y de su dicción todavía más extraordinaria. Alejandra hablaba literalmente desde el otro lado del lenguaje y en cada lenguaje, incluyendo el español y sobre todo en español, se la escuchaba dentro de una esquizofrenia alucinante. Por un lado, el ritmo de sus palabras entrecortadas imprevisiblemente, «pa-raque-ve-asel-po-e-ma», producía un cierto hipnotismo, semejante al que inspira mirar viejas fotos donde reconocemos rasgos, sí, pero de todos modos tan inesperados como oblicuos. O era como un tren en que cada vagón corriese a distinta velocidad, con ventanas, titilando arbitrariamente, y una locomotora oscura e inexplicable arrastrándolo todo como un silencioso y nocturno huracán. La pronunciación también era tan alienada como alienante. Alejandra no hablaba una palabra de iddish —que entiendo había escuchado en su casa materna cuando muy niña— pero su elocución era a la vez lenta y tambaleante y sus vocales espejos engañosos, a veces empañados, siempre insólitos; y el todo, irremisiblemente extranjero. Lo mismo ocurría en francés. Lo importante era que dentro de ese extrañamiento innegable, nunca escuché a nadie que oralmente tuviera un dominio más central y perfecto del lugar y el tiempo necesario para cada palabra: siempre se tenía la sensación de un arquero infalible y preciso, el adjetivo más irreemplazable, profundo y sorprendente. Algo de esto se refleja en una entrada de su diario del 7 de setiembre de 1962, en Saint Tropez (recogido por F. Graziano: *Alejandra Pizarnik. A Profile*): «Esta voz ciñéndose a las consonantes. Este asegurarse de que nada quede sin pronunciar. Se habla literalmente. Sin embargo, se es entendido mal. Es como si la perfecta precisión de nuestra lengua revelara en cada palabra un caos que se vuelve crecientemente obvio, proporcionalmente al esfuerzo por ser comprendida».[18]

Claro que para eso faltaban muchos años: quedémonos por ahora con la adolescente platónicamente enamorada de su brillante analista —por cierto que también existían otros amores, como veremos, pero este obedecía a los estrictos cánones de la transferencia freudiana— y que descubría de la mano de Bajarlía a los grandes vanguardistas, empezaba a circular por el Buenos Aires literario de la época y seguía siendo una extraña mezcla de chiquilina intrépida y de callada muchachita tímida.

Al respecto, son sumamente interesantes las declaraciones de su amiga de infancia, Aurora Alonso. Afirma esta que al principio sus extravagancias, así las llamaba, eran materia de un sentimiento de exclusividad, de estar tocada por percepciones que no tocaban a otros. Pero su extrañeza era una red

18. La cita de Bordelois está traducida de la versión de Frank Graziano, que solo aparecerá en castellano como *Semblanza* en 1992. A continuación citamos según la versión de los *Diarios* editada en 2013 por Ana Becciu (Barcelona, Lumen), donde además de agregarse una enorme cantidad de material, como lo dijimos, se distingue entre el cuerpo central del diario —las sucesivas libretas— y los Apéndices de los diarios de París de 1961, 62 y 63. La cita en castellano es así: «Esta voz mía, aferrada a las consonantes. Este cuidar que ninguna letra quede ausente. Hablas literalmente. No obstante se te comprende mal. Como si la perfecta exactitud de tu pronunciación revelara en cada palabra un caos que se hace más visible en la medida en que te esfuerzas por ser comprendida» (p. 1007). Todas las citas del diario se toman de esta edición, excepto indicación específica, por lo cual se ha indicado y se indicará solamente la página.

en la que se enganchaban todos los de su círculo: tanto León Ostrov como, más tarde, Pichon Rivière, tenían una familiaridad con la literatura que entorpecía la aplicación de su técnica. Para su amiga, merecería llamarse Aracne, ya que tramaba, fantaseaba, y los interlocutores no siempre podían separar el delirio de la realidad. Con León Ostrov magnificaba sus dolores mostrándoselos como el motor de su creación. Los amigos también caían en la trampa. Ella decía «no sé hacer las cosas comunes, no puedo vivir más que en el filo de la navaja». Lo repetían y así admitían los desbordes e incongruencias como una condición natural. En realidad, ella sabía hacer todas las cosas comunes de una casa y los trámites de una vida común porque así había sido su vida de niña y adolescente en un barrio de clase media y colegio mixto público. Hasta que la enfermedad empezó a inmovilizarla, Alejandra era capaz de cocinar, salir a caminar, tener ordenados sus papeles, pero la leyenda ya conspiraba en su contra y ella se recostaba en la madre para las cosas cotidianas y en el delirio para lo demás. Como se lo dijo en un encuentro, cuando tenía unos treinta años: la locura es la mejor coartada. Antes de detenernos en esa asociación errada entre arte y locura, recordamos otra lúcida reflexión que hace Alonso:

Me parece, pensándolo ahora, a tantos años, que su ensimismamiento fue la quiebra del procedimiento habitual: estar en sí misma, salir, volver. De pronto, alrededor de los dieciocho años, ya no podía salir de sí misma o no podía volver. Empezó a tener sesiones con el Dr. León Ostrov y fue una elección errada. El era un intelectual y sintió enseguida la seducción de la poeta. Ella estaba en su mundo, que era fascinante, o vagaba mirándose como una extraña y él la seguía en sus vagabundeos. Lo afirmo porque me contaba cómo le hablaba con metáforas, cómo lo desconcertaba con sus respuestas insólitas, sin cálculo pues así funcionaba su sensible pensamiento.

Señalábamos la intrepidez de Alejandra, y no es una afirmación gratuita. Antes hemos hablado de aquellos sueños de fama que compartía con sus compañeras de 5º año y de su interés por el periodismo, y hay dos anécdotas que muestran ese costado «caradura», el cual se entronca con su condición de «liera-del-colegio», así como resultan reveladoras de ciertos aspectos capitales de su personalidad. Porque, como lo han señalado muchos de sus amigos, considerar solo el costado trágico y terrible de Alejandra —que emerge de manera privilegiada en sus poemas— es tan unilateral y errado respecto de su verdadera personalidad como reducirla al personaje festivo, humorístico y perversamente infantil que revelan sus textos obscenos e innumerables episodios de su vida social. Alejandra era muchas, sin duda, pero quizás, ante todo, dos: una criatura agónica y metafísicamente a la intemperie, fascinada por la muerte y al borde mismo de las experiencias límites del ser y, al mismo tiempo, una muchacha casi salvaje en su corrosivo y encantador manejo del humor.

En 1954, el gobierno peronista organizó, con bombos, platillos y la presencia de las grandes luminarias de Hollywood, el Festival Cinematográfico Internacional de Mar del Plata. Como lo relatan tanto las crónicas de la época como artículos críticos posteriores, a instancias de la entonces activa Subsecretaría de Informaciones, a cargo de Raúl Apold, Perón se dejó convencer de la conveniencia de realizar el impresionante acontecimiento cinematográfico. Además de traer a los ídolos predilectos del público argentino —las legendarias Mary Pickford y Jeanette MacDonald, Errol Flynn, Joan Fontaine, Walter Pidgeon, Edward G. Robinson, Ann Miller, Viviane Romance, Michelle Simone, Aurora Bautista, Alberto Sordi—, sirvió principalmente para difundir la imagen argentina en el exterior y para consolidar el frente interno. Perón —quien hacía diez años no iba a Mar del Plata pues la consideraba «una ciudad oligarca, donde veraneaban los contreras y son fuertes los socialistas»— finalmente se trasladó a la Ciudad Feliz en su vagón especial de El Marplatense. Allí no solo presidió los actos centrales del Festival —la recepción de las delegaciones en el Hotel Provincial; el acto de apertura oficial, donde el coronel Mercante, gobernador de la provincia de Buenos Aires, aprovechó para vincular ese «gran adelanto técnico» que es el cine con el origen límpidamente democrático de «los hombres de la Revolución» y su mentalidad contraria a toda xenofobia; la histórica proyección en cinemascope de *El manto sagrado*—, sino que también se pudo recrear con los generosos escotes de Aurora Bautista —solo empañados por las toilettes antológicas de la joven y bella Mirtha Legrand, una de las actrices más cercanas a los círculos oficiales del momento— y tener el gesto principesco de perdonarle a Errol Flynn los dos mil dólares que este perdió en la ruleta. En fin, que entre el 8 y el 15 de marzo Mar del Plata fue una fiesta y un escaparate de «bellos, ricos y famosos» que revolucionaron al país. Y también a Alejandra, quien —nadie sabe cómo— se había conseguido un carnet de periodista que le había permitido acercarse a alguno de esos astros deslumbrantes. Seguramente no engañó a nadie con su supuesta profesión, porque siempre pareció menor de lo que era, de modo que con sus dieciocho años todavía sin cumplir —los cumplía el 29 de abril— parecería una quinceañera disfrazada de mujer. Claro que esos gestos la hacían increíblemente adulta y atrevida ante sus amigas, quienes seguían admirando en ella a la que se animaba a hacer gran parte de lo que ellas mismas hubieran deseado, pero que las férreas convenciones familiares les impedían.

Esta imagen de adolescente desfachatada y atraída por el mundo especialmente rutilante del cine termina de completarse —adquiriendo un matiz de ingenuidad que resulta conmovedor— con la segunda anécdota, donde aparece Mecha Ortiz.

Sin duda por algún requerimiento de la Escuela de Periodismo, en 1954 Alejandra tuvo que hacerle una nota a Mecha Ortiz, por entonces una de las actrices más cautivantes del país, que mantenía en vilo a su público con su grave voz sensual, auténticamente inigualable, y sus actitudes de diva. No cabe duda de que Mecha era una experta en sus tratos con el periodismo, por lo que la chiquilina con su maquinita de fotos de cajón y sus aires de falsa seguridad no debe haberla impresionado demasiado. A tal punto no lo hizo, que la actriz se las arregló para dar vuelta la entrevista y terminó interrogando a Alejandra sobre lo que había leído.

Imaginemos la escena: Mecha Ortiz con sus enormes ojos verdes y su seguridad de mujer bella y talentosa, quizá recostada en un sillón de seda de la época o a punto de maquillarse para una actuación o un compromiso social, tomándole examen de literatura con su voz aterciopelada y rica a una Alejandra disfrazada de cronista —su eterna pollera tableada no debía de faltar— pero tan jovencita y tímida en el fondo. Es comprensible entonces que perdiera la seguridad y todo terminara con un cortante «¡Cuando haya leído todo lo que debería, vuelva a verme!» de Mecha.

No es difícil suponer la rabia y la humillación de Alejandra al salir del departamento, el estudio o el teatro: ¡que tan luego a quien quería ser escritora y periodista le bajara los humos una actriz, por famosa y diva que fuera!

Pero, y esto creemos que es lo importante, la «patinada» no solo no la echó atrás, sino que se la contó a Luisa, con quien se encontró después del episodio en una de las galerías de arte que, por esos años, eran la marca de la calle Florida. Lo destacamos porque en Alejandra nunca hubo una actitud pretensiosa respecto de sus logros o fracasos, más allá de un creciente deseo de llamar la atención y convertirse en el centro de las reuniones, sobre todo a partir de su vuelta de París en 1964, deseo que seguramente tenía que ver con su necesidad de compensar el desamparo con la atención generalizada. Hemos hablado antes de su imaginación fabuladora, que, junto con la de su hermana, la llevó a inventarse inexistentes antepasados nobles, joyeros del Zar, y a atribuirle al padre la profesión de violinista en la Rusia natal —de quien ya señalamos que tuvo una orquestita de muchachos donde tocaba diversos instrumentos de cuerda—, pero respecto de ella y su propio desempeño —desde esa instancia fundamental que fue su escritura literaria hasta estos primeros escarceos con el periodismo— nunca quiso mostrarse ante sus amigos como lo que no era.

Pero, al margen de este aspecto, en el episodio de Mecha Ortiz surge el costado de chica tímida que signó de manera característica sus relaciones con los grupos de artistas y poetas que luego frecuentaría —en el período que va de 1954 a 1960, fecha en la que se va a París—, a través de sus amigos de la Facultad, la Escuela de Periodismo y sus propias publicaciones. Porque en esos años y hasta alrededor de 1957 o 1958, todos los amigos vinculados con la literatura que conoce recuerdan a una muchacha muy tímida y callada en las reuniones, cuya actitud básica era la de escuchar atentamente las opiniones de los demás y solo con gran esfuerzo hacer sus propias preguntas e intervenciones.

Es decir que, en principio, había dos Alejandras: una que mantenía sus gestos desfachatados y su soltura ante la realidad, la cual se revelaba ante su círculo de antiguas compañeras de colegio o en esas salidas intrépidas relacionadas con el periodismo, y la otra, silenciosa, que surgía cuando los encuentros se vinculaban directamente con la literatura, atenta a ese nuevo mundo que lentamente iba absorbiendo con fascinación y transmutándolo en su propia palabra poética.

Una fascinación que habrá llegado a la maravilla cuando fue por primera vez a la mítica casa de Oliverio Girondo y Norah Lange, uno de los centros de la vanguardia poética de

Buenos Aires. Acerca de cómo llegó Alejandra a la casa de la calle Suipacha, parece que lo hizo de la mano de dos de sus amigos y en diferentes momentos. La primera vez, la llevó Bajarlía en 1954 o 1955, ocasión en que Norah Lange se sintió especialmente interesada por la jovencita; la segunda vez, fue con Olga Orozco, habitual frecuentadora del lugar y amiga íntima de Norah, quien la llevó alrededor de 1956 o 1957. Ese lugar excepcional sin duda ha de haberle producido una gran impresión a Alejandra, surgida de un medio a tal punto diferente desde la perspectiva cultural, social y estética, ya que la casa, como lo sabemos, tenía rasgos únicos. Para citar algunos, nos remitimos a la memoria de Olga Orozco, según está plasmada en el texto de una conferencia que pronunció en España, reproducida en la revista *Xul*:

Aquel espantapájaros que había anunciado, tan espectacularmente, la salida del libro del mismo nombre recibía al visitante en lo alto de los ocho escalones de la entrada; después se penetraba como para siempre en esos ámbitos donde reinaban tanagras, huacos, Figaris y negros venecianos, entre tallas y muebles coloniales. Algo escondido, pero planeando en lo alto, un blanco albatros abría sus alas baudelerianas sobre el vuelo detenido de tantas trasnochadas.[19]

«Aquí quiero quedarme», habrá pensado, «este es el espacio de la libertad». No el pequeño cuarto propio insertado, como

19. *Xul, signo viejo y nuevo. Apunte sobre Girondo.* Nº 6, mayo de 1984, p. 3.

un barco cautivo, entre habitaciones que rezumaban el discreto encanto del gusto burgués.

Hablábamos a lo largo de estas páginas de dos Alejandras, pero, en realidad, sería más exacto hablar de tres, ya que en medio de esos dos rostros «públicos» estaba la que, tras escribir incansablemente en su habitación o en los bares que la recibían, discutía con Bajarlía sus textos y preparaba con ansiedad la aparición de su primer libro.

Ya señalamos antes que, irónicamente, este primer libro tan deseado será del que, después, Alejandra abjure, al punto de ni siquiera mencionarlo entre sus obras. Al margen de la marca del nombre propio rechazado —ese *Flora* extranjero en la portada—, creemos que hay razones estéticas de peso para su ulterior repudio. Pensemos que Alejandra tiene apenas diecinueve años cuando lo publica y, excepto el luminoso caso de Rimbaud —que transforma la poesía universal con la obra que escribe entre sus dieciséis y diecinueve años—, la literatura por lo general no registra obras geniales de adolescentes. Por eso mismo, analizarlo desde el punto de vista literario carecería de sentido, ya que ella misma percibió, a partir de la maduración de su poética y la progresiva exigencia extrema que tendrá respecto de la tarea literaria —todos los amigos señalan el carácter casi obsesivo que revestía la corrección para Alejandra y la conciencia agudísima del valor que cada palabra tenía, aun en los extensos poemas que predominan en su producción a partir de *Extracción de la piedra de locura*—, que se trataba de un libro fallido.

Sin embargo, nos parece importante detenernos en las influencias que en él se perciben así como en ciertos rasgos temáticos y lingüísticos, pues revelan tanto sus lecturas y sus apropiaciones estéticas, como aspectos que reaparecerán profundamente transformados en su poesía posterior.

Ante todo, interesa destacar la multiplicidad significativa del título: *La tierra más ajena*, que puede leerse en relación con la extranjería que siempre será una marca en ella y que, en el nivel del origen, nos remite a su carácter de hija de inmigrantes, despojada así de patria ancestral y de raíces, en especial por pertenecer a un grupo religioso y cultural que fue atrozmente perseguido y casi exterminado por el nazismo. Pero también como alusión a esa «tierra ajena» que es la poesía, en tanto que patria buscada para fundar aquel lugar que su origen inmigrante le niega. En cualquier caso, la marca de un extrañamiento y un exilio —sea de la tierra, la poesía o la infancia misma—, que se inscribe como marca o huella fundacional en su escritura.

Por otra parte está la presencia del surrealismo en la libertad de las imágenes, que toman elementos de los ámbitos más diferentes, configurando una estética de lo insólito, y el uso de la enumeración como principio constructivo del poema —recurso que se repite en varias composiciones del breve volumen—. Asimismo, en el poema «Vagar en lo opaco» (p. 18),[20] resulta evidente la lectura del Breton de «Ma femme à la chevelure de feu de bois» («Mi mujer de cabellera de llamas de leña»), pues en él —sin el dinamismo, la atmósfera celebratoria y la levedad poética del autor francés— Alejandra repite casi exac-

20. La totalidad de los poemas de Alejandra se citarán de la edición de la *Poesía completa* editada por Ana Becciu (Lumen, 2001), por lo cual simplemente se indicarán las páginas.

tamente el esquema y la intención compositiva de este. En otro sentido, a partir del poema que le dedica a James Joyce, se percibe su conocimiento del *Ulises* —que en rigor no leyó, como lo revela Bajarlía, debido a su longitud y dificultad— como la adopción del espíritu propio de la vanguardia histórica europea y latinoamericana —Huidobro, por ejemplo, y Vallejo, cuya importancia para ella nos la revela la constante apelación al peruano en sus *Diarios* de jovencita— en la incorporación de elementos de la cotidianidad más inmediata y «antipoética» y en la construcción de una atmósfera típicamente ciudadana, también tributaria de la estética de la vanguardia. Por fin, como una marca cuyo verdadero sentido luego veremos, el libro está precedido por un epígrafe de Rimbaud. Al respecto, si bien todavía falta bastante para que Alejandra adopte la ética y la estética de los poetas malditos como principio rector de su vida y su poesía —fenómeno que se cumplirá fundamentalmente durante su estadía en París—, parece significativo que en el inicio mismo de su carrera literaria aparezca quien luego será, junto con otros «ángeles caídos», un modelo para ella.

Desde el punto de vista temático, toda una sección del volumen, *Un signo en tu sombra*, está compuesta por poemas amorosos, signados por la experiencia de la separación y la no correspondencia. Si nos detenemos en eso, no es porque creamos ingenuamente que todo poema de amor alude a experiencias reales del autor que suscribe el texto, sino porque revelan una conciencia dolorida y trágica de la experiencia amorosa, a la cual se vive no ya como plenitud del encuentro, sino como angustia y pérdida. Asimismo, las referencias al amor se irán acotando significativamente en sus libros posteriores —hasta *Los trabajos y las noches,* donde se lo reinscribe en el poema pero para abjurar de él en función del absoluto literario entendido como única instancia de acceso a la unidad y superación de las antinomias propias de la experiencia fenoménica—, en los cuales la indagación poética se vuelca hacia otras formas de la experiencia interior. En esta concepción desdichada del amor, asimismo, se manifiesta la lectura de Proust y sus amargas referencias al desencuentro que signa toda unión amorosa, cuidadosamente subrayadas por la «artista adolescente» en los volúmenes de la novela.

Por fin, y en contraste con su ulterior vuelco hacia la interioridad y el refinamiento progresivo de su léxico, en *La tierra más ajena* hay una atención al exterior, al mundo circundante y una utilización del lenguaje coloquial, que progresivamente irán desapareciendo de sus textos, cada vez más ceñidos al buceo —o la construcción— de una subjetividad al margen de toda referencia al contexto y a la depuración extrema de un lenguaje culturalmente elevado. Sin embargo, luego se reinscribirán todavía más radicalizados en los textos de *La bucanera de Pernambuco o Hilda la polígrafa,* que resignifican la búsqueda de un lenguaje propio.

El año 1955 no solo fue importante por la publicación de su primer libro, sino que además aparecen nuevas personas y grupos de escritores en la vida de Alejandra. En cierto sentido, sus intereses parecen definirse más y se abre una nueva posibilidad expresiva —la pintura— que resulta clave para la construcción de su poética. Esta incorporación mayor al ámbito literario no es ajena, tampoco, a la efervescencia y la ebullición cultural que siguieron a la caída de Perón, la cual dio un nuevo impulso a los grupos de artistas que hasta ese momento producían sus aportes renovadores de espaldas a la cultura oficial.

Ese año, junto con Bajarlía, Alejandra traduce a Paul Eluard y André Breton, y conoce, en pleno proceso de edición del libro, a quien sería uno de sus grandes amigos de la época y especie de «hermano mayor»: Antonio Requeni.

Antonio también era poeta, vivía en Avellaneda y, al igual que Osías Stutman —cuya relación tendrá singular importancia por las cartas que Alejandra le envía en 1970 a Estados Unidos, donde Stutman se había instalado hacía años y que parecen borradores de sus textos de *La bucanera de Pernambuco o Hilda la polígrafa*—, la conoció a través de Arturo Cuadrado, su primer editor y cuya personalidad avasalladora fascinaba a Alejandra. Había, en la época, una institución cultural de Avellaneda, Gente de Arte, de la que Antonio era secretario, y un diario local, *La Opinión*, donde publicaba notas vinculadas con la literatura. Tras conocerla, quizás en alguno de los bares de la zona de la Facultad, le hizo un reportaje para el diario y fue por primera vez a su casa para sacarle unas fotografías. Después volvería en incontables ocasiones durante los años de mayor intimidad, 1955 a 1959, fecha en la que Antonio se iría a París. A partir de allí, la amistad se fue ahondando y adquiriendo cada vez rasgos más fraternales, a pesar de las diferencias estéticas e intelectuales que, con el tiempo, fueron alejándolos, en tanto Antonio siguió fiel a una estética heredera del neorromanticismo de los cuarenta y Alejandra, tras pasar por el vanguardismo de Poesía Buenos Aires, elaboró una estética personal y de resonancias propias, si bien marcada por el surrealismo.

Pero en ese momento intercambiaban poemas y se los corregían mutuamente, hablaban horas enteras de los libros que cada uno iba incorporando a su biblioteca y de los descubrimientos literarios —en el caso de Alejandra, casi siempre poetas franceses, ya no solamente los surrealistas, sino también los grandes malditos y algunos autores del romanticismo alemán—, recorrían de la mano ese Buenos Aires pletórico de propuestas renovadoras, de corrientes estéticas encontradas y de poetas que discutían, leían y forjaban manifiestos por toda la ciudad.

Antonio, precisamente, tuvo el privilegio de presentarle a Antonio Porchia, ante cuya profundidad de pensamiento y vuelo poético Alejandra quedó literalmente seducida, pues ese hombre, con aspecto de burdo campesino italiano y humildísimo estilo de vida, estaba como transfigurado por un halo de sabiduría que se plasmaba, con singular precisión, en su libro *Voces*, descollante en un género tan difícil y lleno de trampas como es el aforismo, sin duda por la profunda mirada poética de la que surgía. Esa admiración —nacida en las tertulias de pintores que se realizaban todos los sábados en el taller de José Luis Neni y a las que Alejandra y Antonio se acercaban siempre que podían— sin duda caló muy hondo en ella, no solo como lo demuestra el hecho de que le dedicara un poema al maestro —«Las grandes palabras», de *Los trabajos y las noches*—, sino también porque su extrema concisión seguramente incidió en el principio de extremo rigor expresivo que, a partir de su segundo libro, *La última inocencia*, caracteriza su obra. También esa admiración se percibe en el juramento que, años más tarde, se hicieron con Oscar Hermes Villordo —a quien conoció en el diario *La Prensa* a través de Requeni— de difundir la obra del maestro entre un público mayor. A raíz de esa promesa, Villordo, empujado por una Alejandra juvenil y entusiasta, escribió artículos de difusión sobre el secreto e idolatrado poeta en *Estampa* y en otras publicaciones de circulación masiva. Porchia, asimismo, sería uno de los lazos de unión estética con Roberto Juarroz, uno de sus jóvenes maestros de la época, así como con Osías Stutman. Con este último, como señalé, anuda una perdurable amistad entre 1955 y su partida a Francia —hecha de charlas en los cafés y las librerías de la zona, intercambio de poemas y traducciones del francés, visitas a Porchia en Olivos—, la cual se retomará solo en 1970, en que vuelven a coincidir en Buenos Aires, ya que Osías, a su vez, viaja a Estados Unidos.

La fraternidad de Antonio y Alejandra no solo surgía de todo lo que tenían en común: la madre de Alejandra le tenía especial confianza a ese muchacho idealista, bueno y cálido, y muchas veces le pedía que se hiciera cargo de ella y la trajera de vuelta a casa —la señora no se sentía para nada tranquila ante otros personajes cuya conducta sin duda resultaría incompatible con sus valores burgueses—, casa en cuyo umbral muchas noches se quedaron hasta la madrugada recitando poemas o compartiendo confidencias. Claro que para eso era aún más propicio el cuarto de Alejandra, cada vez más parecido al barco ebrio de Rimbaud. En los nuevos adornos —los collages que cada día cubrían más espacio en las atestadas paredes—, la joven Alejandra volcaba el amor, que mantuvo hasta su muerte, por los papeles exquisitos de colores y texturas únicas, los lápices, las lapiceras y las plumas de escribir, las *delikatessen* de librería que se convertirían en un rasgo prototípico de sus cartas y tarjetas a los amigos. Para Alejandra, ya desde entonces pero cada vez más notoriamente con los años —Olga Orozco afirmaba, medio en broma, medio en serio, que Alejandra se gastó la prestigiosa Beca Guggenheim que ganó en 1968 en papeles, cuadernitos, biromes y libretitas—, enviar una carta o dedicar un libro era también regalarle al destinatario un dibujo pequeñísimo o una tarjeta de colores adornada con su letra diminuta de niña de cuarto grado y alguno de sus monigotes adorables con tanto de Miró como de Klee. Como lo señala Ivonne Bordelois en su testimonio:

> Julio Cortázar, en su muy conmovedor poema sobre Alejandra, habla de su pasión por papeles, lápices y lapiceras de lujo, en los cuales y por los cuales los poemas se aparecerían repentinamente como joyas visionarias. Recuerdo haberle enviado, a pedido suyo, un cuaderno especialmente escogido en Boston: era de tapas negras rígidas y páginas de un blanco mate pero a la vez esplendoroso que infundía al mismo tiempo el pavor mallarmeano por la página blanca y el ingenuo entusiasmo por la blancura de Rubén. Alejandra lo agradeció con la ternura infantil que solía anegarla en esas circunstancias...

La atracción por la plástica, su sensibilidad ante el color y el dibujo así como la práctica de ellos dejaron su huella en su estética literaria y en su forma básicamente espacial de concebir el poema. También apuntan al evidente costado infantil de su personalidad, el cual se mantuvo incólume hasta su muerte y al que nos referiremos a lo largo de este trabajo, pues tiene, desde nuestro punto de vista, una incidencia capital en su vida y su obra.

Con Antonio tampoco existía esa timidez que signaba sus contactos con la mayor parte de los miembros del mundo literario —exceptuando a Bajarlía, por cierto—, de modo que también compartían confidencias sobre sus mutuas atracciones por las chicas y muchachos que iban apareciendo en sus vidas. Así, Alejandra le confiaba a Antonio su atracción por uno de los compañeros del grupo Poesía Buenos Aires —cuyo «pecho de granadero» encantaba a la joven poeta— y le dejaría entrever que la relación amistosa e intelectual que la unió a Bajarlía, quien la doblaba en edad, no estaba formada, únicamente, por lecturas e intercambios de poemas.

Al respecto, si bien no hay ninguna indicación precisa en los *Diarios* de Alejandra, la lectura del libro que el escritor le dedicó a su memoria —*Anatomía de un recuerdo*— permite suponer que así fue porque, si bien el autor nunca lo dice explícitamente, se adivina, a partir de las noches que pasaban juntos en el estudio de abogado de su profesor de la Escuela de Periodismo, que hubo una relación amorosa entre ellos. Por otra parte, esa disparatada ocurrencia de que se casaran a raíz de una pelea especialmente grave con su madre, cuando apareció con su valijita a buscar a Bajarlía, no se justifica sin cierto grado de intimidad.

En relación con esto, interesa señalar aquí un rasgo reiterado de sus relaciones con los hombres en sus años adolescentes. Si bien hubo atracciones y hasta un noviazgo serio con muchachos de su edad —el misterioso L. del período en que cursaba en la Escuela de Periodismo y con quien habría decidido casarse el 22 de diciembre de 1955 pero cuya relación terminó en pelea y separación, según aparece en diversas entradas de su diario entre el 5 y el 31 de julio de ese mismo año (Pizarnik, 2003: 61-113)—, es clara su tendencia a enamorarse de hombres mucho mayores que ella o a mantener relaciones con ellos. Tal atracción nos remite a su propia relación con la figura paterna y a su tramitación del complejo de Edipo, pero no con un sentido tan unívoco como podría parecer a partir de la imagen que hasta ahora hemos planteado de su vínculo. Porque, considerada desde esa perspectiva —la mayor comprensión que el padre parecía demostrar, por comparación con la madre, ante su hija menor anticonvencional y atraída por una zona de la actividad intelectual y profesional incompatible con los valores *ad usum* en la familia—, tal atracción por los hombres maduros parecería responder a una fijación positiva con la figura del padre, a partir de la cual inconscientemente habría aspirado a reeditar la relación con sus ulteriores objetos amorosos.

Sin embargo, de ninguna manera son tan sencillos y unilaterales los sentimientos de Alejandra hacia su padre. A diferencia de lo testimoniado por sus compañeras de escuela y otras personas cercanas a ella en su adolescencia y su madurez, dos grandes amigas que tiene desde la juventud señalan que, para Alejandra, su padre era una figura tremendamente negativa, rígida y exigente, que revestía un carácter verdaderamente represor y siniestro. Es curioso, pero ambas utilizaron la misma palabra para sintetizar los sentimientos de Alejandra hacia Elías antes de la muerte de este: el *horror*, la suma de la censura y la incomprensión. Incluso una de ellas, al referirse a la valorización de la figura paterna realizada por Alejandra tras su muerte súbita —ya que convirtió al padre en el «hombre de los ojos azules» que aparece en varios poemas rescatados por la tarea de Olga Orozco y Ana Becciu en su libro póstumo—, la interpretó como una posible reacción culpable ante el rechazo e incluso el odio manifiestos en su vida.

En relación con esta experiencia negativa del padre, es interesante consignar lo que recuerda otro poeta de su edad, de quien fue especialmente amiga entre 1957 y 1959, y con el cual, además del mundo de la poesía, compartió extensas y reiteradas conversaciones sobre sus mutuas y conflictivas relaciones familiares. En esas charlas, centradas en el caso de Alejandra fundamentalmente en la madre y en la relación de odio-culpa que las vinculaba, lo que le llamaba la atención a su interlocutor era la absoluta ausencia de comentarios sobre el padre. Era tan notoria, que él mismo se lo señaló en diversas ocasiones, y (aquí está lo significativo) en todos los casos Alejandra ignoraba la referencia, continuando con su discurso sobre la madre como si no hubiera siquiera escuchado la pregunta o la indicación de su interlocutor.

Desde esta perspectiva, es posible interpretar de una manera totalmente diferente las mencionadas atracciones por hombres mayores y siempre asociados con el mundo de la escritura o el saber —pensamos, en este último caso, en León

Ostrov, su analista—, ya que indicarían un intento por construir una imagen paterna que revirtiera los rasgos propios de su padre real. Un padre soñado, que compartiera su pasión por la literatura y con el cual dar salida al amor imposible por el padre real, compensando así el dolor por la coincidencia edípica que la realidad le negaba.

Un proceso similar al que Alejandra, inconscientemente, realizó con Olga Orozco, quien fue su «madre literaria» y con quien logró el grado de intimidad, coincidencia, confianza, admiración y amor que le resultaba imposible con Rosa y de quien dice, no mucho después de conocerla, estas palabras:

> A pesar de todo, aunque suceda cualquier cosa, quiero decirme de nuevo que Olga es el ser más maravilloso que conocí. Y si no la hubiera conocido nunca, si no existiera, mi vida sería más pobre. Me lo digo con miedo. Quisiera quererla siempre, pero serenamente, sin obsesiones. Y sobre todo ayudarla, que se reconstruya, que no se hunda. A veces, o casi siempre, el destino de cada uno de nosotros me parece tan frágil, tan misteriosamente endeble, que me sube el llanto y me muero de piedad y de dulzura. Tal vez esté equivocada. (10 de noviembre de 1958, p. 253)

O el cumplido respecto de Elizabeth Azcona Cranwell, a quien llamaba su «hermana», sustituto de su hermana real, con cuyo mundo no había verdadera confluencia.

Pero en este ámbito, nada es fácil de resolver en el caso de Alejandra. Porque cuando nos remitimos a sus *Diarios*, el amor por Olga está contradicho, más allá de las críticas que se suceden sobre todo al final de su vida —si bien ya a poco de comenzar su relación dice cosas duras, como veremos después de considerar a Elizabeth, a quien critica en la misma entrada—, en la traición que significan sus relaciones sexuales con Enrique Molina, por quien Olga siempre tuvo sentimientos profundos más allá de la brevedad de su relación y la larga duración de su amistad.

En cuanto a Elizabeth, nuevamente sus *Diarios* revelan la ambigüedad de sus sentimientos, ya que sospecha que la manipula para darle celos a su pareja, Mina, y dice cosas de gran dureza sobre ella. La siguiente entrada resulta especialmente rica, pues antes de las críticas a las dos mujeres, revela sus relaciones sexuales con Molina:

El domingo me acosté con E. M. Había una atmósfera orgiástica más intensa que la que surge en la soledad de la fantasía. Una vez en mi casa, serena, pensé que muchas cosas habían cambiado y cambiarían. Es decir, muchas cosas dejarían de cumplirse exclusivamente en la fantasía y se encarnarían en la realidad. Creo que necesito satisfacer cuanto antes mis deseos sexuales, que son enormes. Y también lo dijo E. M. Ni yo misma sospecho, tal vez, la magnitud de mi necesidad de satisfacción sexual. [...]

Busco a la gente, aunque sea idiota, y como sé que no debiera buscarla la odio. Entonces me sobreviene un sentimiento de culpa por mi odio y esa gente se convierte en figuras persecutoras, que me acosan y hacen de mi vida un infierno. Me siento odiada, envidiada, engañada, abandonada, despreciada, desplazada, calumniada. En especial hay dos personas: Olga y Elizabeth. Olga es valiosa, y yo la quiero. Elizabeth es idiota, y yo la quiero. Si no fuera tan idiota sería uno de los seres más peligrosos de este mundo. No me importa el abandono de Olga. Sé que jamás me hará daño. El abandono de Elizabeth es horrible: sé que me envidia, y tal vez me odie a pesar de quererme un poco. Y le doy miedo. Mucho miedo. Olga me tiene miedo por mi juventud. Elizabeth por lo que ella considera mis dones: inteligencia, sensibilidad. Además, me odia porque yo sé que es homosexual. Tal vez por esto quiere suprimirme. Soy uno de sus pocos testigos. Le conté a E. M. de mis dificultades con la gente, y él habló del infierno que ello significa. A él no le sucede eso: él ama. Yo no. Yo solo puedo odiar. Además, mi presunta bondad no es más que indiferencia. Oh solo yo sé cuánto me horroriza escribir esto que escribo, pero lo hago para objetivizar. Yo no puedo más. Y cuando pienso en la niña que fui, que miraba a la gente con ojos inocentes, y no pedía nada… Quiero lograr que la gente no me dañe. Es lo único que me impide vivir en paz. (6 de enero de 1959, p. 258-259)

Cabe destacar, sin embargo, que la aludida al comienzo no es la primera vez en que se acuesta con Molina, según lo revela en la entrada del 13 de diciembre de 1958, también reveladora de esas ansias sexuales a las que se refirió en la cita anterior:

También hay angustia física imposible de satisfacer. Entregarme a otro cuerpo, ahora, equivaldría a algo peor que el suicidio.

Además, estoy demasiado resentida como para agradecer a otro el alivio de mi sed sexual. Y hay sed. Claro que la hay. (Una buena muerte sería llamar a E. M. y de nuevo, como aquella vez, entrar en el corazón de la selva física, internarse en ese sol negro, con sonidos de tambores, en su mundo obsceno hasta lo inimaginable, en su inocencia terrible, en su fuerza arrasadora; entrar para salir de mí misma, para quemarme en su espantosa lujuria, en su vocabulario ardiente, en su perfume a ritos sagrados. ¿Por qué no lo llamo? Porque me duele el corazón y la mano me sube a la garganta. Y yo no quiero saber del sexo sino de un poco de paz).

Daría todo por tener un solo prejuicio, un solo escrúpulo. (p. 255-256)

En este contexto, resulta de un egoísmo pasmoso que, el 15 de enero, tras declarar que ha decidido cesar las aventuras con hombres pese a su «sed sexual», para la cual, como dice, «necesitaría años de orgías», proteste porque Olga —que si bien seguramente no se enteró del episodio con Molina, algo intuyó a partir de su infalible percepción de «maga blanca»— no la quiere más. Pero dejémosle la palabra al diario:

Olga no me quiere más. Me ha abandonado. No estoy triste por mí sino por ella. Ahora yo no podré quererla. Y nadie pudo haberla querido más que yo. Ella maltrató mi amor. Un amor puro y abstracto. Pocas veces he querido tanto a alguien. Ahora no sé si la quiero, pero ya no le daría mi vida, no me interesa su destino. Es más: algo lejano me dice que yo la hubiera podido salvar y que ella no quiso salvarse. Según O., yo habría sentido deseos por ella, es decir, deseos homosexuales. Creo que no. Por lo menos, conscientemente, no lo pensé jamás. Ojalá fuera homosexual. Siempre me lo digo. Pero no creo posible, para mí, arribar a un orgasmo con una mujer. Mi sed sexual es, ineluctablemente, la de esas mujeres [frase tachada]. (p. 260-261)

Pero junto con ese egoísmo, hay una voluntad de no ver las cosas como lo revela esta reflexión de unos días más tarde, donde ni se le ocurre pensar que la frialdad de Olga tal vez se vincule con el asunto de Molina:

Hablé con Olga: su frialdad es completa. Yo tartamudeándole mis angustias, sintiéndome idiota. Ella, elogiando divertida su propia serenidad. Posiblemente soy injusta. También ella sufre. A veces pienso qué horrible debe ser caer en su cólera. ¿Y si se enterara de lo de E. M., qué haría conmigo? (19 de enero, p. 261)

Antes señalamos que, hacia el final de su vida, Alejandra dice cosas duras de Olga, y esta entrada de 1970 es un buen ejemplo, en el que además no sabemos si es sincera en remitirles a los demás la valoración de su propia obra como superior a la de Olga:

Sábado, 18 de julio
¿Quién es Olga?
Alguien que no acepta una evidencia: que yo, Alejandrita-¿no-parece-un-ángel?, soy (o era, no lo sé) mejor poeta que ella. Y no

es que este juicio sea mío sino de los demás. O. lo advirtió, mas no yo.

No creo que lo mío sea bueno. Ergo: ¿por qué tantos celos de mí?, ¿tanta rivalidad? Hay un error en alguna parte. (p. 955)

Volviendo a los padres y a lo contradictorio de sus sentimientos, cuando vamos a una entrada del 25 de julio de 1965, encontramos una reflexión: «Mis padres hablaban mucho. Sí, había una imposibilidad de quedarse en silencio» (p. 726). Quizá por eso su opción poética la haya llevado precisamente al silencio, silencio que, en su escritura, alternativamente identifica con la música, como instancia de armonía total, o con la muerte. «Yo quería un silencio total. Por eso hablo», escribirá en *Extracción de la piedra de locura*. En este sentido, toda su opción poética se plantea como una huida del padre, del mundo familiar, del orden simbólico, donde se habla y se habla para nada decir. Asimismo, convertir el lenguaje poético en su patria —en tanto forma de la palabra exactamente opuesta al lenguaje que habla para nada decir— puede entenderse como parte de ese rechazo del mundo familiar.

En relación con los sentimientos contrapuestos manifestados respecto del padre, cabría preguntarse qué era en realidad lo que Alejandra sentía por él, si hubo un momento de coincidencia y amor que luego, con el tiempo, se transformó, o si la ambivalencia fue algo constante. Sin duda, a pesar de que actualmente contamos con sus diarios y sus papeles, no es posible hacer ninguna inferencia al respecto con verdadera seriedad. Con toda certeza, su padre fue una figura capital en la configuración de su mundo interno de afectos y en la determinación de sus relaciones con el otro sexo —como siempre lo es la figura paterna para cualquier ser humano—, que en el caso de Alejandra fueron conflictivas y no excluyentes, cuando consideramos su opción por la bisexualidad. Tal vez una cita de Freud sirva para conciliar estas imágenes aparentemente opuestas. Tras referirse a las constantes contradicciones con que se encuentra el analista al buscar conclusiones más o menos generalizables respecto de la vida amorosa de hombres y mujeres, dice Freud: «Nos vemos así forzados a dar razón a los poetas que nos describen preferentemente a personas que aman sin saberlo, no saben si aman o aun odian a quien en realidad adoran».[21]

Alejandra amó y odió a su padre y a su madre, manteniendo con ambos una complejísima relación que oscilaba entre la dependencia y el rechazo —recordemos que sus padres siempre la mantuvieron económicamente—, el amor y el fastidio. Como iremos viendo, esta relación determinó una imposibilidad radical de crecer en lo afectivo y lograr, no ya simplemente una identidad sexual definida y estable, sino la realización de alguna forma de amor satisfactorio y pleno o una aceptación pacífica de su propia sexualidad y su cuerpo. También, obstruyó toda posibilidad de superar un desamparo y una indefensión extremos ante la realidad práctica, con la cual, en muchos sentidos, fue incapaz de enfrentarse. Finalmente, al articularse este complejo mundo afectivo con su obsesión por

21. «Sobre la psicogénesis de un caso de homosexualidad femenina», *Sigmund Freud. Obras completas*, Vol. XVIII, Buenos Aires, Amorrortu Editores, 1992.

la muerte y su progresiva dificultad para controlar su universo interior —lo cual le impedía dominar las cíclicas depresiones que la fueron devastando—, surge ese *pathos* trágico que en varias ocasiones la llevó a intentar suicidarse, quizá para escapar de ese mundo interior profundamente doloroso y escindido —como surge de la lectura de sus *Diarios*—, a la vez fascinado y aterrorizado por la muerte.

Pero el tema de su relación con la muerte —«La muerte siempre al lado. / Escucho su decir. / Solo me oigo»— es mucho más complejo y se vincula con la dimensión metafísica y estética. Por ahora, preferimos postergar su tratamiento y señalar que, si bien consideramos que el psicoanálisis es un instrumento privilegiado de indagación en la subjetividad y sus conceptos nos permiten explicar muchas de sus configuraciones, no creemos que baste para abordar esa obsesión estructurante de su palabra poética.

Volvamos ahora, tras esta breve incursión en la ambivalencia de sus sentimientos respecto de sus padres, al segundo aspecto que señalamos como fundamental a partir del año de publicación de su primer libro: la vinculación con nuevos amigos y grupos de poetas que marca su progresivo ingreso en el mundo literario de la época y la lenta consolidación de su estética personal.

Su originaria vinculación con los artistas asociados a la vanguardia porteña, a través de Bajarlía, se fue enriqueciendo y ampliando, sobre todo a partir de sus nuevos amigos de la Facultad y su frecuentación de los grupos que se reunían en los bares y las librerías que rodeaban la sede de Filosofía y Letras.

Si bien entre 1955 y 1958 Alejandra se relacionó con autores pertenecientes prácticamente a todas las corrientes poéticas en vigencia, sus dos libros siguientes —*La última inocencia* y *Las aventuras perdidas*, respectivamente de 1956 y 1958— demuestran su vinculación estética y editorial con el grupo Poesía Buenos Aires, ya que ambos fueron publicados por la editorial de la revista, donde también aparecieron colaboraciones de Alejandra.

Un día Alejandra llegó al grupo y comenzó a participar de los encuentros semanales. Por lo general, se reunían en dos lugares: el bar Palacio do Café, de Corrientes al 300, y el departamento de Jorge Souza, en Caballito. Habitualmente, además de Raúl Gustavo Aguirre, el gran animador y director de la revista, estaban Rodolfo Alonso, Rubén Vela, Edgar Bayley, Elizabeth Azcona Cranwell, el músico Daniel Saidón y algunos pintores amigos. Se tomaban cantidades considerables de vino y de ginebra —como en todos los lugares del mundo, la poesía argentina de esa y de otras décadas nació entre caudalosas cantidades de alcohol, que, sin duda, habrían escandalizado a los padres de muchos poetas jóvenes, ajenos a los «paraísos artificiales» que ya Novalis había descubierto a principios del siglo XIX y que Baudelaire canonizaría al promediar el siglo—, se cantaba, se hablaba de poesía.

En estas reuniones comenzará la adquisición de una estética propia, alejada de su primer libro por la mayor originalidad de sus poemas (en el sentido de tener una marca menos notoria de influencias ajenas, si bien, como lo sabemos, la feliz expresión «un mosaico de citas», con la que Roland Barthes se refiere al texto literario, apunta a un rasgo propio de toda escritura, en especial la de Pizarnik, en la medida en que se consolide en su oficio) y por la configuración de una constelación temática personal: la muerte, el desamparo, la noche, la división de la subjetividad. También de estos encuentros surgirán dos relaciones de singular importancia para Alejandra: su amistad con Raúl Gustavo Aguirre y con Elizabeth.

Desgraciadamente, poco se puede contar del vínculo entre Alejandra y Aguirre —uno de los seres más generosos y encantadores que ha conocido el ambiente literario porteño—, pues ambos murieron, pero la atención que le prestó a esa muchachita todavía tímida pero con un deslumbramiento impar ante la poesía queda demostrada por la edición de sus dos libros posteriores. De su afecto por ella y su admiración por su obra de madurez, una de nosotras, Cristina Piña, pudo tener pruebas, así como la calidez y generosidad que tuvo hacia los poetas jóvenes en general le permitió deducir la que le brindó a Alejandra. Porque Aguirre era uno de los pocos poetas mayores —por edad y por nivel poético— que se volvía con genuino interés y deseo de respaldo hacia las voces nuevas.

Uno de los múltiples gestos de generosidad que le concedió tuvo que ver precisamente con Alejandra. Era 1978 y citó a Cristina en su oficina de la Caja de Ahorro para comentar un artículo que ella había publicado sobre la poesía de Alejandra y que él quería hacer publicar en Venezuela. Al hablar de ella, lo hizo con una ternura y un conocimiento profundo de su obra verdaderamente conmovedores. Había seguido sus sucesivas publicaciones con esa doble mirada del poeta-crítico y del amigo, característica de él, y sostenía que Alejandra era la voz poética más importante de su generación. Sin duda, si Aguirre hubiera vivido, podríamos tener una mirada privilegiada sobre «la hija del insomnio»—como la llamó Enrique Molina en su bellísimo texto conmemorativo—; valgan estas palabras para recuperar algo de su lúcida y cálida mirada sobre ella y del concreto aprendizaje que el contacto con él, a través de Poesía Buenos Aires, significó para Alejandra.

Al destacar este costado generoso y de verdadero maestro de Aguirre no se puede sino sospechar que tal vez haya sido su ejemplo el que determinó que Alejandra, ya en su madurez —si es que en su caso se puede hablar de madurez más allá de lo estrictamente poético, ya que murió a los treinta y seis años—, no solo actuara con gran generosidad con muchos poetas jóvenes, sino que nunca escamoteara a sus amigos los contactos con escritores importantes y publicaciones del exterior que había ido logrando. Esto se puede ver con claridad meridiana en su correspondencia, sobre todo, con sus dos poetas amigos españoles, Antonio Beneyto y Antonio Fernández Molina. Aunque, en rigor, este rasgo ya viene desde su juventud: en París, fue ella quien le presentó a Octavio Paz a su amiga Olga Orozco, quien le mostró también a Paz los poemas de Antonio Requeni, quien acercó a sus propios amigos a Julio Cortázar. Lo destacamos porque hay mucha gente que subraya los aspectos egoístas de la personalidad de Alejandra —y es cierto que en muchas ocasiones podía ponerse insufrible en las reuniones a fin de llamar la atención y hacer que el centro pasara por ella, o que tenía tendencia, con los años, a hablar cada vez más de sí misma y de sus angustias— y por lo general se olvida de insistir con tanto empeño en algo que es auténticamente *rarísimo* en un ambiente donde la falta de oportunidades hace que cada uno cuide con uñas y dientes su pequeña parcela de poder y se corte una mano antes de abrirle una puerta a otro. También se deja caer, abierta o subrepticiamente, que le encantaba alardear de que era amiga de «Julio», «Octavio» o «André» (Pieyre de Mandiargues), pero nos preguntamos: ¿quién, en la feria de vanidades que es la literatura actual, se priva de hablar de su amistad con cualquiera de los grandes nombres de escritores internacionalmente conocidos?

La segunda amistad que perduraría a lo largo de los años —a pesar de las diatribas en sus *Diarios* a las que nos hemos referido antes— y que nació en esas reuniones donde corría tanta poesía como vino y entusiasmo, fue la de Elizabeth «Liz» Azcona Cranwell, quien funcionó como una especie de hermana para Alejandra. Y era lógico, pues ambas tenían pocos años de diferencia —Elizabeth tres más que Alejandra—, cursaban juntas ciertas materias de Filosofía y Letras, eran poetas que manifestaban una dimensión metafísica y una impronta formal renovadora común, y eran lo suficientemente diferentes como para establecer ese tipo tan peculiar de relación que es la fraternal —o «sororal», como le gustaría a Unamuno—, hecha de coincidencias y diferencias, de cariño, complicidad, envidias y competencias.

Una simple foto de la época hace saltar algunas de las mencionadas diferencias: Alejandra aparece con un rostro aniñado y feúcho, la postura sin gracia —la cabeza adelantada y algo tensa en los hombros—, gordita y sin un solo adorno o una gota de maquillaje; Liz, bonita y atractiva, con actitud de mujer seductora, con aros y collar, un vestido que seguramente destaca la figura delgada y un cuidadoso maquillaje. Y si en Alejandra es casi palpable ese desamparo que, más allá de sus textos, impulsaba a todos los que la conocieron en la época a protegerla, Elizabeth transmite una sensación de seguridad en sí misma que está en las antípodas de la indefensión.

Dicha contraposición se vuelve a dar en el plano sexual: si nos atenemos a lo que Alejandra dice en sus *Diarios*, Elizabeth, además de tener una pareja femenina, no ocultaba su homosexualidad, mientras que en Alejandra, que abiertamente mantenía relaciones con hombres, se da por un lado un rechazo del lesbianismo y por el otro, cada vez más, surgen atracciones por mujeres —de las que solo deja una inicial en sus diarios— que tardarán un tiempo más en convertirse en relaciones amorosas y sexuales paralelas a las masculinas. Aunque, es importante señalarlo, las personas que amó y con las que convivió —por accidentada y relativa que fuera esa convivencia— fueron solo mujeres.

Si tuvo, además de la amistad y la hermandad, relaciones sexuales con Elizabeth, no lo sabemos: Alejandra no lo dice en sus diarios y ninguno de los amigos con los que conversamos lo mencionó, excepto Aurora Alonso, para decir que no sabía si tenían relaciones o no.

Pero al margen de esas diferencias, entre la chica linda y la chica que-se-sentía-fea surgió una hermandad concretada en las ineludibles conversaciones sobre poesía, los intercambios de textos, de correcciones y de amores literarios, y en un compañerismo y una camaradería que podían realizarse en unos lujosos y adolescentes tés en la London—muy a la inglesa pero con profusión de tortas y de masas que seguramente endulzaban las auténticas angustias metafísicas y la fascinación por la muerte que ya caracterizaban a Alejandra y la llevaban a confirmar la noche como su reino. También en compartir salidas que terminaban en la prototípica *ladies talk* de las chicas de veinte años que se quedan a dormir en casa de una o de la otra. Y, un poco más adelante, cuando fueron las «poetas jóvenes» del momento, estuvieron juntas en las lecturas públicas y en las reuniones o festivales literarios de la época. Eso sí, siempre como Punch y Judy: Alejandra empecinada en su famoso Montgomery beige con forro a cuadros —infaliblemente descuidado y desprolijo—, sus polleras tableadas o sus pantalones, sus poleras, su cara lavada a pesar —o a causa— del acné, contra el cual no pudieron los innumerables tratamientos que siguió desde la adolescencia y que luego abandonó ante la certeza de que no había cura para su piel; Elizabeth, arreglada, segura de su capacidad de atraer las miradas.

Una anécdota vinculada con una lectura que hicieron en esta época en el Jockey Club de La Plata resulta profundamente reveladora, tanto de la relación de Alejandra con su cuerpo como de esa timidez que desaparecía ante el reino seguro que para ella significaba la poesía. Habían ido varias poetas más bien cincuentonas y ellas eran las dos «niñas» del grupo, según recordaba Elizabeth. Cuando le tocó el turno de leer a Alejandra —debía subir al escenario, exponerse ante la mirada de los demás—, descubrieron que había desparecido. Tras buscarla por todas partes, Elizabeth la encontró encerrada en el baño, tomando ansiosamente whisky de una petaca que le había sacado al padre. Estaba pálida de terror y como en estado de shock. «Yo no subo, gorda, no subo», le repetía. De alguna manera, Liz se las arregló para convencerla y Alejandra subió. Con sus pantalones feos y su aspecto desaliñado, era como la contracara de las señoras arregladitas y ampulosas que habían «deleitado a la elegante audiencia» en la primera parte de la presentación; era la rebelde infaltable y dispuesta a *épater les bourgeois*. Con todo el miedo y la inseguridad y el whisky apurado a grandes tragos, sería como un presagio de catástrofe y papelón para el selecto público que, sin duda, empezó a moverse incómodo en las butacas del egregio Jockey Club. Pero cuando se puso a leer se transfiguró y, ante la fuerza de sus palabras —imaginemos la voz grave y oscura de Alejandra, esa dicción ya educada para no tropezar y que resonaría extraña en el salón, como concitando la noche, como invocando presencias del otro lado de la realidad—, todos quedaron fascinados. Y cuando el hechizo se rompió —la voz de Alejandra terminó alguno de sus poemas breves y de insoportable intensidad—, la aplaudieron a más no poder.

Esto ocurrió mucho antes de que Alejandra llegara a conocer en profundidad a Artaud —a quien le «presentó» Bajarlía, pero que al comienzo no la entusiasmó demasiado—, mucho antes de que tradujera sus poemas y escribiera el excelente prólogo a dicha traducción. Ante este episodio, sin embargo, no se puede sino recordar —salvando las grandes diferencias del caso— la transcripción que Alejandra hace del texto escrito por Gide sobre la memorable velada del 13 de enero de 1947 en el Vieux Colombier, donde Artaud —recientemente salido del hospicio de Rodez— intentó explicarse ante los demás. Porque en ambas ocasiones, el poeta se venció a sí mismo y a aquellos miembros del público dispuestos a escucharlo desde sus convenciones y sus prejuicios burgueses; en ambas ocasiones la poesía y la convicción poética se impusieron con toda su incandescencia sobre el escenario.

Una nueva figura, entonces, se sumaba a la Alejandra «pajarito asustado» que recuerdan Olga Orozco, Roberto Juarroz y Federico Peltzer; a la mujer que llamaba la atención casi sin proponérselo, que recupera Edgardo Cozarinksy, por la seriedad de sus juicios y su concepción de la poesía; a la que, ante los cloqueos de un grupo de pintoras maduras que, en un cóctel le daban clases sobre lo que tenía que hacer o no hacer, a partir de la razón inapelable de que podían ser «sus madres», deslizaba un «¡Caramba, qué solicitado está mi padre esta noche!»; en la que hacía desternillarse de risa a los demás o escandalizaba deliberadamente a un poeta joven, amigo e ingenuo leyéndole un texto formalmente bellísimo pero de contenido ambiguamente obsceno, mientras lo miraba con esa sonrisa pilla y perversa de las chiquilinas traviesas.

Pero los rostros divergentes no terminan aquí: también estaba la buena compañera capaz de sacar la cara por su amiga Liz en «asuntos del corazón» e intervenir en una pelea amorosa, más allá de toda rivalidad literaria inevitable entre dos poetas jóvenes que se iban perfilando como las voces más valiosas de su generación. Y ya que hemos tocado el tema de las relaciones afectivas, sus amigas más cercanas de la época señalan su necesidad de amor y la certeza de que, para ella, se trataba de un terreno casi infaliblemente vedado.

Parece importante detenerse con un poco más de detalle, a partir de estas referencias y de lo que dejó escrito en sus *Diarios*, en las relaciones afectivas del año 1955 en adelante. Porque, a pesar de que tuviera la certeza de que no tendría suerte en el amor —la frase que, unos años después, le repetía a Elizabeth es significativa: «Las mujeres feas nunca vamos a tener suerte en el amor»—, tuvo por lo menos una relación afectiva de peso en el período en que asistía a la Escuela de Periodismo, si bien su presencia en el diario se limita a no demasiadas líneas que cubren veintiséis días del mes de julio de 1955 y entremezclada, además, con otro personaje masculino —Él— y una mujer, D. Pese a que esta coincidencia de atracciones podría ser accidental, creemos que apunta a la imposibilidad real de amar en plenitud, primero de la muchacha y después de la mujer, aunque ya de adulta las cosas se complican por el costado obsesivo cada vez más notorio en ella.

El 20 de julio tenemos, por primera vez, la referencia directa a un misterioso L. que no hemos podido averiguar quién fue —antes, el 5 de julio, alude a la «prima de L.» sin más—, con quien aparentemente Alejandra habría acordado casarse y que, entre ese día y el 30 de julio aparece sin cesar en sus *Diarios*. Por lo que allí se dice, hay una relación importante entre ellos —se ven cuando ella sale de la Escuela de Periodismo—, y la fecha acordada para el matrimonio es el 22 de diciembre. Pero paralelamente con esto, aparece otro «Él» del que la poeta se confiesa enamorada y una compañera, D., por quien siente también una gran atracción, como se ve en este fragmento donde convergen los tres: «¿Dónde estará L.? ¿Qué habré dicho ayer? ¡Y D. que me persigue con su rostro maravilloso! ¡Y Él tan lejos!». (p. 92)

Esta última referencia, por una cuestión de fechas y de circunstancia, podría referirse a Guillermo Orestes Silva, residente en Montevideo, pero si bien hay bastantes indicios de que podría serlo, se trata nada más que de inferencias, como lo señalamos antes.

En efecto, ya antes de la relación con L. «Él» aparece en el diario, en dos textos que marcan su importancia sentimental. En el primero, lo hace dentro de una suerte de poema en prosa al que titula ANSIAS del 26 de septiembre de 1954:

Pienso en Él. En todo lo que tocan sus manos plasmadas de esmeraldas y digo:

Feliz tú, libro, que sientes la calidez de su piel. Tú que no lo deseas. Libro, señor libro, feliz tú, feliz usted, que recibe la inmarcesible tersura de sus dedos. Feliz tú, papel blanco lleno de dibujos indelebles. Tú que no lo amas. [..] ¡sillones insulsos, útiles impersonales, felices de ustedes, que lo ven, que lo sienten!, ¡y no lo anhelan!». (pp. 24-25)

Pero quizás el segundo sea más significativo, porque al margen de que lo escribe el 23 de julio de 1955, al día siguiente de festejar con gran alegría haber recibido una carta de Clara Silva, que está en París —viaje del que Orestes habla en una carta anterior, del 2 de abril, suponemos que también de 1955 porque deja con puntos suspensivos el año—, dice, hundida en el malestar que le ha dejado una borrachera de cinco cocteles que tomó antes de ir a la Escuela de Periodismo y tres después en el bar donde se encuentra con L. y tras haber producido la estupefacción de su madre al volver, quien cree que está enferma: «Me siento perdida. El único que podría ayudarme está lejos». (p. 91)

Tras esto, se suceden, junto con la crisis con L., incesantes referencias a Él, a cómo lo extraña, cómo fracasan sus esfuerzos por mejorar algo para que Él se alegre —tema que aparece en las cartas que intercambian, donde Orestes reacciona mal a cualquier referencia a otros hombres («flirts» los llama ella, lo que a él le indigna), y la acusa de intelectual y fría, frente a lo cual Alejandra adopta un papel de pureza extrema y sacrificio—, cómo lo quiere, cuánto ansía que vuelva a Buenos Aires.

Y a poco de terminar la relación con L. empieza a reiterarse la ansiedad ante un viaje de él, que de una expresión de deseos: «Lo recuerdo dolorida, Él no está. Hace siglos que se fue. Espero su vuelta (como los hebreos esperando el Mesías) temblorosa y emocionada» del 4 de agosto (p. 124), se convertirá en la promesa de un viaje para fines de agosto o septiembre —«En estos momentos siento su presencia tan lejana que me parece imposible verlo de nuevo alguna vez. Calculo los días. Son 23 días. ¡23 días más y estoy salvada!» (p. 136). Viaje que Alejandra espera cada vez con más ansiedad al punto que, ante los disturbios políticos del 31 de agosto, escribe:

Pienso en Él. ¡Por favor que no le ocurra nada! Se me ocurre ir a la farmacia y comprar algún veneno. Si Él no puede venir o le ocurre algo, lo tomo.

Le digo a mi padre que esta noche viene de Francia mi amiga Helen. «¿No le pasará nada, papá?» Me asegura que no. Respiro tranquilizada. ¡Él vendrá! En realidad Helen vuelve el 2. (pp. 170-171)

Y, si bien no lo relata directamente, en algún momento Él viene, pues en una extensa entrada del mes de octubre, ese encuentro se convierte en un texto muy extenso y poético, que titula SENSACIONES y donde su presencia se da dentro de un sueño, del que citamos solo lo más importante:

El rostro de Él, de su amor, la miró: honda, muy honda era esa mirada: quedó presa en ella, maniatada por el imán de esos ojos que le extraían el interior hasta dejarle la forma inservible, el residuo despreciado: su cuerpo. [...] Encandilada por esos ojos no atinaba a moverse, pues donde quiera que mirase allá estaba Él, el único hombre que amaba, el único ser humano que anhelaba. (p. 175)

Si consideramos importante este texto para la posible identificación de Él con Orestes Silva, se debe a que, como lo dice en la última carta que Alejandra le dirige a él —y que seguramente no envió— tras el corte y que ya citamos en el capítulo anterior, hubo entre ellos un abrazo «sublime», lo cual revela que Silva estuvo en Buenos Aires.

Pero, al igual que ocurrirá con otros episodios imposibles de precisar y de fechar valiéndose de las cartas y los diarios, no tenemos certeza alguna de esta deducción, que incorporamos porque nos parece plausible.

Si ahora volvemos a la relación finalizada con L. cuando consideramos la brevedad de la inscripción en el diario, lo poco claro de los sentimientos, todo el episodio parecería no tener tanta trascendencia; sin embargo, cuando vamos a las reflexiones de Alejandra tras el corte con L., nos encontramos con la elección de un destino que finalmente cumplió con creces.

> Hace diez minutos (o menos) que L. se fue para siempre. Aún siento en mi rostro el sabor de las lágrimas derramadas en su hombro. Lloré ante la certidumbre de mi incapacidad afectiva. Lloré porque se fue el ser con el que pensaba unirme y constituir una pareja como tantas otras. Lloré porque jamás conoceré el encanto de la comunicación plena. Lloré porque la llave que abrió la puerta indicó un claustro (¡el anhelado encierro junto a los libros! ¡La soledad infinita!) [...] Yo elijo la soledad y no por rechazo del Otro. Yo, Alejandra, hoy 31 de julio elijo la soledad. (pp. 112-113)

Y cuando releemos la carta final de Alejandra a Guillermo Orestes Silva, esa certidumbre se reitera y se confirma, sumándosele la sospecha de que su hombre querido es machista, lo que ella se niega a aceptar por considerarlo malsano para su arte:

> Tú me has dicho: «tu poesía es poesía sin hombre». Y eso, me horrorizó, me golpeó, me transformó en un banal objeto de adorno. ¿Dónde estaban mis anhelos de trascendencia, mi hambre de ser, donde estaba mi deseo de erigirme en un ser

puro y humano? No me creo responsable de ningún pecado religioso, me desentiendo de cualquier maldición bíblica. Soy yo, soy este latido furiosamente humano que enfrentará (si llegara a suceder) de igual a igual al hombre que escoja. No he de ser instrumento de amor, todo eso lo mando al diablo, así como todas las probabilidades de dicha. Amo demasiado al arte, por él sacrificaré mi vida. Los libros serán mis únicos hijos, los únicos que deseo, los únicos que me corresponde entregar para embellecer un poco la suciedad de este mundo.[22]

Es decir que si bien Alejandra tuvo relaciones amorosas —que luego serían de corte más sexual, de acuerdo con las anotaciones en su diario—, hay algo así como la decisión de «casarse» solo con la literatura. Lo señalamos porque nos parece que, para evaluar después las relaciones tormentosas con las personas que amó —pensamos en Silvina Ocampo y Martha I. Moia, fundamentalmente—, es importante tomar en cuenta esta decisión radical.

A lo que hemos señalado habría que agregar lo que dice su amiga de adolescencia Aurora Alonso, que introduce a dos muchachos que no aparecen en sus diarios y de los que no tenemos ningún dato. Alonso, hasta 1956, la recuerda enamorada de un chico que había conocido en un campamento de una asociación judía en Villa Gesell y después, de un muchacho flaco del que solo recuerda que era poeta. A él lo visitan dos veces en una casona de Barracas, en la calle Montes

22. Papeles Pizarnik, Biblioteca de la Universidad de Princeton, Departamento de Libros Raros y Ediciones Especiales, Departamento de Manuscritos, Caja 9, Carpeta 11.

de Oca casi Suárez que tenía un «antiguo esplendor decadente, un abuelo inválido sentado en un sillón». Aurora confiesa haber fantaseado que era Juan Rodolfo Wilkock, pero es imposible por la edad del escritor: nacido en 1919, ya no era un joven poeta en 1956, sino una sólida figura dentro del mundo cultural argentino, que además se instaló en Italia a partir de 1957, país donde vivió hasta su muerte en 1978. Esto nos deja definitivamente sin datos para determinar quién era, porque sin duda no era una invención de Alejandra.

Pero volvamos ahora a 1958 y a su certeza de que será infeliz a causa de su fealdad, ya que nos parece importante retenerla en la memoria, para vincularla con su ulterior teoría que vinculaba la fealdad con la calidad de la escritura. Creemos que esa transformación es realmente significativa y se articula con otras muchas reversiones que realizó, durante su madurez, de ideas y posiciones adolescentes, así como con la consolidación de su poética y la incidencia que esta tuvo en su vida. Pero todavía hay mucho camino que recorrer, muchas personas y personajes que conocer, muchos libros que leer, muchas experiencias que sumar, muchos grupos en los que entrar y de los cuales salir.

Entre ellos está el Grupo Equis, que frecuentó hasta 1959. Llegó a él a raíz de su amistad con Roberto Juarroz, autor de la primera reseña en un diario importante que mereció la obra de Alejandra. El libro era *La última inocencia*, publicado en 1956, y el diario, *La Gaceta* de Tucumán. Al leerla, Alejandra se conectó con Juarroz para agradecerle sus palabras y lo invitó a su casa —ya los Pizarnik se habían mudado al departamento de la avenida Montes de Oca 675—, donde se inició un fructífero intercambio literario que también marcaría a fondo a Alejandra. Porque Juarroz —quien a pesar de ser unos ocho años mayor que ella, todavía era muy joven— estaba profundamente empapado de la poesía europea contemporánea, había leído de todo y estaba al tanto de las últimas expresiones artísticas del mundo. No solo ella quedó impresionada por sus conocimientos, sino que a su vez a Juarroz, ya en esa primera entrevista, lo asombraron la inmediata orientación de la charla hacia la esencia de la poesía y el fenómeno creador, y el conocimiento que esa muchacha tan jovencita tenía de los poetas surrealistas. Asimismo, sus constantes referencias a Rimbaud demostraban una familiaridad poco común con la obra del poeta francés, y su biblioteca muy selecta (donde, probablemente, ya estuvieran dos libros que para Alejandra fueron esenciales: *De Baudelaire al surrealismo*, de Marcel Raymond; y el bellísimo estudio de Albert Béguin, *El alma romántica y el sueño*, libro que prácticamente todos los que la conocieron señalan como uno de sus grandes amores) revelaba a una lectora de singular refinamiento.

Y así se acercó al Grupo Equis que, tras haber iniciado sus encuentros en la casa de Juarroz en Adrogué, se reunía dos veces por mes en Buenos Aires, en un sótano de Córdoba y el Bajo. Los actos que se realizaban iban de lecturas de poemas a proyecciones de cine y representaciones teatrales —allí se leyó por primera vez en Buenos Aires *Esperando a Godot*, de Beckett—, pero no eran esas actividades las que le interesaban a Alejandra, sino las charlas posteriores e informales en el café de Córdoba y San Martín.

Allí se ganaba la ternura protectora de los varones —Juarroz, Peltzer, Mario Morales— y la inquina de las mujeres, a quienes las sacaba de quicio tanta indefensión, tanto aire de extranjera «con su maleta de piel de pájaro». Porque no era solo su desamparo que traía «reminiscencias terribles de refugiado centroeuropeo, de grandes desgracias, de inmensos cataclismos»—como dice Rodolfo Alonso en su primera memoria de Alejandra—, sino una especie de inadecuación radical ante la realidad, un estado de ignorancia infantil y perpleja ante las manifestaciones de la cotidianidad. «¿Y cómo sabés que el dólar cuesta eso?», podría haber preguntado con los ojos como platos e ignorar, sobre todo, que había hambre en África, revoluciones militares en el país, un grupo de hombres que darían vuelta la conciencia de América Latina imponiéndose osadamente en Cuba.

No era solo un divorcio respecto de la realidad política y social, era una imposibilidad casi ontológica para manejarse en las minucias del mundo cotidiano, en el abismo amenazante del mundo natural. Quizá nada mejor que la breve y precisa referencia de Ivonne Bordelois en su testimonio para captar en su punto más exacto de desamparo esa incapacidad:

Alejandra temía los lugares públicos; con frecuencia me pedía que la acompañara a bancos (que consideraba, con razón, monumentos letales y/o funerarios), a tiendas, zapaterías o farmacias. Su no estar en el mundo (mejor dicho, el que el mundo, como dijo en uno de sus poemas, la hubiera abandonado así) rebotaba en pavores infantiles, paranoicos, enternecedores y tragicómicos. Recuerdo que una vez la acompañé a una farmacia de barrio en Buenos Aires. Debo agregar que una de las consecuencias de ese mutuo no estar Alejandra en el mundo y no estar el mundo en Alejandra era su modo de vestirse, muchas veces inocentemente extravagante. Aquella vez llevaba Alejandra unos pantalones relativamente ceñidos (una curiosidad en la provinciana Buenos Aires de la época, al comienzo de los sesenta), estruendosamente rojos. Naturalmente, no faltaron las miradas inquisitorias. Alejandra movió su rostro celeste y sereno hacia mí y caverneó: «Vistequeene-staci-u-dadu-nono-puedeandarconanteojos?».

Y con la enormidad o el minúsculo abismo de la naturaleza era igual o peor: «Afuera hay sol. / Yo me visto de cenizas», dirá en un poema de *Las aventuras perdidas*, equivalente poético de la frase que le espetaba desafiante, cada vez que Elizabeth intentaba arrastrarla a tomar sol o simplemente a caminar bajo los árboles en medio de la luz brillante de Buenos Aires: «Tomar sol es burgués». Un camino de montañas donde el auto de pronto se detenía podía precipitarla en la angustia más absoluta y el pavor —y allí ni Olga Orozco ni cualquier otro de sus acompañantes lograban calmarla hasta encontrar un refugio que la arrancara del horror de un paisaje que la desbordaba—; o un ramo de lilas —que muchos años más tarde un amigo joven y poeta le regaló para su cumpleaños, creyendo homenajearla con esas flores emblemáticas que recorrían su poesía— producirle una mueca del asco más auténtico, pues su amor y su identificación con ellas eran puramente verbales.

Antes de proseguir, nos parece importante transcribir una reflexión de su amiga Aurora Alonso respecto de su segundo libro: «Yo conocía cada poema y el génesis de cada línea. Diré que las alusiones a la muerte eran todavía retóricas y que hay recursos que fuerzan la expresión: las repeticiones y la alusión a la niña, la poeta puesta en primer plano».

Creemos que es importante guardar en la memoria estos aspectos. Resultan profundamente significativos a la hora de analizar su elección de una poética que se vuelve cada vez más hacia un buceo acuciante y extremo en el laberinto de una subjetividad verbalmente construida y su opción por una forma de vida que sistemáticamente invierte los cánones impuestos por la sociedad, y que va desde su decisión de hacer de la noche su reino personal, hasta la utilización de estimulantes para escribir, la práctica de una sexualidad osada y heterodoxa, o su negativa a insertarse en el mundo del trabajo.

Quedaría en este recuento de las personas y de los ámbitos que marcaron su iniciación literaria y antes de pasar a un breve análisis de los dos libros de poemas que publicó con anterioridad a su viaje a París, detenernos en su fundamental encuentro con Olga Orozco y en la significación que para ella tuvo la Facultad.

A Olga la conoció en La Fantasma, el bar de San Telmo que la poeta tenía junto con su pareja, José María Gutiérrez, especie de navío mágico y surrealista donde la noche era un espacio de revelaciones, encuentros, poesía y el suave alcohol de la amistad que se extendía hasta la mañana, como desde ese momento se extendería y se configuraría la amistad de las dos.

Desde el comienzo de esa larga relación, las unieron la poesía y una sensibilidad común ante ciertos autores y pintores fundamentales, así como el intercambio de angustias metafísicas que las atravesaban a las dos. Ambas estaban marcadas por ciertas preguntas y temores acuciantes —a pesar de que en Olga existía una dimensión religiosa que Alejandra nunca compartió—, y en el caso de Pizarnik se concentran en una conflictiva relación de rechazo y fascinación ante la muerte, un pavor mezclado con curiosidad infantil frente a ese misterio último —«¿Sabés?, yo quisiera morirme para saber qué hay detrás»— que continuaba y profundizaba aquella obsesión adolescente que dejaba sin palabras a Lía Boriani, su compañera de escuela y de aventuras intelectuales. Vértigo quizás sea la palabra más precisa para aludir a esa confrontación que ya era constante. Como lo percibió Raúl Vera Ocampo en las conversaciones sobre sus respectivos y dolorosos universos familiares, la muerte era una auténtica energía que ordenaba y dirigía su vida. No ya esa preocupación más o menos angustiosa que a todos los que nos sabemos irremediablemente mortales y carecemos de una certeza religiosa nos sacude ante la idea del absurdo final de nuestra vida, sino un personaje entrañablemente cercano y seductor, un polo de atracción y miedo, un centro capital de significación.

Y también, junto con el amor y el cortejo a la muerte, el miedo a la locura, esa otra presencia que constantemente la rondó y que se materializaba sin cesar en los diálogos con Olga, sobre todo a partir de 1959.

Estos temores compartidos (respecto de los que Olga actuaba como un oído atento y una zona privilegiada de resonancias para la Alejandra jovencita, también como una fuente de tranquilidad) con los años se fueron agudizando hasta concretarse en los famosos llamados por la madrugada con los que Alejandra irrumpía, reclamando ayuda, desamparada e imperiosa a la vez, en la intimidad y el sueño de sus amigos. Y ya desde entonces, antes de su viaje a París, el ritual de los certificados de su «bruja blanca» era un pasaporte para conjurar el terror. Todo comenzó como un recurso, en parte humorístico, de Olga para calmarla. Una noche en que la mano que significaba la voz del otro lado del teléfono no bastó, Olga le aseguró que nada podía pasarle porque ella le dictaría un certificado mágico que, como una armadura de fuego, impediría que las fuerzas del mal prevalecieran sobre ella. Y Alejandra lo copió con el fervor del niño que aprieta un amuleto entre las manos mientras las alas del miedo le rozan la cara, para después leerlo y entenderlo al pie de la letra y salir así de ese amenazante bosque interior que, en cierto momento en que la noche vira hacia el vacío, parecía espesarse y robarle todo el aire a la niña perdida en el laberinto de su soledad.

Fueron muchos a lo largo de los años, y tan inagotables como la prodigiosa imaginación de Olga y la necesidad de amparo de Alejandra. El estilo era más o menos así (escuchémoslo con la voz grave y conjuratoria que tenía Olga, con su dicción ceremonial que concita las modulaciones de las antiguas sibilas y las hechiceras con el mazo de Tarot): «Yo, Gran Cocinero del Rey, mientras miro pasar las nubes, atestiguo por el mismo árbol que da sombra en mi balcón que Alejandra Pizarnik está perfectamente sana, que no hay nadie que le vaya a pisar siquiera su sombra, que está preparada para salir incólume de cualquier obstáculo, no digamos ya de enfermedades, desastres, cataclismos… (y aquí seguían largas enumeraciones surgidas al calor del impulso verbal). Lo juro por todas las musas, agregando cinco más» (o por la Lascivia del Rey o la Cebra Heráldica).

Pero no todo fue protección y dependencia, conversaciones que pasaban de la poesía y los poemas a las confidencias, visitas de Olga a la casa de Alejandra o de Alejandra al departamento de Arenales de Olga. Hubo innumerables reuniones con amigos hasta la madrugada —en ese entonces, Elizabeth, Perla y Enrique Rotzait, Leda Valladares, Enrique Molina, tantos y tantos otros—, comidas y cadáveres exquisitos, ese contacto propio de toda relación profunda que abarca desde la fiesta hasta el dolor, y que no se interrumpiría por la estadía de Alejandra en París. Olga fue uno de los tantos escritores argentinos que, entre 1960 y 1964, recalaron en un París, que, a la distancia, parece casi una sucursal de la literatura argentina. Pero esa es otra historia a la que pronto llegaremos.

Y como último semillero de amigos, lecturas y espacios humanos donde resonar, la vieja Facultad de Viamonte. Ante todo, es preciso decir que, como lo recuerdan quienes la conocieron allí, Alejandra cursó poco y mal, y probablemente nunca rindió un examen final. Y esto no es algo arbitrario o que tenga que ver con alguna incapacidad intelectual (al margen de lo que ya hemos dicho sobre su agudísima inteligencia, un rasgo en el que todos sus amigos han insistido es su minuciosísima y alerta manera de leer —que luego se plasmará en sus *Cahiers* y su *Palais du vocabulaire*, llenos de citas de los autores admirados y de reflexiones sobre sus lecturas, al igual que sus *Diarios*—, su sentimiento del lenguaje, su capacidad de desmenuzar hasta niveles de sutileza increíble los textos que leía con aplicación y vuelo singulares), sino que seguramente se relaciona con su lapidaria opinión sobre los profesores de literatura. Al respecto, nos remitimos al testimonio de Ivonne Bordelois, pues si bien las opiniones de Alejandra se referían a los profesores de la Sorbona —donde *nunca* cursó *nada*, como se han empeñado en afirmar ciertos «hagiográficos» esbozos biográficos (el preciso adjetivo es de Ivonne)—, seguramente se habían formado a partir de su experiencia en Buenos Aires:

> Alejandra profesaba la teoría —en muchos casos profundamente justificada— de que los profesores de literatura asumen sus cátedras guiados por un inconsciente odio a la literatura, que profesan pero no pueden crear ni vivir. Desde sus altos cargos ejercen su destructividad con eficacia temible.

Por un lado, la Facultad no podía darle una «forma de leer» que se adecuara a su relación apasionada y marginal con la literatura —marginal en el sentido de su amor por los autores que no figuran en las bibliografías académicas, a raíz de las zonas de la experiencia o el lenguaje que abordaban—, la cual se fue constituyendo sola y de cuya verdadera profundidad dan cuenta sus excelentes ensayos breves publicados en diversas revistas, donde acierta en el centro mismo de los autores que elige: Breton, Silvina Ocampo, Julio Cortázar, Antonin Artaud, Octavio Paz. Pero por el otro, sí podía darle ciertos conocimientos que le interesaban —autores y libros y regiones del saber donde se movía con menos soltura que en la literatura, tal como lo testimonian los libros de filosofía de su biblioteca, que van de las ineludibles e imposibles lecciones de García Morente a Kierkegaard, Bollnow, Hegel, Dilthey, Jünger— y sobre todos, amigos. Amigos con los cuales compartir esa pasión por la literatura que la signaría hasta la muerte y que sería su pasaporte hacia ella.

Como reafirmación de ese acercamiento no institucional a la Facultad está el hecho de que a uno de sus grandes amigos de la época, Roberto Yahni, lo conoció no en los claustros sino en Letras, la librería de María Rosa Vaccaro que, desde su pequeño local en la misma cuadra de la Facultad, reunía a estudiantes, escritores y diletantes de la literatura —como también Verbum, de Paulino González, o Galatea, de M. Gattegno— y no solo vendía los consabidos textos de estudio a los que muchas librerías universitarias actuales restringen su stock, sino los libros de la gente nueva o consagrada que publicaba en el momento. (Roberto recordaría que, varios años después, Alejandra compró delante de él *Propiedades de la magia*, de Alberto Girri, que acababa de salir).

Y tanto como con Roberto, Letras la conectó con muchos otros de los que entonces eran estudiantes de la Facultad, como Susana Thénon, quizá su relación más profunda junto con la de Elizabeth. Según decía Susana antes de morir, se divertían enormemente y compartían un humor cuya proximidad queda testimoniada por los puntos de contacto entre los textos en prosa de Alejandra y el libro *Ova completa*, de Susana, el cual, si bien solo apareció a fines de los años ochenta, pertenecía, según sus palabras, a una práctica que desde jovencitas y a partir de la Facultad habían compartido. Una delirante y matemática mezcla de niveles que eran la sustancia misma de la conversación de Alejandra, según la describe con singular precisión y encanto Ivonne Bordelois, y que solo entró en su escritura literaria en los textos póstumos de *La bucanera de Pernambuco o Hilda la polígrafa*, pero que era la marca de sus cartas, como la que cita Ivonne:

¡Qué cuaderno, mi madre, me mandó mi amiguita! Viene a ser el Rolls-Royce o el Rolex o la Olimpia en materia de cuadernos. Tan perfecto, «simple» (como salido de chez Hermès), hermoso y serenamente lujoso que me entró un tantico de julepe y cómo podría yo atreverme en un cuaderno así? Hoy, por fin, me atreví. Por eso te escribo con confiantzva [*sic*]. O sea: te digo 1.000 gracias con conocimiento de causa (causa: cuaderno) y te digo que este gesto (el regalo y la índole del regalo) te valga ser mecida como un barquito de papel en la pequeña fuente del destino, ser mecida como si fueras una plumita de pajarito maravilloso como el que me mandaste (aquí se refiere Alejandra a una postal mía) para que me sermonee o me cante Garufa, ser mecida como un pequeño ser muy frágil y muy fuerte en una mano de terciopelo azul (todas estas imágenes son edípicas pero qué querés? Si lo prenatal es tan lindo cómo no evocarlo? cómo no extrañarlo?)

Este párrafo marca bien las inflexiones orales del lenguaje de Alejandra, su entretejido de niveles de estilo arcaico, literario y popular, de irónicos clichés burgueses y alusiones psicoanalíticas, y su talento natural para fluir en imágenes infantiles tiernamente encantadoras, arrastrando al oyente-leyente en la seducción de su gracia y de su intimidad.

A estos dos testimonios del humor «alejandrino» tendríamos que sumar el de Sylvia Molloy, también muy amiga de la poeta, y a quien conoció en la Facultad y con quien no solo compartía ese humor desopilante, sino que además llegaron a escribir juntas textos cuando se reencontraron en París, según lo cuenta en su artículo «'Una torpe estatuilla de barro': figuración de Alejandra Pizarnik», uno de los cuales, «Dos finas poetas argentinas. Alejandra y Sylvia y viceversa», Molloy le facilitó a Patricia Venti.

Y tanto como de Filosofía y Letras surgió su amistad con Susana, Sylvia y Roberto —que en años posteriores se ahondaría—, la Facultad la relacionó con Edgardo Cozarinsky y otros intelectuales de la época, cuya cercanía la remitiría a su vez a zonas literarias diferentes de las que ahora hemos nombrado —el grupo Sur, por ejemplo, con el que estuvo fuertemente relacionada a su vuelta de París y aun antes, pues con ese sello apareció *Árbol de Diana*, de 1962, es decir, durante su estadía parisina— y que implicaban otra estética y otro espacio en el campo intelectual argentino.

En los cinco años previos a su viaje a París, Alejandra publica sus dos libros con el sello Poesía Buenos Aires —pues Altamar, donde apareció *Las aventuras perdidas*, era el nombre alternativo para la editorial de la revista—, y pasa de su encierro familiar a vincularse prácticamente con toda la gente que configuraba el mundo literario de la época. El hogar, en consecuencia, se convierte en ese «seno duro y árido de la familia» que nombra en una carta enviada en 1959 a Antonio Requeni,[23] quien por entonces estaba maravillándose ante la aventura infinita que era París; el lugar donde era la «chica rara», el eterno dolor de cabeza de una madre, a la cual, como hemos dicho, la unía un vínculo fuertísimo y conflictivo que podía aparecer en sus confidencias de muy diversas maneras. Ante todo, como un núcleo de odio y castración, pero también como un afecto muy hondo entre dos mujeres que hablan lenguas diferentes (real y metafóricamente) o una extraña relación ceremonial, donde la madre-sacerdotisa oficiaba rituales solemnes en torno de la hija, la cual no lograba entender del todo ni sus palabras ni sus comidas ni su forma de ver la realidad. Frente a él, sus relaciones literarias le dan una singular apertura a su bagaje estético, como se puede percibir en los dos libros antes citados, en los cuales su voz propia va adquiriendo un cuerpo verbal que, si bien todavía no ha cuajado plenamente —como ocurrirá a partir de *Árbol de Diana*, su libro de París—, ya tiene una densidad y un clima poético particulares.

Ya es momento de referirnos a esos libros e ir señalando aquellos rasgos verbales que los definen en su especificidad.

Como huella extraliteraria pero capital respecto de su poética propia, me parece importante consignar que *La última inocencia* está dedicada a León Ostrov, su primer analista. Al margen de sus motivos personales para hacerlo —la

23. *Nueva correspondencia Pizarnik* [Edición de Ivonne Bordelois y Cristina Piña], Buenos Aires, Alfaguara, 2014, pág 60. Todas las citas de las cartas de Alejandra con diversos corresponsales, excepto León Ostrov, se harán de esta edición, salvo indicación expresa.

importancia que le atribuía a su terapia, la fuerte atracción transferencial propia de toda relación entre paciente y psicoanalista, como se ve en la entrada del 25 de noviembre de 1956: «Y ahora, pienso en Ostrov. No en ÉL, sino en Ostrov. (¡Qué placer escribir su nombre! Llenaría los muros con estas seis letras magnéticas!) Me muero de amor por él. Percibo su rostro y todo mi ser se diluye, flota, se va...» (p. 184)—, interesa apuntar algo relacionado con un vínculo que iremos reencontrando a lo largo de esta biografía y que constituye un elemento de singular confusión cuando se considera el fenómeno creador: la relación entre locura y creación.

Hay, sin duda, un malentendido radical entre muchos críticos y creadores —sobre todo los muy jóvenes— que consiste en considerar la locura o el desequilibrio mental la condición de posibilidad de la creación artística, como si solo pudieran ser artistas quienes bordean esa zona extrema que es la locura.

En un sentido, los psicoanalistas se han cansado de afirmar lo contrario: nadie puede crear estando alienado, pues la capacidad de simbolización, decisiva para el acto creador, sea cual fuere su manifestación, falla. Quien está en brote psicótico no puede transformar en arte su delirio, sino que simplemente lo vive y lo sufre. Van Gogh, Artaud, tantos otros artistas que padecieron perturbaciones mentales, pintaban escribían o componían solo cuando no estaban sometidos a ese «vicio absurdo», como denominó a la locura Virginia Woolf. Es cierto, sin embargo, que en el acto creador se pone en juego el núcleo mismo de la subjetividad y el artista queda expuesto a las estructuras perversas anteriores a la configuración del sujeto, como lo ha señalado con admirable precisión Julia Kristeva en su estudio *La révolution du langage poétique*. También, que los experimentos de liberación de las fuerzas creadoras a partir del alcohol o las drogas y los estados límite de conciencia en general —iniciados por Novalis y continuados por una larga lista de creadores directamente conectados con la poética de Alejandra— han sido fructíferos para el arte. Pero solo en tanto que *liberación*, a la que debía y debe seguir el arduo trabajo de elaboración artística, sin el cual el delirio provocado queda como en bruto, un paso al costado o atrás del arte. Porque para corregir, para trabajar sobre el lenguaje o los colores, es necesaria esa lucidez que la locura nos quita, como bien lo demuestran, en otro nivel, los magros frutos de la escritura automática practicada por los surrealistas y los logros de la artesanía del lenguaje por la cual prácticamente todos optaron después. Para ser artista, sin duda es preciso «estar un poco loco»—en el sentido de rechazar esta realidad sofocante, estúpida y convencional que muchos llaman «cordura», tener la necesidad de sumarle *algo* que es la obra de arte para que ella y nosotros no naufraguemos de forma decisiva—, es preciso saberse en radical carencia, vale decir, sentir de la forma más aguda que algo nos falta. Pero para concretar esa carencia en una obra, es necesaria la lucidez del trabajo que no puede realizarse sin un dominio último de la conciencia.

Desde esta perspectiva, la dedicatoria de Alejandra a León Ostrov implica un reconocimiento implícito de la importancia que el análisis —además de todos los otros factores de su formación como escritora— tenía para sus posibilidades de crear.

*La última inocencia*, si bien está formado por escasos dieciséis poemas, aparece como un viraje de 180 grados respecto de su fallido libro anterior y demuestra la presencia de una poeta que, en gran medida, comienza a dominar su lenguaje. Asimismo, aparecen ya los temas fundamentales que luego desarrollará y profundizará en toda su obra —la reflexión sobre la poesía, la atracción por la muerte, la noche como emblema, la experiencia de la duplicación del yo, la condición de exiliada de la realidad, el miedo—, y se empieza a configurar lo que luego será la marca de su discurso poético hasta *Extracción de la piedra de locura* —donde se produce una mutación fundamental en su forma de concebir el poema—: la capacidad de conseguir una extrema concentración del lenguaje poético, el cual alcanzará en sus sucesivos libros una intensidad y una riqueza de connotaciones y sugerencias únicas.

Cuando, por ejemplo, en el poema «Solo un nombre» Alejandra escribe:

> alejandra alejandra
> debajo estoy yo
> alejandra (p. 65)

la simple reiteración de su nombre y la disposición gráfica del poema abren un espacio de separación y divorcio entre la subjetividad y su nominación lingüística. Pero se vincula también tanto con la pregunta sobre la *verdad* y la identidad del yo como con su duplicación en el yo asumido por el lenguaje y el yo irreductible a una nominación que es el centro de las experiencias y la conciencia. En tal sentido, abre la línea de impugnación del lenguaje como instrumento radicalmente insuficiente para hacerse cargo de la realidad exterior e interior. Impugnación que se irá profundizando y radicalizando en sus sucesivos textos y en su diario, donde hay una constante interrogación sobre la capacidad del lenguaje. Cuando muchos años más tarde y cerca de su muerte, Alejandra escriba en el poema «En esta noche, en este mundo»: «no / las palabras / no hacen el amor / hacen la ausencia / si digo agua ¿beberé? / si digo pan ¿comeré?» (pp. 398-399) habremos llegado al punto fatal de certidumbre acerca de esa falta esencial del lenguaje y, en consecuencia, al momento de clausura de su programa poético-vital sintetizado en esas palabras fundamentales: «haciendo el cuerpo del poema con mi cuerpo», programa que se ha iniciado en esta primera y sutil impugnación.

Pero, asimismo, como ese *no es* su nombre, el nombre que la inscribió como subjetividad y como persona social en el lenguaje, según el deseo de sus padres, el poema también puede leerse como una ambigua reflexión sobre ese «Yo es otro» de Rimbaud que antes señalamos como una de las claves posibles para interpretar el cambio de nombre de Flora a Alejandra. Porque si «Alejandra» parecería ser la nominación de esa otra que Flora reconoció en sí —la que se irá configurando en su práctica como poeta, la hecha de palabras—, este poema señala que tampoco el nombre elegido como «máscara del infinito» alcanza a nombrar ese «yo» que está debajo y que, menos aún, responde a los Flora, Buma, Blímele de la infancia.

En el testimonio antes citado de Ivonne Bordelois, en las palabras de muchos otros amigos y en sus reflexiones del diario, apareció reiteradamente la noción de «extranjería» de Alejandra respecto de su propio lenguaje —el español—, y ella misma se llamará «extranjera a muerte» en *El infierno musical*, su último libro publicado en vida. Extranjera de su nombre, podríamos agregar a partir de este poema inicial y, también, trágicamente consciente de esa relación *letal* que el lenguaje establece con el *parlêtre*—el «ser hablante» como decía Lacan— y que el mismo Lacan condensó admirablemente en su afirmación de que la palabra es el asesinato de la cosa.

Sin embargo, junto con esa conciencia que ya se expresa desde el comienzo mismo de su poetizar, también está presente en este libro la idea de la poesía como salvación ante el «horror de la civilización» que implica la vida. En efecto, frente al mundo degradado de la experiencia cotidiana, que genera un profundo miedo —«y miedo / mucho miedo / miedo» (p. 54), frente al dolor por la imposibilidad de lograr la fusión amorosa—«pero cierra las puertas de tu rostro / para que no digan luego / que aquella mujer enamorada fuiste tú» (p. 53), frente al precoz cansancio de vivir, la opción salvadora es la poesía. En rigor, todo este libro se mueve entre los extremos de una contradicción básica: por un lado, está la certidumbre de que nada cabe esperar de la vida («destrucción de destrucciones / solo destrucción», p. 54), por lo cual la salvación está en la poesía, como decíamos antes, o más radicalmente en la muerte, a la cual se espera como «hermana mayor», «dulce morada para tanto cansancio» o se la elige como suicidio, según aparece en el poema capital que da título al libro, «La última inocencia» (p. 61).

Por otro lado está —sin la convicción de las otras palabras, casi aplicadamente, como repitiendo una lección de sentido común aprendida— la afirmación de que es preciso vivir, salir «a buscar la vida» (p. 59).

En este sentido se registra en el nivel de la escritura esa ambivalencia básica y vital a la que ya nos hemos referido y que convertirá a la muerte, simultáneamente, en el motivo del más absoluto pavor y en el objeto seductor y enigmático por antonomasia.

Asimismo, empieza a configurarse un tema que luego será capital en su poesía: el de la noche como ámbito propio y propicio para la poesía, en tanto que reverso de la estupidez del día —espacio de los otros—, en el cual este se purifica pero que se opone a toda instancia identificatoria y a toda vida, a todo tiempo, como lo sugiere el bellísimo «Poema a Emily Dickinson» (p. 64), quizás aquel donde Alejandra se acerca más a ese poder de sugerencia y a esa intensidad levísima y perfecta que luego será la marca personal de su escritura.

> Del otro lado de la noche
> la espera su nombre,
> su subrepticio anhelo de vivir,
> ¡del otro lado de la noche!
>
> Algo llora en el aire,
> los sonidos diseñan el alba.
> Ella piensa en la eternidad. (p. 64)

Como nos hemos referido con suficiente detalle a la incorporación de lecturas, nuevas influencias y fermentos intelectuales del período, no tocaremos concretarme este aspecto ahora; solamente nos interesa apuntar la presencia de Gérard de Nerval —autor que, en su madurez, Alejandra estudiará con especial atención y cuya *Aurelia* consideraba un libro excepcional por su sencillez y perfección en el manejo de la prosa, ideal para tomar como modelo para la tan ansiada novela que nunca logró escribir—, autor del epígrafe del poema «Noche» que sintetiza de manera estremecedora esa aguda sensación de infelicidad y de soledad que Alejandra padecía: «*Quoi, toujours? Entre moi san cesse et le bonheur!*» (p. 57).[24]

Dos años más tarde, en 1958, se publica *Las aventuras perdidas*, libro dedicado a Rubén Vela, compañero del grupo Poesía Buenos Aires. A su vez, las dedicatorias de poemas individuales aluden a quienes, en ese momento, fueron sus amigos más cercanos: Olga Orozco, Raúl Gustavo Aguirre, León Ostrov, Elizabeth Azcona Cranwell. Precedido por un significativo epígrafe de ese gran poeta del expresionismo alemán que fue George Trakl —y cuya traducción no responde a ninguna de las existentes, por lo que suponemos que la autora lo adecuó a su propia y acertada idea de la armonía poética—, el libro, por un lado, desarrolla de manera más elaborada ciertas líneas de su obra anterior: la creciente seducción que sobre el yo poético

24. ¿Qué, siempre? ¡Sin cesar entre yo y la felicidad! (Trad. de Cristina Piña).

ejerce la muerte; el desajuste respecto de la realidad, vivida como «exilio» o «caída»; la experiencia insoportable de la soledad; la condición de extranjera respecto del propio nombre; el conflicto con las limitaciones esenciales del lenguaje para hacerse cargo del yo y de la realidad. Por el otro, configura un aspecto que luego será capital en su poesía: la presentación de la infancia como un ámbito de inocencia sagrada y de plenitud, donde se daba una especie de fusión mágica con el absoluto y frente a la cual el mundo de la experiencia adulta —o más correcto sería decir adolescente— se presenta como un exilio, el reino de la noche y el desencuentro. «Mi infancia y su perfume / a pájaro acariciado» (p. 76), «mis manos crecían con música / detrás de las flores» (p. 84), son breves y luminosas referencias a ese *illud tempus* que comienza a hacerse presente en su discurso poético y que agudiza el contraste con la desolación de una vida que cada vez más se experimenta como la orilla degradada del ser.

En este punto, sin embargo, es preciso señalar el carácter de construcción de mito poético que tiene esta visión de la infancia, cuando nos enfrentamos con las referencias a su infancia verdadera en los *Diarios*: allí el estado de guerra con la madre, el extrañamiento del padre, esa relación ríspida y el recuerdo de la falta de cariño nos ofrecen una mirada totalmente diferente, respecto de la cual la poética solo puede verse como una compensación a partir de la escritura.

Si tomamos en cuenta los elementos destacados, queda claro que este libro marca con singular claridad la opción de volverse hacia el interior en busca de esa «otra» de la infancia y que pervive como «ángel» divorciándose del exterior simbolizado en ese «sol» que la voz poética rechaza explícitamente en los dos conmovedores versos que cierran el primer poema del libro: «Afuera hay sol. / Yo me visto de cenizas» (p. 73). De allí la vocación, reiterada en numerosos poemas, de saberse y nombrarse «ángel», pero ángel nocturno, caído, terrible —como quería Rilke— o «pájaro» —otra de las metáforas de la subjetividad que una y otra vez vuelven en este libro— atraído por la noche y la muerte.

Sin embargo, se trata de una opción que desgarra al yo, que lo confina al miedo —presente en diversos poemas—, pues entraña una ambivalencia esencial que parece repetir, en otro nivel, la contradicción respecto del valor salvador de la poesía que se registraba en el libro anterior. Porque, si bien la realidad es un ámbito de carencia y de exilio, en ella está la opción del amor, del contacto con los otros, de manera que desertar de ella, partir en busca de la infancia perdida —e imaginada—, es desvincularse de la vida y perderse en la noche, la muerte y la poesía, las cuales clausuran la subjetividad en sus laberintos y en su imposibilidad de contacto con el otro. Creemos que dicha ambigüedad radical está expresada en el poema que cierra el libro, «Desde esta orilla», donde los costados antagónicos de vida y muerte, plenitud y soledad, parecen intercambiar sus valencias, a punto tal que no sabemos si el amor es muerte, y su negación, la posibilidad de salvarse, o si sol y noche, como instancias opuestas, intercambian sus categorías.

DESDE ESTA ORILLA

*soy pura*
*porque la noche que me encerraba*
*en su negro mortal*
*ha huido.*
W. BLAKE

Aun cuando el amado
brille en mi sangre
como una estrella colérica,
me levanto de mi cadáver
y cuidando de no hollar mi sonrisa muerta
voy al encuentro del sol.

Desde esta orilla de nostalgia
todo es ángel.
La música es amiga del viento
amigo de las flores
amigas de la lluvia
amiga de la muerte. (p. 98)

Como veremos en sus libros sucesivos, dicha oscilación y transformación de elementos positivos en negativos y viceversa se convertirá en uno de los rasgos de la seducción que sus poemas ejercen sobre el lector, quien será testigo, en un lenguaje de transparencia y tensión admirables, de cómo la infancia, a la vez, aparece como inocencia y se contamina de muerte, así como la escritura salvadora es, al mismo tiempo, el lazo del estrangulador que asfixiará la subjetividad, desdoblándola.

En medio de todas estas tensiones y logros poéticos, amistades y relaciones más o menos accidentales, reuniones con poetas y fiestas nocturnas, la idea de viajar a París, que viene desde 1955, ha ido tomando forma, y el resultado es que se ha fijado la partida para el 11 de marzo de 1960, fecha en la que se embarcará en el transatlántico *Laenec* para llegar a la tan deseada, soñada y anhelada París. Allí Alejandra aspira a vivir la «verdadera vida», conocer escritores y artistas, vagar por las calles, entrar en las caves de Saint Germain des Près, vivir esa bohemia para la cual ya no le alcanza el pequeño cuarto donde ha tratado de reproducir la ciudad que es la meta, no solo de ella, sino también, a partir del siglo XIX, de tantos escritores argentinos y latinoamericanos, con muchos de los cuales se encontrará allá.

# 3

# El barco ebrio: París y la construcción del personaje alejandrino

*L'aurore grelottante en robe rose et verte*
*S'avançait lentement sur la Seine déserte,*
*Et le sombre Paris, en se frottant les yeux,*
*Empoigne ses outils, vieillard laborieux!*[25]

CHARLES BAUDELAIRE

A pesar de que Alejandra ansiaba el viaje desde lo más profundo de su ser —proyecto que comenzó a gestarse en 1955, a raíz de la publicación de *La tierra más ajena*— y de que cuando este se confirmó, el 31 de diciembre de 1959, se sintió embargada de una gran alegría, según lo señala en sus *Diarios* —donde manifiesta el deseo de celebrar la noticia—, hasta el último minuto pensó que ese 11 de marzo algo sucedería y no lograría partir. La asaltaban pensamientos contradictorios: por un lado le tenía miedo a la convivencia con sus

25. La aurora en su vestido verde y rosa tiritaba, / avanzando lentamente por el Sena desierto / y el oscuro París, frotándose los ojos, / empuña su herramienta, ¡anciano laborioso! (Trad. Cristina Piña)

tíos y, por el otro, estaba convencida de que en Europa sería feliz. El empujón final se lo dio León Ostrov, con quien mantendría una prolífica correspondencia durante su estancia fuera de la Argentina:

> Creo —quiero creer— que, en definitiva, será fecundo; en una persona como usted, aun con todas sus dificultades, París no puede quedar al margen, como mera ciudad interesante».[26]

En un relato/crónica escrito en esa época, Alejandra relata o recrea un episodio ocurrido una vez que zarpó el barco. Encontró su camarote ocupado por una mujer argelina que trataba de subirse a la cucheta alta ayudada por un viejo. «*Au revoir*», gritaba la señora, pero el hombre no le respondía, tan solo repetía que fuera prudente, que no se cayera. Aquella escena le provocó risa, lo que le permitió olvidar momentáneamente la tristeza que le producía dejar su hogar:

> Mamá, tan de todos los días, tan bien situada junto al orden y a la limpieza en la memoria, ahora se hacía la misteriosa y desaparecía y se transformaba en una cuestión compleja, casi sangrienta, casi dramática.[27]

---

26. Alejandra Pizarnik/León Ostrov, *Cartas* [Edición de Andrea Ostrov], Córdoba, Eduvim, 2012. *Carta* de León Ostrov a Pizarnik, sin fecha, p. 39 (1960). Excepto indicación expresa, las cartas entre Alejandra y Ostrov que citemos estarán tomadas de esta edición.
27. *Récits-Proses*, «La crónica», Pizarnik Papers, Caja 7, Carpeta 38, Biblioteca de la Universidad de Princeton.

Lo que en este texto nos interesa es la noción de transformación radical que el viaje entraña. La hija de inmigrantes debía reencontrar sus orígenes, hacer el viaje de regreso, construir una ciudad donde la soledad no la asolara. «Sin Dios, sin rezos, la literatura era la salvación», o por lo menos algo así pensaba en el trayecto hasta Le Havre.

Su tío Simón, un ingeniero radicado en Francia desde los años treinta, estaba en la estación de trenes esperándola. La desilusión ocurrió cuando llegaron a la casa de Châtenay-Malabry, una población pequeña a siete kilómetros de la capital. La poeta no había salido de Buenos Aires para residir en los suburbios. Ella deseaba saborear la noche, frecuentar los cafés repletos de escritores, caminar junto al Sena recitando versos. Ese mundo de ficción leído en la pubertad chocaba con la vida pequeñoburguesa que sus parientes le imponían, a raíz de lo cual las discusiones eran continuas, había gritos y protestas por ambos lados.

Simón y Dvoria, que tenían tres hijos —un par de gemelos, varón y mujer, Alain y Monique, y una hija menor, Florence—, eran profundamente pequeñoburgueses y de inmediato captaron las peculiaridades de la sobrina, que una de sus primas resumiría así: fumaba, bebía whisky, tenía una sexualidad dudosa. Además, dejaba las sábanas manchadas de maquillaje. Para colmo, decía ser poeta, lo cual en ese ambiente era tan repudiable como cualquier otro de sus rasgos. La reacción fue prácticamente prohibirles a sus hijos el contacto con ella. Esa voluntad de separarla de la familia quedó clara en la habitación que le adjudicaron: muy cómoda y con su baño propio, pero en la planta baja, apartada, en consecuencia, de

la familia —que tenía sus dormitorios en el primer piso—
y sobre todo de los hijos. Porque era preciso que con su ritmo
de vida, totalmente contrario al estudio y la sucesión de actividades que llevaban las dos primas —Alain todavía estaba
pupilo—, no alterara ni sus rutinas ni su forma de ver la vida.[28] Porque la adolescente caótica, dedicada por entero a la
literatura, no admitía reglas ni horarios. Escribir era un oficio que la incapacitaba para realizar otro tipo de actividades,
como lo demuestra el hecho de que a un amigo —por cierto
un año más adelante y cuando ya vivía sola en París— que le
propuso realizar guiones lo rechazó porque no se imaginaba
ni una sola escena que le sirviera a un libretista sensato.

El único miembro de su familia que la comprendía era Armand, otro hermano de su padre, que en su juventud había
sido músico y luego se había dedicado a los negocios, pero
mantuvo la sensibilidad artística, como lo demuestra el hecho
de que eligiera como segunda esposa a Geneviève, una profe-
sora de letras. Gracias a él, logró hacerle una entrevista a Simone de Beauvoir y trabajar en una secretaría a partir de mediados de 1960. Pero para llegar a eso y como demostración de lo
duro que le resultaba a Alejandra convivir con sus tíos, tenemos que sintetizar los múltiples cambios de domicilio que registra hasta 1962, en que finalmente, además de estar ya esta-
bilizada en un trabajo, alquila el primer estudio donde vive
casi dos años y donde escribe seguramente la mayor parte de
su vasta producción parisina, entre la que se cuentan el armado definitivo de *Árbol de Diana,* que se publicará en diciembre

28. Conversación con las primas de Alejandra en marzo de 2016.

de 1962; sus poemas en francés —cuya publicación se realizó en Chile, a cargo del Dr. Patricio Ferrari—; el conjunto de *Récits-Proses* —todavía inédito—; buena parte de los poemas que luego recogerá en *Los trabajos y las noches*; el diario y sus reescrituras —que publicará en la Argentina, Francia y Colombia— y los textos erótico-humorísticos, antecesores de los que luego escribirá ya en Buenos Aires y formarán parte de *La bucanera de Pernambuco o Hilda la polígrafa*.

Para la reconstrucción de este vaivén de idas y vueltas a casa de su tío Simón contamos con las cartas que intercambia con su psicoanalista León Ostrov —un personaje fundamental para mantener el equilibrio en medio de los avatares de esos años, básicamente relatados en sus diarios—, las dirigidas a su amigo Antonio Requeni, las que le envía André Pieyre de Mandiargues y las cuarenta y nueve *Récits-Proses* semiautobiográficas, que permiten poner un poco de orden en ese vagabundeo, sintetizado en su carta a Requeni:

> Anduve mudándome bastante: de piecita siniestra en piecita alegre para caer, cuando el dinero finalizaba, en las fauces de la familia. (p. 61)[29]

A través de ellas sabemos que, en mayo de 1960 —poco después de llegar a Francia— se va de casa de su tío a un hotel en la calle St. Germain, evasión que no dura demasiado porque tiene que volver por falta de dinero, como le cuenta a

---

29. Carta enviada a Antonio Requeni sin fecha, pero probablemente de septiembre de 1960 ya que todavía no trabaja en *Cuadernos*.

Ostrov en una carta del 4 de junio de 1960: «El mes pasado me fui a vivir a un hotel y después tuve que volver chez mon oncle, a causa de carecer de medios» (p. 37).

Por lo tanto, antes de convertirse en una *homeless*, regresó a la casa del tío Simón, sabiendo que debía conseguir empleo. Y así lo hizo: ejerció de camarera, traductora, empaquetadora y por último de niñera, a cambio de una mínima vivienda en la rue des Écoles, como le dice a Ostrov en una carta sin fecha, pero no de comienzos de junio de 1960, como lo señala Andrea Ostrov, hija de León y editora de la correspondencia, sino de fines de ese mes o principios de julio al 12 de julio, ya que, por un lado, cuando la confrontamos con su diario advertimos que la entrevista con Simone de Beauvoir que menciona al final de la carta fue en esa fecha y la carta la escribe después de hablar con ella y arreglar la entrevista para la siguiente semana:

> Me fui de nuevo del hogar familiar. Estoy en una piecita de la Rue del Écoles, que habito gratuitamente aunque no tanto pues debo pasearme dos horas por día con una niñita por el Luxemburgo a veces colaborar con las tareas domésticas [...] De todos modos me tendré que mudar pues me dieron la pieza por un mes solamente. Veremos qué haré y cómo me las arreglaré sin un centavo. Me veo con unos pintores argentinos: todos angustiados por el dinero. (p. 41)

Asimismo en el texto de autoficción «Por amor a Flaubert» de *Récits-Proses* Alejandra relata la manera como consiguió el trabajo de niñera.[30] Pero lo más curioso de dicha narración es la descripción del «personaje alejandrino»—su reflejo especular— frente a estos tipos de trabajo mundanos:

Al día siguiente voy, pero sin las valijas, porque mi presentimiento anuncia que no me dejará quedar [me] más de u*n*o o dos días cuando compruebe que mi corazón no es simple [...] Apenas llego —son las dos de la tarde [Madame] me envía a la cocina. Voy llena de entusiasmo. Me dice que cuando termine tendré que limpiar su dormitorio y el baño y el comedor. Asiento [y] ella [me] sonríe feliz: al fin encontró una buena sirvienta, verdadero milagro en nuestra época. [...] La miro con asombro. Dudo entre insultarla o continuar la experiencia flaubertiana. En verdad, me digo recién ahora comienza, recién ahora eres una verdadera sirvienta. [La miro con un poco de admiración. Es la segunda vez que me ve y no le valen conmigo los comunes convencionalismos. Es la segunda vez que me ve y ya me dice qué es lo que siento y cómo me miento; paso la esquina peligrosa y me dice lo que no se debe decir nunca el porqué de una acción].[31]

30. «Días después estoy en un banco del Luxembourg. Una voz con acento alemán me dice: «¿Querés cuidar chicos?». Es una muchacha rubia, una alemancita [típica] de las que pasan su estadía en París bañándose y lavando diez veces por día su ropa interior. La imagen de la sirvienta pasa corriendo por mi [cabeza] memoria. «Sí, le digo». «Asunto arreglado», dice. Y me pone en la mano [manito] de una nena de dos o tres años. «Vamos a conversar con Madame». *Récits-Proses*, «Por amor a Flaubert», Pizarnik Papers, Caja 7, Carpeta 38, Biblioteca de la Universidad de Princeton.
31. *Récits-Proses*, «Por amor a Flaubert», Pizarnik Papers, Caja 7, Carpeta 38, Biblioteca de la Universidad de Princeton.

Sin embargo, hacia el mes de julio debe volver nuevamente al *foyer familial,* al menos durante un mes, en que finalmente va a la Résidence Universitaire d'Antony.

La residencia estaba a 20 minutos de París, y, según las descripciones que aparecen en varios textos de *Récits-Proses,*[32] el edificio parecía un hospital, desinfectado y en orden: Una joven española le enseñó una habitación del primer piso: el suelo sin alfombra, camita de hierro, dos sillas, una percha con una cortina de encajes y tras un biombo de madera, el lavamanos. Quería quedarse. «Ingresaré pronto en la universidad», argumentó. Finalmente la aceptaron. Trajo el equipaje y mientras acomodaba la ropa pensó: «Tendré posibilidades de vivir en este mundo. Y por qué no yo. Y por qué yo no podré».[33] Por primera vez en mucho tiempo logró despertarse temprano e ir al comedor; era novedoso desayunar con los estudiantes. Por lo general, se levantaba a mediodía y bebía mate bien cargado. Deseaba pertenecer a un grupo, hacer amigos y compartir el ambiente estudiantil. Las fiestas junto a las aventuras amorosas iban y venían, como lo cuenta en el *récit-prose* anterior:

Como había perdido el último subte, el español —entonces me enteré que en realidad era italiano— debió quedarse a pasar la noche y entrar por la ventana pues «les visites masculinessontinterdites» en la Cité Universitaire d'Antony. Y casi de

32. *Récits-Proses*, «El mundo grande y absurdo», Pizarnik Papers, Caja 7, Carpeta 38, Biblioteca de la Universidad de Princeton.

33. *Récits-Proses*, «El gran cambio», Pizarnik Papers, Caja 7, Carpeta 38, Biblioteca de la Universidad de Princeton.

casualidad la cama crujió con la expresión infiel de «hacer el amor» sin amor. Todo muy triste y frustrante.

Otra versión casi idéntica de esta anécdota se la escribe a León Ostrov:

> Entonces me fui y era tarde y el italiano no pudo volver a su casa a causa del metro que no andaba a esa hora. Entonces se metió por la ventana de mi cuarto (habito provisoriamente en la Résidence Universitaire d'Antony: «Les visites masculines sont interdites»). Por supuesto hicimos el amor —expresión infiel en este caso. (Carta despachada el 7 de septiembre de 1960, pp. 50-51)

Los continuos desengaños la condujeron al abismo. La noche y el sueño se volvieron enemigos irreconciliables. Los recuerdos eran confusión en estado puro. El equilibrio se rompió. Ropa y papeles estaban por todas partes, el desorden era descomunal. Le gustaba el ambiente estudiantil con libertad de movimientos, pero Alejandra nunca se sintió preparada para enfrentarse al mundo real, y ello quedó plasmado en el transcurso de los años en su correspondencia, entradas del diario y en los relatos autoficcionales. Deambula horas y horas, la incertidumbre la acompaña a todas partes. Se deja llevar por la muchedumbre que sube y baja por los Campos Elíseos. Pasa por la Torre Eiffel, cruza algunos puentes, visita el Museo del Hombre, el de Delacroix, ve las rosas de Bagatelle, Les Halles, la estación de Saint-Lazare, el Quai des Orfèvres. Frecuenta exposiciones, conferencias, tertulias que poco a poco la acercan a poetas y pintores franceses.

Pero lo verdaderamente importante es que se pone en relación con diversos artistas argentinos que en ese momento viven en París. Así, asiste con Héctor A. Murena —escritor de quien se había hecho amiga en sus años de asistencia a la Facultad y su surgimiento como poeta— a una fiesta que da Miguel Ocampo, destacado pintor, agregado cultural de la embajada argentina y casado con la narradora Elvira Orphée, que se convertiría en una de sus grandes amigas. Allí conoce a Octavio Paz, cuya amistad reviste gran importancia, ya que, desde el punto de vista de su carrera como escritora, le sirve para publicar en numerosas revistas, establecer conexiones con el mundillo literario y entrar a trabajar como correctora de pruebas en *Cuadernos*.[34] Pero lo fundamental es el respeto y la admiración que siente por él, el lugar de verdadero maestro que le da, como se ve simultáneamente en numerosas anotaciones de su diario, en las marcas de los libros del autor mexicano que hay en su biblioteca y en los «robos» de algunos de sus versos memorables que realiza.

Pero no es solo Paz con su estatura internacional quien queda admirado por la poesía de Alejandra, sino que, como

34. La revista *Cuadernos para la Libertad de la Cultura* se editaba en París y causó una encendida polémica por recibir fondos de la CIA, al igual que otras revistas, como *Encounter, Preuves* y *Mundo Nuevo*. En ellas colaboraron numerosos escritores latinoamericanos. Alejandra trabajará allí como correctora de pruebas desde fines de septiembre o principios de octubre de 1960 hasta fines de diciembre de 1962, solo que a partir de febrero de 1961 tendrá un trabajo de medio día, con el que sobrevivirá, más algunos trabajos accidentales hasta que la despidan por un plan de austeridad de la revista, como le cuenta a Ostrov en sucesivas cartas.

lo recordaba Elvira Orphée, Héctor A. Murena —ya considerado un intelectual y escritor de primer orden en Buenos Aires— no solo era amigo de Alejandra, sino un convencido admirador de su poesía, como lo testimonia la dedicatoria personal de su novela, *Las leyes de la noche*, de 1958, donde la reconoce como la única voz poética de envergadura que se perfila en el panorama de la poesía joven del momento.

En esa época, según Elvira, Alejandra era una chica alegre, divertida y cuya figura redondeada, unida a sus admirables ojos verdes, sugería una inexistente ascendencia árabe. Atraía, sobre todo, su conversación fascinante por el humor y los constantes juegos de palabras, esos *calembours* que iría perfeccionando con los años. La relación que se entabló entre ambas, si bien incorporaba la literatura como elemento capital, estaba marcada por las confidencias y los relatos de experiencias amorosas típicos de la *ladies talk*. Pero se trataba de una *ladies talk* muy especial, pues Alejandra convertía sus avatares eróticos en historias casi surrealistas y delirantes que parecían surgidas de las grotescas y desconcertantes imágenes del sueño o de algún relato de Alphonse Allais. Porque, como su amiga lo destaca, en esos años Alejandra aún creía que podía encontrar el amor —a pesar de su certidumbre en que ella tenía una especial mala suerte—, si bien con el tiempo esa lucecita también se apagaría, marcando un viraje decisivo en su vida-poesía, registrado en el nivel de la escritura, precisamente en el poema que da título a su libro *Los trabajos y las noches*, según veremos en el próximo capítulo.

Por ahora, eran las historias asombrosas, transformadas por la fantasía desbordante de Alejandra, un circular libremente por un París con los mil rostros de Argos, tomando tantos rostros como la ciudad, un compartir con los pintores del grupo, Eduardo Jonquières y Miguel Ocampo, su sensibilidad plástica, lo cual la lleva a descubrir belleza en rostros y figuras donde los demás solo veían rasgos comunes, o directamente fealdad. Una de las frases típicas de Alejandra, hablando de hombres o muchachos que la atraían, intelectual o afectivamente, era: «Es un joven bellísimo». Por lo general, a sus amigas les resultaba difícil encontrar ese resplandor de hermosura en el rostro seleccionado por su personalísima sensibilidad.

Acerca de esa sensibilidad por los rostros, creemos que son especialmente significativas ciertas entradas de 1960 y 1961 en su diario, donde el amor por G. —así se lo llama en el diario— surge de la visión de su rostro en el paisaje del sueño, iluminado como un santo y con la fuerza del «dios de la lluvia» en el cerebro de un salvaje.

25 de diciembre. Aún el sueño de anoche, aún la visión de G. iluminado como un santo, erigido en mi confusión como el dios de la lluvia en el cerebro de un salvaje. Más que nunca sé que G. no corresponde a esta imagen que me delira. Y más que nunca sé que G. no corresponde a esa imagen que me delira. Y más que nunca quiero llamarlo a lo verdadero. («Comme un fou, je vis penché sur un visage que j'adore secrètement et dans lequel je planterais volontiers un couteau.

Ces imaginations me tuent»,[35] Cendrars). [Apéndice III, «Fragmentos de un diario», 1960, p. 1053]

Tal vez fue precisamente por su personal concepción estética que no aceptó la transformación que, una tarde, emprendieron dos de sus amigas de París, decididas a llevar adelante una campaña de «mejoramiento personal» de Alejandra. La maquillaron, la peinaron según su propio gusto, y Alejandra, por supuesto, cuando se vio, se horrorizó y se sacó todo de inmediato: su estética —tal vez elegida desde la conflictiva relación con su propio cuerpo a la que antes aludimos— pasaba por la cara lavada, el estilo disparatado y personal, la ropa estrafalaria pero de buena calidad, solo que seleccionada y combinada con un criterio de teatro del absurdo. Por ejemplo, Olga Orozco recuerda que le mostraba con orgullo las etiquetas de las buenas casas en las que había comprado sus prendas y otro amigo evoca una espléndida y estridente campera violeta y amarilla que había traído de su segundo viaje a Europa en 1969 y que nadie sino ella se podía poner.

Antes de detenernos en algunos otros aspectos importantes del año 1961, nos interesa referirnos a sus primeras vacaciones europeas en julio o agosto de ese mismo año. Como tenía un mes de vacaciones a raíz de su trabajo, realizó un viaje a Italia. Estuvo en Roma y Capri. Como lo dice en sus cartas a Ostrov, de entrada los hoteles le parecieron tarjetas postales y el mar, el telón de fondo para curar tristezas y to-

35. Como un loco, vivo inclinado sobre un rostro que adoro secretamente y en el cual plantaría voluntariamente un cuchillo. (Trad. de Cristina Piña)

ses. Sin embargo, en la carta siguiente, ya de vuelta en París, le confiesa que se ha enamorado de Capri y que ha estado elucubrando acerca de poder dejar de vivir en una ciudad grande como Roma o París porque:

> ... creo que es preciso sufrir y andar mucho en una ciudad como Roma, como París, y por todo esto aquí estoy, nostalgiosa de Italia tratando de ordenar y reanudar mi existencia parisina. (3 de octubre de 1961, p. 79)

En efecto, la vuelta la enfrentó con el otoño parisino. La ciudad se transformó en lluvia, callejuelas húmedas, hojas en el canal Saint-Martin. Los viejos cafés inmortalizados por Renoir se quedaron vacíos y la recién llegada caminaba sin rumbo por una ciudad gris. Cada día estaba hecho de horas muertas. Odiaba ser oficinista, cumplir un horario. Pero no era posible pasarse el día leyendo y escribiendo poemas. La economía existía y nadie estaba dispuesto a pagar por los ensueños de otro, como lo dice en la entrada del 11 de enero de 1961: «Esfuerzo por reconstruirme. Mi empleo peligra. Es decir, mi estadía en París. El deseo de ir a Buenos Aires es en mí, sinónimo del deseo de no dejar de ser una niña» (p. 387).

En la misma carta dirigida a Ostrov del 3 de octubre, escribe que tuvo que mudarse del hotel donde habitó a continuación del departamento que había alquilado en el 6.º piso de la Place de Clichy (entre octubre de 1960 y febrero de 1961, siempre guiándonos por las cartas a Ostrov). Acerca de dicho hotel, tenemos indicaciones contradictorias: por un lado,

Alejandra le manda decir a André Pieyre de Mandiargues
—a quien ha conocido en febrero-marzo de 1961 y a cuya
casa irá en torno a esa fecha, según figura en la primera carta
que se guarda de su correspondencia—[36] en una carta de
abril (?) de 1961 que su dirección es 7, bd. St. Michel, mientras que el 24 de abril Mandiargues le envía su carta al Hotel
de Suez, 31, bd. St. Michel.

Si volvemos a la carta citada que dirige a Ostrov, nuevamente nos encontramos con falta de datos, porque por un
lado le dice que está viviendo en un departamento en ruinas
—no sabemos si es el de rue des Écoles o cuál— compartido
con «dos niñas». Harta del desorden, dice que la semana siguiente le entregarán un hermoso estudio en l'Avénue de
l'Opéra. Pero de él nunca más tenemos referencias, lo cual
resulta curioso porque entre julio y agosto, como dijimos,
está en Capri tras pasar por Roma y, cuando le escribe a Ostrov a su vuelta en octubre, señala que ha perdido su «horroroso departamento en St. Michel»—del que tampoco hay
otras referencias en los documentos de Princeton ni en su
correspondencia— y encontró una buhardilla en el 9 rue de
Luynes, situada en el área de St. Germain, que le alquila
Laure Bataillon —nuera del hispanista Marcel Bataillon, crítica literaria y destacada traductora de autores latinoamericanos como Juan Carlos Onetti, Juan José Saer, Felisberto
Hernández, Manuel Puig, Antonio Skármeta y Julio Cortázar, entre otros, el último de los cuales sin duda fue el inter-

36. *Alejandra Pizarnik & André Pieyre de Mandiargues. Correspondance Paris-Buenos Aires*. 1961-1972 [Edición de Mariana Di Ció], París, Ypsilon Éditeur, 2018. Todas las citas se tomarán de esta edición.

mediario ya que a raíz de su traducción de *Rayuela* se habían hecho grandes amigos. De esto deducimos que nunca llegó al misterioso departamento de Avénue de l'Opéra y sí, en cambio, al también inubicable «departamento horroroso».

Para complicar más el periplo de departamentos y hoteles por los que Alejandra pasa en ese período parisino, en carta a Pieyre de Mandiargues de junio (?) de 1961 le dice que está viviendo en «une maison trop neuve, trop blanche, plein de sculptures que j'aimerai beaucoup vous montrer»[37] ubicada en 8 bis, Campagne Première (p. 21).

En cuanto al 9 rue de Luynes, aparentemente el edificio estaba al lado de hoteluchos enmohecidos y tenía el baño al fondo del pasillo. Si hemos de dar crédito a sus *Récits-Proses*,[38] su dormitorio era una cueva, a tal punto que carecía de importancia si llovía o no: la luz eléctrica debía estar encendida todo el día. El humo, los guisos y los excrementos se mezclaban en un solo olor. El frío entraba por cada rendija, la calefacción no funcionaba. Las amas de casa se pasaban todo el día friendo cebolla y al abrir la ventana de la cocina no corría el aire, solo un tufo que apestaba. En el patio resonaban ecos, injurias, golpes, tenedores batiendo huevo y amenazas de

37. una casa demasiado nueva, demasiado blanca, llena de esculturas que me gustaría mucho mostrarle (Trad. de Cristina Piña)
38. En toda esta sección del período parisino, ante las exiguas anotaciones en el diario relativas a su vida concreta y sus avatares domiciliarios y la discontinuidad de las cartas a su analista, no tenemos más remedio que remitirnos a sus *Récits-Proses* para dar cuenta de su realidad cotidiana, debido al carácter autoficcional que los caracteriza. Pero, precisamente por ese elemento de ficción que los define, no se trata de documentos totalmente confiables.

cualquier tipo. La ropa estaba tendida en sogas que iban de una ventana a otra; podían estar colgadas dos o tres días, ofreciendo un espectáculo de diversos colores. El paisaje poco importaba. Cada día estaba hecho de ruidos. Dentro de ese desastre, la espantada inquilina podría haber realizado un inventario completo de sus pertenencias: ropa sucia, libros, discos, tazas usadas, ceniceros llenos de colillas, lapiceras, una silla comprada en el Marché d'Aligre. Los días transcurrían en largas esperas. Alejandra ignoraba la hora en que vivía. Tomaba mate, leía a Bataille, tecleaba en su máquina horas y horas.

Esto nos daría la imagen de que París fue solo un ámbito de desesperación y dolor, pero también fue una fiesta —como la que nombraba Hemingway en su libro— según lo recupera el recuerdo de su ya nombrado amigo Roberto Yahni, compañero de Facultad, como dijimos. Se encontraban a menudo en esa época, por lo general para comer —cuando su escasísimo dinero los ayudó a descubrirlo, siempre lo harían en un restaurante vasco, donde todo lo que decía *basque* tenía la misma salsa verde y horrible, pero era barato— o para recalar en cafés de escritores; siempre para hablar de literatura y salpicar la conversación con chistes constantes y esas salidas insólitas en las que Alejandra se hacía cada vez más experta y que convertían en fantasmagórico e inverosímil hasta lo más corriente y cotidiano. Por ejemplo, cuando le respondió que no había por qué preocuparse por su salud —Alejandra hablaba de un soplo al corazón— ya que la atendía el médico de André Breton…

Esa tendencia a convertirlo todo en literatura, a ver la realidad *desde* la literatura —una admirable manera de no verla en absoluto—, de pronto la llevaba a situaciones a la vez reideras y patéticas. Como cuando se empeñó, en lugar de ir al habitual Café de Flore —donde podía guiñarse un ojo con Bataille, uno de los fetiches vivientes en los que Alejandra convertía a ciertos escritores muy admirados y con los que inventaba o quizás vivía pequeñas historias mágicas de comunicación sutilísima—, en arrastrarlo a un «maravilloso café de la rue de la Montagne Sainte Geneviève» lleno de escritores norteamericanos. Roberto le recordó que el París de Miller, Anaïs Nin, Hemingway y la *lost generation* estaba perdido en un recodo del tiempo, como cuarenta años atrás, pero nada: «Es maravilloso, te aseguro». Y cuando llegaron —Alejandra abrió la puerta, intrépida, avanzó totalmente segura de que *todos* estarían allí y habría esa atmósfera *raté*, sensual y pesada que se desprendía de los textos de Anaïs— se encontró con una especie de sucursal del puerto de Marsella —puros hombres mal entrazados, trabajadores, rostros anodinos o torcidos—, fue hasta el fondo, miró con estupefacción a esa gente totalmente inesperada (Roberto la seguía entre divertido y abandonado a la catástrofe) y volvió a la puerta con aire de princesa rusa ofendida: «Cómo cambió todo, ¿no?», fue el único comentario, que terminó en una carcajada absoluta de Roberto a la que Alejandra no tuvo más remedio que unirse, porque adoraba la risa contagiosa y desbordante de su amigo. Atrás quedaba la habitual indiferencia parisina, apenas rota por la incursión de la joven pareja tan fuera de lugar.

Y tanto como a Ivonne —según lo apuntamos en el capítulo anterior— a Roberto le leía, pero sobre todo le contaba, unos extraños relatos —por llamarlos de alguna manera—, especie de escenas de las que era imposible decir a qué nivel de la realidad o de la creación literaria pertenecían. Relatos que sin dejar de narrar en sentido estricto eran absolutamente a-espaciales y atemporales. En tal sentido, se podía tratar de los *Récits-Proses* todavía inéditos o de algún antecedente perdido de los textos de *La bucanera de Pernambuco o Hilda la polígrafa*, pero sin ese constante estallido de obscenidad y humor siniestro que los distingue. Porque si bien lo obsceno estaba, al igual que el humor, siempre presente en la conversación de Alejandra, en estos sueños-relatos no eran a tal punto dominantes. Más bien un absurdo humorístico, algo extraño, atrapante y con toques de obscenidad.

En lo relativo a la escritura, con su habitual espíritu experimental, en esa época intenta abandonar la poesía y abordar la prosa, unir el rigor de la una con la exactitud de la otra. Le resulta imposible, sin embargo, matar el acento poético, encontrar un tono fluido y flexible. En ella la palabra está escindida: «No comprendo cómo, con mi imaginación excesiva no escribo cuentos. ¿Por qué no me atrevo a inventar?» (entrada del 19 de enero de 1961, p. 392). Ensaya diferentes formas narrativas, primero bajo la forma de escritura confesional y luego a través de los *Récits-Proses*.

Un rasgo distintivo de dichas crónicas —escritas entre 1960 y 1962— es la inclusión por primera vez de elementos eróticos:

La posibilidad de hacerme desvirgar por un individuo cubierto de plumas y de tatuajes me colmó de alegría. Maravillosa ceremonia: el jefe de la tribu en silencio mientras las mujeres y los hombres danzan desnudos en torno de nosotros dos (mi salvaje y yo). Luego me penetra, yo gozo tanto que rompo la noche con mis gritos, la noche de los tambores y aullidos colectivos.[39]

Pero si en el plano del quehacer literario Alejandra se enfrenta con dificultades, a estas se les suma el contratiempo «práctico» de buscar otra vivienda. En abril del 62, por medio nuevamente de Laure Bataillon, la *enfant terrible* encontró un nuevo hogar en la 30, rue Saint-Sulpice.[40] Debajo del apartamento había un restaurante chino, a los lados, tenduchas que vendían artículos religiosos y enfrente se alzaba la iglesia homónima de piedra gris. Su habitación no era muy diferente de la anterior, es decir, sucia, mal iluminada, fría e impregnada de malos olores: «Todas mis habitaciones fueron tugurios de espectros y sumideros de llamadas ahogadas por un orgullo único».[41]

A estos inconvenientes debemos sumar la mencionada frustración laboral, así como el problema de la insatisfacción amorosa. Por estas fechas, tuvo varios escarceos con hombres y mujeres que no le dieron la estabilidad emocional que buscaba. En su diario se percibe la frustración e infelicidad que le producían aquellos fracasos sentimentales:

39. *Récits-Proses*, «Versos Rimbaud», Pizarnik Papers, Caja 7, Carpeta 38, Biblioteca de la Universidad de Princeton.
40. Carta a Ostrov del 3 de abril de 1962, le dice que ha conseguido un departamento «commeilfaut» (p. 84).
41. Entrada del diario íntimo, 25 de julio de 1962, Pizarnik Papers, Archivo 1, Carpeta 9, Biblioteca de la Universidad de Princeton.

No hice más que llorar y pensar en M. Anoche tomé 10 pastillas para el insomnio [...] Es la primera vez que lloro después de tantos años. La última vez fue, creo cuando mi amor por Ostrov, hace dos o tres años. (8 de enero 1961, p. 385)

El aspecto erótico la marcaba a tal punto que al percibir lo inútil de todo, la muerte, el dolor, la falsedad, lo absurdo de la vida, se decía: «Lo que impide reventar es el ardor entre los muslos».[42] Tenía necesidad de hacer el amor. Lo experimentaba, lo escribía:

> El sexo, allí donde la guerra duerme, una memoria asesina, eso negro y sin fin, mil lenguas ávidas, con sed sin desenlace, bebiendo en el tormento de su dulzura. Su lengua como un ejército de perros sedientos, un ejército de falos en lívida erección.[43]

Poner en palabras el amor, la desesperación, el sufrimiento requería una dosis alta de voluntad. Sus relaciones la agotaban pero sentía la obligación de sufrir. Ciertas emociones contrapuestas estaban destruyendo su estabilidad psíquica. Pasaba muchas horas tendida en medio del desorden. El deseo la había llevado a un estado de sensibilidad extrema. La inestabilidad emocional contribuía a que todo a su alrededor le pareciera hostil.

---

42. *Récits-Proses*, «La crónica», Pizarnik Papers, Caja 7, Carpeta 38, Biblioteca de la Universidad de Princeton.
43. Ídem.

El tiempo libre lo emplea en hallar el verso exacto, en descubrir el gesto que ilumina la hoja en blanco. En los textos que escribe en ese momento emprende una búsqueda por construir un lenguaje propio, para lo cual utiliza imágenes surrealistas, juegos con el lenguaje y una brevedad extrema:

> Cada palabra la anoto en una tarjeta distinta, por ejemplo *«La viajera marca su intensidad con desobediencia»*. Tengo, pues, siete tarjetas, bastante grandes. Las ubico en mi cama y comienza el trabajo. Voy moviendo las tarjetas como peones de un damero de ajedrez [...] Mi cuerpo se revuelve, hago el amor con la poesía, músculo a músculo, tarjeta a tarjeta.[44]

El mecanismo funciona como una verdadera maquinaria de engranaje. La combinatoria parece inagotable y la promesa de hacerse a sí misma se va forjando con cada poema. La concisión le permite concentrarse en lo esencial, prevenir las fisuras. El ritmo, la respiración y la voz constituyen mediaciones entre el cuerpo y la letra. Esta corporalidad protege a la poeta, pero no por mucho tiempo.

Escribir, en consecuencia, en ese período se constituyó en un acto de fe que se erigía para maldecir y celebrar su desesperación. La salvación psíquica estaba en la literatura pero el sustento material había que buscarlo en otra parte. «Ganarse la vida» haciendo no importa qué se había convertido en una carga insoportable: «*Cuadernos* es una revista muy horrible de

---

44. Carta enviada a León Ostrov, 1960-1961, «Diarios y carta inédita», *Clarín*, 14/09/2002.

manera que mi contacto con ella es exclusivamente administrativo. Apenas consiga algo mejor cambiaré de sitio de trabajo», como le dice a su amigo Antonio Requeni en carta del 17 de noviembre (probablemente de 1961, p. 63). No era suficiente revisar los anuncios de prensa y preguntar a los amigos. En última instancia tuvo que recurrir a Murena, quien trató de ayudarla con la gente de *La Nación*, pero las gestiones fracasaron porque el diario solo recibía las colaboraciones a través de agencias.

A la hora de narrar, como nos lo demuestran estos ejercicios parisinos, Alejandra es incapaz de construir historias plausibles y organizar el todo narrativo. En su escritura hay dos registros: uno hiperculto para sus poemas que, a la larga, le dieron prestigio y la convirtieron en «el Rimbaud hispanoamericano». Y otro irreverente o «impublicable»—narraciones, pornografía, autoparodia— que ha permanecido en la sombra por su carácter subversivo, si bien diez años después de su muerte aparecieron la pieza teatral *Los poseídos entre lilas* (que su albacea ahora ha preferido denominar *Los perturbados entre lilas*) y, lo que es capital, *La bucanera de Pernambuco o Hilda la polígrafa*, el ambiguo testamento que nos dejó a sus lectores. En relación con esto último, señalemos que la autocensura siempre estuvo presente en la escritura de la autora, por miedo a ser descalificada por la crítica a partir de la traición del *être factice* que hasta el momento había fabricado y que luego seguiría desarrollando en su poesía. De la genial y talentosa escritora se esperaban «poemas preciosistas», perfectos, que se adecuaran al canon prescrito por la alta cultura, y no textos anómalos, irónicos y con un fuerte hincapié en el aspecto sexual.

Al respecto, además de lo depositado en Princeton y de lo publicado póstumamente, tenemos el testimonio de Sylvia Molloy acerca de los textos que escribieron en conjunto, llenos de ese humor desopilante y obsceno que Alejandra practicaba desde la adolescencia, al que ya nos hemos referido.[45]

Por ahora, y al margen de estas experimentaciones que nunca llegaron a la publicación, Alejandra se contenta con seguir elaborando «textos publicables» y dar alguna lectura poética junto a Juarroz, Olga Orozco y Arnaldo Calveyra en la biblioteca de la Maison de l'Amérique Latine, organizada por el hispanista Paul Verdevoye. También se consagra a leer autores europeos —Jean Starobinski, Bataille, Foucault, Philippe Sollers, Lichtenberg, Blanchot, Hermann Kasack, Bachelard, etc.— como nos lo revelan sus *Cahiers* de París[46] —realizar traducciones, poemas y prosa intimista.

En el diario, expresión del yo por excelencia, Pizarnik oscila entre un destino relegado a lo privado y otro expuesto a la esfera pública, como lo demuestran las publicaciones que

45. Sylvia Molloy, «'Una torpe estatuilla de barro': figuración de Alejandra Pizarnik», *Taller de Letras*, nº 57, 2015, pp. 71-79.
46. Por *cahiers* nos referimos a los numerosos cuadernos que escribió Alejandra, donde, por un lado, copia en los que llama *palais du vocabulaire* (palacio del vocabulario) o casa de citas (donde juega con su doble sentido) citas de autores que le han llamado la atención y de los cuales, en muchos casos, toma versos o fragmentos para sus propios poemas o textos. Por el otro, están los que tienen más reflexiones sobre sus lecturas, comentarios críticos y borradores de sus propios textos. A estos debemos sumarles tanto aquellos donde anota aspectos gramaticales y léxicos del castellano, listas de adverbios, de frases hechas y de sinónimos, y formas de traducir palabras y expresiones del francés al castellano, como los que solo recogen borradores de su obra.

realizó de partes de su diario y que justifica la pregunta que se hará a posteriori, ya en Buenos Aires: «Este diario, ¿lo escribo para mí? Ahora, ¿estoy escribiendo para mí?» (12 de marzo 1965, p. 712). Los fragmentos que escogió para publicar pasaron por el filtro de la corrección, tornándose el conjunto en algo imaginario y sumergiendo, a quien lo escribía, en la irrealidad.

Hubo dos selecciones, la primera, *Diario 1960-1961*,[47] cuyas dieciocho prosas poéticas, en su mayoría breves, formaban parte de un proyecto más ambicioso que se había formulado años antes:

> … una especie de diario dirigido a (supongamos Andrea), es decir: no serían cartas ni un diario común. Podría estar dividido en dos o tres partes. Una dedicada al amor, la otra a la angustia, la tercera a mondieu!! (5 de julio de 1955, p. 56)

El fantaseado libro se redujo a un resumen con dieciocho entradas que recogía retazos de una escritura hecha día a día. La primera, fechada el 1 de noviembre de 1960, dice: «Falta mi vida, falto a mi vida, me fui con ese rostro que no encuentro, que no recuerdo». Y la última, del 14 de enero de 1961: «Soñé con Rimbaud. Par litterature, j'ai perdu ma vie» (pp. 356-357). La voz que enuncia los fragmentos —pues no es posible hablar de una voz narrativa— hace un recuento de sus fracasos, dolencias psicosomáticas y derrotas amorosas. De esta manera,

---

47. Alejandra Pizarnik, «Diario 1960-1961», en *Mito*, Bogotá, 7 (39-40), 110-115, dic., 1961, ene.-feb., 1962.

la Pizarnik biográfica se convierte en personaje y a la postre, en mito de sí misma.

La segunda antología, *Fragmentos de un diario, París, 1962-1963*,[48] está formada por anotaciones entresacadas del corpus mayor, despojadas de lo confesional y convertidas en complicados aforismos literarios. La exigencia formal, casi perfecta, desvirtúa lo que se cuenta y rompe su posible vinculación con lo real. De la misma manera, no hay *crescendo* en los pensamientos y visiones, sino que se estructuran como un conjunto de espejismos contrapuestos.

Ya que nos hemos detenido en la reescritura de los fragmentos de sus *Diarios*, debemos señalar que en ella resultan especialmente claros los ejemplos de autocensura vinculada con la sexualidad. Si bien solo publicó los señalados fragmentos de sus diarios en vida, claramente reescritos, podemos encontrar muchos otros ejemplos en los que la escritura se hace mucho más poética y se transforman los temas de su bisexualidad.

Esto resulta evidente en el ejemplo que seleccionamos cuando comparamos la redacción del párrafo final de una larga entrada de 1961 fechada el sábado 14 —después dedujimos que es del mes de enero— tal como aparece el cuaderno central

En cierto modo, es como si me obligara a sufrir por ella. En verdad no tengo ganas de verla ni me importa. Pero es como si

48. En 1964 apareció una selección de estos fragmentos en *Poesía= Poesía* y *Les Lettres Nouvelles*.

debiera sufrir por ella. Como si lo más terrible de todo fuese quedar sin rostros concretos y reales, es decir, que mi nostalgia se limite a un sonido, un perfume. M. es un comodín en la historia de mi nostalgia. Lo que hace que me fascine está en mí, no en ella. Yo no la conozco. Es un nombre. Pero no comprendo por qué no me quiere, por qué no desea siquiera saludarme. Es que tal vez intuye algo de lo que sucede y le da miedo. Por otra parte, yo debo dar miedo. (Sería divertido si al final resulta que la que da miedo soy yo). (p. 390)

con la publicada con igual fecha dentro de «Fragmentos de un diario»—incluido en el Apéndice III, *Les Tiroirs de l'hiver*— en la revista colombiana *Mito*, n.º 39-40 de 1962, la cual queda reducida a lo siguiente:

Como si debiera sufrir por él. En verdad no quiero verlo ni me importa. Pero es como si debiera sufrir por él, como si lo terrible fuera quedar sin rostros concretos y reales y que mi nostalgia se limite a un sonido, a un perfume. (p. 1053)

Es casi innecesario señalar que si en la primera entrada la reflexión se refiere a una mujer, en la segunda se la ha travestido de hombre; en consecuencia, tanto como las correcciones de estilo y la condensación demuestran la voluntad literaria de Pizarnik, la mutación genérica tiende a construir una autofiguración heterosexual.[49]

49. En el caso de Pizarnik, considerarla homo o heterosexual es reduccionista, ya que en rigor elude la tradicional oposición binaria de la sexualidad a favor de la bisexualidad, posición que queda amplia-

Antes de proseguir con la revisión de su producción literaria del momento y destacar su «encuentro» con el personaje que tan importante resultará para su escritura en prosa y
para su proyección subjetiva —el de Erzsébet Báthory, la
condesa sangrienta húngara del siglo XVI—, es preciso que
nos detengamos en un episodio poco conocido para el público pero señalado infaliblemente tanto por los amigos de
Alejandra de París como por su hermana: el romance trágico y apasionado con el poeta colombiano Jorge Gaitán
Durán.

Si bien respecto de la relación que ambos tuvieron hay
una serie de malentendidos por parte de los cronistas y estudiosos argentinos y algún español en cuanto a las fechas de la
vinculación amorosa de Alejandra y Gaitán Durán, tanto los
comentadores colombianos como su amiga Ivonne Bordelois
confirman que se conocieron en París, lugar donde se dio la
atracción entre ambos, no al final de su residencia en Buenos
Aires, antes de viajar a París, como lo señalan desde Rubén
Benítez hasta Ana Nuño, basándose en una aparente información de Olga Orozco.

Desde un punto de vista, no era difícil que la atracción
mutua se diera: cuando recorremos la obra de Jorge Gaitán
Durán y reparamos en la importancia que tuvo para el autor
colombiano tanto el erotismo como la figura del Marqués de

mente demostrada en esta edición de los *Diarios*, así como en su obra,
según lo ha señalado Cristina Piña en su artículo «Manipulación, censura e imagen de autor en la nueva edición de los *Diarios* de Alejandra
Pizarnik», en *Valenciana*. Estudios de filosofía y letras, Universidad de
Guanajuato, Nueva época, año 10, n.º 20, jul.-dic. 2017, pp. 25-48.

Sade, así como su forma de entender la poesía, queda claro que se da una hermandad espiritual con Pizarnik.

Como el mismo poeta colombiano lo dice en una declaración de su *Obra completa*:

> No escribo sobre Sade por motivos estrictamente literarios o filosóficos, ni tampoco porque su obra favorezca de singular modo mis obsesiones o contribuya a liberarme de ellas sino por una comprobación sobre mi intimidad que quizá pueda extenderse a toda la intimidad humana: cada ser siente o vislumbra en ciertos instantes de sigilo trémulo que el erotismo introduce en la vida un elemento de placer y de fiesta, pero también de desorden y destrucción [...] Hemos tenido la revelación de que todos podemos ser casos extremos, de que en el mismo acto con que otorgamos la vida, con que desencadenamos el proceso de la reproducción —aún en los marcos establecidos por la Iglesia o el Estado—, nos acercamos vertiginosamente al mal y a la muerte.[50]

No es de extrañar que poetas que se enfrentaban con la poesía y el erotismo de esta manera se hayan sentido profundamente atraídos. Como años después lo dirían Olga Orozco e Ivonne Bordelois, hubo un enamoramiento profundo, al menos de Alejandra por Gaitán Durán, que en el caso del testimonio de su hermana Myriam se confirma con la afirmación de que con este poeta Alejandra habría fantaseado con casarse. Solo

---

50. Ramiro Jaramillo Agudelo, «Jorge Gaitán Durán», en *Revista de Estudios Colombianos*, n° 90, 1990, p. 28.

que a su hermana nunca le dijo el nombre del hombre del que se había enamorado, pero sí le habló de su trágico accidente, que habría segado los planes de compartir su amor.

Aparentemente así hubiera sido cuando Gaitán Durán volviera a París tras el viaje fatal en el que murió. Pero los dados del destino se jugaron de otra manera y todo terminó en el accidente, cuyo relato tomamos del mismo artículo de Jaramillo Agudelo antes citado y que transcribe una noticia del diario *El Espectador*, del sábado 23 de junio de 1962:

«Point-A-Pitres, Guadalupe, 22 de junio (UPI). Un gigantesco avión a reacción Boeing 707 de la Air France, al mando del piloto preferido del presidente de Francia, Charles de Gaulle, se estrelló hoy en medio de una fuerte tormenta en el 'Lomo de Burro' de unos 800 metros de altura, cubierto de una selva tropical, perecieron las 111 personas que iban en la máquina». Eran las 3:30 de la madrugada del viernes 22 de junio de 1962 y uno de los pasajeros era Jorge Gaitán Durán.

Gaitán Durán tenía 37 años, era el primer director y principal sostén de *Mito*, la mejor revista que —aún hoy— se ha publicado en Colombia. Estaba participando en política y había sostenido ya una polémica escrita con un ex presidente. Tenía seis libros de poesía publicados y era uno de los poetas más reconocidos en Latinoamérica. Disfrutaba de una temprana plenitud en el momento en que «el enorme Boeing se precipitó a plena fuerza en un barranco a 40 kilómetros aproximadamente, de Pont-A-Pitre, derribando a su paso troncos, y ramas y segando, como si fuera una gigantesca guadaña, una faja de 50 metros de extensión antes de estrellarse finalmente». (p. 20)

Uno de los elementos que, además del testimonio de sus amigas, confirma dicha relación, es una carta que, como nos informa Saúl Gómez Mantilla, le envió al común amigo Pedro Gómez Valderrama:

De la amistad entre Gaitán Durán y Pizarnik, Pedro Gómez Valderrama nos cuenta de una carta que le envió Pizarnik pocas semanas después de la muerte del poeta colombiano: «Quisiera comunicarle mi dolor por la muerte de Jorge Gaitán Durán. Nos habíamos hecho amigos, y estuve con él unos días antes del horrible accidente… Justamente cuando le conocí pensé que nunca había visto a un poeta tan solar, con tantas ganas de vivir. Lo sucedido no solo me produjo dolor, sino ira…».[51]

A esto habría que sumar las dos referencias que Alejandra le hace a Ostrov en sus cartas. Si en la primera (29 de junio de 1962) le dice que se habían hecho amigos, en la segunda, del 21 de septiembre, hay una modulación significativa, se habrían hecho «más que amigos».

Tenía 35 años, era muy bello e hicimos antes de su partida, planes maravillosos y *posibles* que me hubieran sacado de mi miseria. Su muerte me afectó enormemente. (p. 88)

51. Jorge Gaitán Durán, *Obra literaria. Poesía y prosa*, Instituto Colombiano de Cultura, Bogotá, 1975, pp. 15-16, citado por Saúl Gómez Mantilla, «Arpa de silencio: Las ideas de la poesía en Alejandra Pizarnik», en lainsula451.blogspot.com.ar/2014/02/arpa-de-silencio-las-ideas-de-la-poesia.html

Es decir que en este contexto hemos de ver el poema que, años después, aparecerá en *Los trabajos y las noches,* dedicado a él, y que probablemente haya escrito más cerca de la trágica madrugada de su muerte:

MEMORIA

*A Jorge Gaitán Durán*

Arpa de silencio
en donde anida el miedo.
Gemido lunar de las cosas
significando ausencia.

Espacio de color cerrado.
Alguien golpea y arma
un ataúd para la hora,
otro ataúd para la luz.

Pero incluso ante un episodio como este, confirmado por sus amigas más cercanas —Olga e Ivonne— y por su hermana Myriam, así como por los periodistas colombianos que escriben sobre él, cabe dudar. Porque a Aurora Alonso se lo cuenta de manera totalmente fabulada: lo convierte en el amor que había tenido con un piloto de Air France que se había matado en un accidente en África. Y la amiga se lo cree pese a que «se parecía, a la historia de varios pilotos famosos».

Volvamos, ahora, al episodio vital que tanta importancia tendría para Alejandra: la mudanza a la rue Saint-Sulpice. Allí, rodeada de libros, ropa en el suelo, vasos sucios y papeles, corrige el poemario *Árbol de Diana*. Busca lecturas que le inspiren nuevos textos. Le prestan una biografía novelada escrita por Valentine Penrose sobre una condesa húngara condenada por el asesinato de 610 muchachas en el siglo XVI. La historia la cautiva y comienza una serie de poemas[52] donde trata el tema del sexo y el silencio, unido a la abstracción del lenguaje. En diferentes entradas del diario se aprecia la influencia, casi decisiva, de este libro en su producción posterior. La violencia de la protagonista, Erzsébet Báthory, se traduce en crueldad y locura en el infierno pizarnikiano:

Las presencias tienen un extraño modo de manifestarse: así cuando veo una mano en mi garganta, cuando hay sangre en mi cara, cuando respirar es casi imposible, me digo: «son ellas». ¡Qué hablaba yo de silencio! Encierro sí, asfixia sí, seguro que sí. Y esperar a que venga la noche. Mi sola seguridad, mi antro irreversible. Pedir el silencio ha sido una locura, un gesto torpe.

52. Los textos aparecieron en *Sur* 284 (1963) y fueron los siguientes: «Se prohíbe mirar el césped», «Buscar», «En honor de una pérdida», «Las uniones posibles». En 1964 se publicó también en la misma revista (n° 291, noviembre-diciembre) una reseña crítica sobre *El ojo* de Alberto Girri. Allí, Pizarnik comenta un poema titulado «Ejercicios con Brueghel», y destaca entre otras cosas que cada cuadro del pintor está «presentado con su crimen y casi todos tienen un crimen que exhibir» (p. 87). En esas palabras se encubre/descubre su afinidad/comunicación con el tema de la violencia que desarrollará más tarde en «La condesa sangrienta» y en la mayoría de los textos inéditos.

Se vengarán. De nuevo las jornadas interminables con mil manos en la garganta. (1 de agosto de 1962, p. 450)

*La comtesse sanglante* le proporciona las herramientas para convertir el sufrimiento en letra o mensajes crípticos bajo el nombre de «Caminos del espejo». Este conjunto de prosas poéticas formará parte del libro *Extracción de la piedra de locura*, que será editado en 1968. El tema del doble, los ojos incrustados en las paredes, las imágenes claustrofóbicas invaden la página. Alejandra se disfraza de muerte y se borra a sí misma. Abundan corredores negros, ataúdes que se acercan, que se juntan, cadáveres que no cesan de pasar delante del espejo.

Al respecto, hay un interesante comentario de Roberto Juarroz —quien, por una beca de la Universidad, llegó instalarse en París en el verano de 1961, como se lo comenta Alejandra a Ostrov (carta del 3 de octubre de 1961, p. 79)—, quien señala que tal vez algunos borradores de *La condesa sangrienta* fueran también de ese momento por la especialísima fascinación que sentía la autora por ese personaje satánico y vampírico y debido a que Alejandra convertía en escritura esos impactos intelectuales-afectivos que la sacudían. No nos sentimos autorizadas a confirmar ni a negar taxativamente la observación de Juarroz, pero por cierto debemos destacar que sin duda no es de esa época la escritura definitiva porque, entre los libros que están en la Biblioteca Nacional —más adelante explicamos cómo se separó y por qué la biblioteca de Alejandra— hay uno extrañísimo de un tal Jaime Erasmo, *La locura y la lógica. Revelaciones de un post-esquizofrénico,* de donde Alejandra evidentemente ha tomado ciertos conceptos sobre la melancolía, que luego elaboraría con la prosa de singular belleza de su libro y que, evidentemente, fue consultado a su regreso a Buenos Aires.

Aunque la madriguera le daba la ilusión de refugio, le faltaba aquel mundo amable del otro lado del océano. Buenos Aires —tristeza a contraluz— solo podía afianzarse en la memoria. El autoexilio había llegado a convertirse en el dolor de un miembro amputado. La distancia no la salvaba porque el desarraigo traía consigo vulnerabilidad y miedo sofocante. ¿Por qué se aferraba a los quiebres de la infancia y los transformaba en parte esencial del presente? Los recuerdos estaban sitiados por llantos nocturnos. Por otro lado, su madre se encargaba de recordarle lo que había dejado atrás, sus misivas la sumergían en el sentimiento de lo provisorio o en la necesidad de irritar para poder ser:

> Recibí una dulce carta de mi madre en la que sentí aprobación (casi orgullo) por mi decisión de quedarme «estudiando» y trabajando sin su ayuda. Debía mentirle, decirle que proseguiría una carrera en La Sorbonne al tiempo que trabajaría, era necesario tranquilizarla, disfrazar la angustia del no-saber, de la posibilidad de quedarse, y no volver nunca más al nido.[53]

Con frecuencia evocaba la casa familiar y al hacerlo surgía una profunda tristeza. Los fines de semana, si decidía salir del ostracismo, procuraba alejarse de los grandes espacios llenos de luces y adentrarse en la ciudad. A veces se reunía con

53. Carta enviada a León Ostrov, 1960-1961, p. 71.

Roberto Yahni o con Sylvia Molloy en el café del Carrefour de L'Odéon; a veces con Ivonne Bordelois en un café de la rue des Canettes. Hablaba horas y horas sobre literatura, sus conflictos familiares o las últimas aventuras amorosas de la semana. A veces iba a fiestas que daba Octavio Paz en la embajada, ocasión que aprovechaba para devorar bocadillos de caviar, *oeufs à la russe* y otros canapés a los que no tenía acceso todos los días. Le gustaba rodearse de algunos *monstres sacrés* y asumir su papel de adolescente rabelesiana, depresiva e irresponsable que contaba chistes procaces o historias extravagantes. El mundo literario le celebraba el rol de *poète maudit* al tiempo que procuraba alentarla para que nunca dejara de serlo.

Junto a esta visión en cierta forma negativa de la autora, nos gustaría citar la de su amiga Ivonne Bordelois, quien la conoce precisamente en París, y que redactó para la primera versión de esta biografía escrita por Cristina Piña un hermoso texto de recuerdos que ya hemos citado. Allí, hablando de su encuentro y posterior amistad, dice lo siguiente:

> Cuando conocí a Alejandra en París, en 1960,[54] mi primera impresión no fue favorable; su ferocidad adolescente me pareció estallada a destiempo; sus imprecaciones y la rabelesiana obscenidad con que salpicaba sus relatos no me chocaron tanto como me rechazaron. Me pregunté por qué Lucía Bordelois, que tenía una de las voces de soprano más delicadas y conmovedoras que la vida me ha otorgado escuchar, me había

54. No habría sido en 1960 sino en 1961. (Conversación con Bordelois)

presentado a ese ser abrupto y violento, que parecía gozarse infelizmente en aturdir a la estudiante aplicada y pequeño-burguesa que era entonces yo. Y sin embargo, una fascinación crecía irreprimiblemente, inexplicablemente dentro de mí. Detrás de la fachada de desparpajo y rebelión a mi parecer inútil, una voz llamaba desde un hondo, un lejos que no cabía ignorar.

Lo cierto es que con todo, quien quiera se haya aproximado a Alejandra no podía esquivar esa sensación fulgurante que solo produce el genio [...]; puedo decir que tanto lo que Alejandra sabía en materia de poesía como su manera de transmitir este saber producían una extraña sensación de infalibilidad. [...] Desde mis primeros encuentros me resultó evidente que la visión exigente e implacable de Alejandra me obligaría a desaprender todo lo aprendido en los polvorientos y pretensiosos claustros, y también, y de un modo más importante, desleer y volver a releer a los grandes de la literatura francesa.

Como contraposición a estas dos visiones, en un relato del *Récits-Proses*, Pizarnik hace un retrato idealizado de sí misma, en el sentido de retratarse como quisiera ser, bajo el nombre de *Andrea*, nombre que precisamente se atribuye en el proyecto de novela del que habla al comienzo de sus diarios (p. 41):

Era la primera vez que yo la veía alegre. La gente sentada en las mesas cercanas a la nuestra la miraban y después comentaban: No es fácil salir con Andrea. Su belleza escandaliza. Parece un ángel. Y los colores que exhibe: cabellos rubios, piel bronceada, ojos grises. Además, su cuerpo de adolescente, aún infantil.[55]

La protagonista es una pintora estrafalaria con tendencias sadomasoquistas. La acción se desarrolla en fiestas de celebridades y la narración siempre finaliza con algún encuentro sexual. Es importante señalar que, dos décadas después, un personaje con el mismo nombre aparece en la novela *Inés*,[56] de Elena Garro, si bien, como podemos ver, la descripción física en absoluto se acerca a la idealizada de la propia Alejandra:

> Lucía pantalones gruesos de obrero, un suéter negro, cabellos negros, boca gruesa y rostro mofletudo [...] La persona aquella no le inspiraba confianza [...] Era un ser amoral [...] Inés pensó en un pequeño demonio que hubiera adoptado el aspecto de un obrero simulando ser mujer. (p. 21)

Y más adelante, por si el lector no intuye de quién se habla, la narradora mexicana agrega: «No te preocupes, es Alejandra, se ha cambiado el nombre y ahora se llama Andrea. Es una pintora amiga del señor Javier» (p. 22). La autora nos presenta un testimonio cruel pero quizás más auténtico que las habituales descripciones hagiográficas que se han hecho desde el suicidio de la poeta. Garro, al igual que Pizarnik, utiliza imágenes surrealistas, con toques de pesadilla y sadismo, pero dichos elementos están potenciados y llevados has-

---

55. *Récits-Prose*, «La última vez que vi a mi madre», Pizarnik Papers, Caja 7, Carpeta 38, Biblioteca de la Universidad de Princeton.
56. Elena Garro, *Inés*, México, Grijalbo, 1995.

ta sus últimas consecuencias. Las coincidencias saltan a la vista. Quizás fue la propia Alejandra quien difundió los relatos o, tal vez, hizo mención de ellos en alguna reunión. En todo caso, *Andrea,* en ambas caracterizaciones, refleja al artista esnob ávido por conocer escritores y ser parte de sus círculos.

A todas luces, *Andrea* encarna el *personaje alejandrino*; sin embargo, Pizarnik se siente incapaz de darle vida en la ficción:

> Yo quisiera escribir una novela pero al decir yo no pienso en mí sino en la que quisiera ser, es decir, la que sería capaz de escribir una novela. También me considero incapaz de escribir en prosa. Pero decirlo es también prosa, decir de mi incapacidad también es escribir. (29 de junio de 1962, p. 419)

Los fallos en la técnica narrativa se reducen esencialmente a un problema de formas: «¿Cómo verter las lecturas en creación sin caer en la fragmentación?». El sentimiento de lo provisorio se lo impedía. El transcribir mentiras requería demasiado esfuerzo. Representar un libreto era mucho más fácil que escribirlo. La creación no cobra vida en el papel, sino en la propia Alejandra biográfica. De modo que el sujeto literario posee tal grado de presencia y realidad que llegará a convertirla en la *suicidé de la société*.

Esta especial «incompetencia» para escribir prosa no era un obstáculo insalvable para el desarrollo profesional de la escritora. Dos años después de su llegada, había logrado ser miembro del comité de redactores extranjeros de *Les Lettres Nouvelles*, publicar poemas y conocer personalidades de talla internacional: desde Octavio Paz, conocido a poco de llegar como lo hemos señalado antes, hasta Yves Bonnefoy e Italo Calvino. Cada vez era más difícil plantearse el regreso, deseaba echar raíces en la tierra extraña, encontrar un sitio para proclamarse «poeta internacional» y entrar en contacto con gente famosa. En menos de dos años había conocido a numerosos literatos; entre los cuales estaban André Pieyre de Mandiargues y Julio Cortázar, con quienes entabló una amistad profunda, más en el caso de Mandiargues que en el de Cortázar.

De la profundidad y perduración de su amistad con Mandiargues y, en menor medida, con su esposa, Bona Pisis, da cuenta la rica y extensa correspondencia que mantuvo, tanto en París como desde Buenos Aires, ya que su amistad se extendió desde 1961 hasta la muerte de Alejandra. Además de la frecuencia de sus encuentros e intercambio de cartas, poemas y traducciones de ellos por parte del escritor francés, se respetan muchísimo y cada uno está atento a la valoración del otro.

En lo que respecta a Julio Cortázar, se repite la valoración mutua y la amistad un poco paternal del narrador, quien, al igual que Octavio Paz, admira sinceramente su poesía. Pero esta amistad, contrariamente a lo difundido, no fue íntima. Entre ellos no existió ninguna relación amorosa y tampoco le sirvió de inspiración para la Maga. *Rayuela* ya había sido escrita en el momento en que coincidieron. En una carta a Anita Barrenechea le dice el escritor argentino:

Mi hermosa amistad con Alejandra no fue, a pesar de todo, una relación tan estrecha como la que en esos años mantuve con otras personas en París; nos veíamos, ella venía bastante a casa donde Aurora y yo la recibíamos y a veces la sermoneábamos por su peligrosa manera de abandonarse al azar de las circunstancias, con toda clase de riesgos que no le importaban pero que los amigos conocíamos bien.[57]

También fue un lucidísimo lector de su poesía, a la que admiraba, según señalamos antes, como lo vemos en su carta del 14 de julio de 1965 sobre *Los trabajos y las noches*. En ella queda claro que él también tiene esa penetración profunda en la poesía de Alejandra, perceptible en las lecturas hechas por ella de sus cuentos y a las que nos referiremos en su momento, como se puede advertir en estas frases que entresacamos de la carta mencionada, donde destaca aspectos del libro como objeto, en sintonía con la importancia extrema que Pizarnik les daba a los elementos gráficos:

Me dolió tu libro, es tan tuyo, sos tan vos en cada línea, tan reticentemente clara, tan por debajo y por adentro [...] lo que siento es lo mismo que frente a algunos (muy pocos) cuadros o dibujos surrealistas: que estoy del otro lado por un segundo, que me han hecho pasar, que soy vos [...] Cada poema tuyo es el cubo de una inmensa rueda. Otros hacen la rueda entera, y hay que ver cómo se atasca en las cunetas; vos dejás que la rueda sea otra cosa, algo que unos pocos ven dibujarse mucho más allá de la página. [...] Pocos serán los elegidos por tu libro,

57. Carta dirigida a Ana María Barrenechea, 30 de marzo de 1982. Julio Cortázar, *Cartas*, Buenos Aires, Alfaguara, 2000.

me temo. Pocos habrán vivido en la dimensión que permite encontrar tanto con tan poco —aparentemente— correlato verbal. [...] no es que yo tenga nada contra los poemas largos, pero siempre hay como un milagro en un gran poema breve.

Qué bonita la edición de tu libro. La tapa me dejó maravillado. ¿La hiciste vos misma? No es nada frecuente que en Buenos Aires salgan libros tan cuidados y con un papel y unas tintas tan buenos. El azul es hermosísimo y la erótica viñeta (ya sé, ya sé. Pero es así, cada uno ve lo que puede) me parece perfecta.[58]

Según el testimonio de Noy —confirmado por otros amigos de Alejandra—, en París Julio le habría dado el manuscrito de *Rayuela,* que ella pasó a máquina como agradecimiento, ya que él le había conseguido el departamento donde vivía y la ayudó a mudarse (el de Laure Bataillon en rue de Luynes del que hemos hablado anteriormente). Ya en Buenos Aires, a veces Cortázar la llamaba y Alejandra le ordenaba a Noy: «Decile que no estoy, que salí, que ahora vuelvo», porque estaba muy concentrada escribiendo su poesía. Como el libro ya se había publicado, Cortázar quería recuperar el manuscrito, de manera que la llamaba a su casa alrededor de las dos de la mañana, porque sabía que ella era una habitante de la noche. Fernando atendía y se ponía nerviosísimo porque la telefonista decía: «De persona a persona con Alejandra Pizarnik de parte del señor Julio Cortázar». Mientras él temblaba,

58. La tapa era del artista plástico Roberto Aizenberg.

ella tartamudeando le susurraba: «Decile que acabo de salir... porque todavía... no lo encontré». Había perdido el original de *Rayuela* y se lo tenía que devolver. Al final, por suerte, encontró el manuscrito y volvieron a tener una relación llena de comprensión, humor, ternura y complicidad.

Sin embargo, ni el trabajo ni los allegados podían impedirle el camino autodestructivo que se agravaba con cada fracaso sentimental. Las desilusiones la llevaron a la enajenación, a un humor cada vez más procaz. Los temas obscenos, aunque siempre estuvieron presentes en su conversación, a partir del continuo resquebrajamiento interior pasaron a ocupar un lugar privilegiado. La violencia verbal, todavía de forma incipiente, queda reflejada en el discurso escrito en su *Diario*:

Si me pusiera a vomitar qué de ratas, qué de ratones, mi madre. No ser ingenua. No ser idiota. No hay ganas de reír. Esto me tomó de la garganta y no me suelta. No sé qué escribo. Qué digo. Putear sí, con toda la garganta y nada de lirismo, si me hacen el favor. Esto es horrible, es basura, es nauseabundo, es deshecho deshechado, mierda, mundo excrementado, harapos malolientes. Puta madre. Crujen los muebles. Qué crujan, qué cojan, qué se incendie mi cuarto, que me estrangulen de una vez, que se vayan a la mierda, a la recontraputamadre que los parió. (10 de agosto de 1962, p. 466)

El uso de términos vulgares se agudizó en Buenos Aires y alcanzó su inscripción literaria en los textos que se publicaron póstumamente, además de aquellos de la misma época que hasta el día de hoy siguen inéditos.

La subversión verbal fue una manera de expresar su rebeldía contra las convenciones sociales, que iba desde lo
laboral hasta el comportamiento sexual. A medida que se
adentraba en ese mundo irónico y grotesco, sus angustias
nocturnas e impulsos suicidas aumentaban. Sufría ataques
de asma, accesos de fiebre, y en las reuniones terminaba
tirada en algún lado, borracha y llorosa: «Todo me resulta
difícil. Aun volverme loca» (13 de octubre de 1962, p. 501).
La fragilidad psíquica, en cierta medida, formaba parte del
proyecto literario. El sufrimiento de Artaud, el silencio de
Rimbaud, la locura de Nerval, le confirmaban que el verdadero creador no puede separar vida y poesía. Y en ese sentido exigía de los poetas contemporáneos algo más que unas
cuantas fantasías escritas en un lenguaje fluido. Porque
aquello que une a sus poetas admirados es lo que Verlaine
llamó «malditismo» y que si bien para el poeta francés tenía
una connotación más vinculada con el dandismo y con ciertos recursos poéticos, en la versión de los malditos que se
fue elaborando a lo largo del siglo XX —y de la que es deu-
dora Alejandra, a quien cabe considerar la primera mujer y
no europea entre los malditos— el acento está puesto, por
un lado, en la ontologización de la palabra poética —en el
sentido de que es lo único que puede rescatar de la banali-
dad del mundo fenoménico— y por otro en la ruptura con
todos los presupuestos burgueses, desde la sexualidad hasta
el trabajo productivo.

Pero más allá de esta opción singularmente peligrosa que
se va afianzando a lo largo de los años parisinos, en cada
palabra hay cansancio. Alejandra siente miedo de seguir un

trayecto sin regreso, entonces vuelve al mundo y desea que alguien la salve. Recurre así a la Dra. Claire Lauret, quien se deja deslumbrar por la niña-monstruo. En el diván se mezclan recuerdos infantiles, traumas y sobre todo literatura. El deseo por resolver sus conflictos la lleva a solicitar el auxilio de especialistas, pero hay algo muy complejo en pacientes como ella: «... los que quieren curarse y demandan ayuda: Ayúdame pues no quiero que me ayuden».

Los cambios anímicos, sin embargo, no mejoraron con la terapia. En agosto de ese año, 1962, viajó con la psicoanalista a Saint-Tropez. La tranquilidad del lugar la sosegó; todas las mañanas recorría en una pequeña motocicleta un camino informe que bordeaba precipicios. Cualquiera que fuera la ruta elegida, se tendía entre un muro amarillento o villas con apariencia de estar abandonadas y el mar. Conducía de prisa hasta la orilla, abandonaba la motocicleta y corría al agua, a las olas más lejanas. En las tardes asistía a reuniones, paseaba por la playa. Desde lejos veía a Picasso, conocía a Italo Calvino y Marguerite Duras. En una entrada del diario describe la desilusión que le causó la conversación con la escritora francesa. Percibía que no era un ser atormentado sino todo lo contrario. Estaba feliz con sus cuatro baños en el mar, tenía amigos y una vida familiar perfecta, sin angustia, sin frases definitivas, sin literatura, pertenecía a este mundo y participaba plenamente en él. Pizarnik seguía sin darse cuenta de que el modelo de poeta maldito había caído en desuso. Pero esta desilusión, aclaremos, en absoluto implicó menoscabo de su admiración por ella, pero tampoco enamoramiento, como en cambio sí ocurrió con Simone de Beauvoir y su seriedad, que la sumieron en un complejo de inferioridad a la vez fruto del deslumbramiento de Alejandra, como lo testimonia una de las cartas a León Ostrov y su diario:

> Le dije que le contaría sobre mi encuentro con S. de Beauvoir, pero me es penoso rememorarlo [...] yo no me he recuperado aún de lo que fue para mí este encuentro, una profunda experiencia del miedo. (15 de julio de 1960, p. 45)

> Pero caminando y caminando descubrí que no había salido a ver Belleville sino a Simone de Beauvoir. Y descubrí, horrorizada, que tenía unos deseos angustiosos de verla, de oírla hablar, de mirar sus ojos. Me detuve para insultarme. Solo esto te falta, me dije. Pero me dieron ganas de llorar. Habrase visto semejante idiota, rezongaba la Alejandra juez. Pero la acusada lloraba. Creo que se enamoró de S. de B. Al diablo los desdoblamientos. Creo que me enamoré. El problema persiste. Alguna vez lo tendré que enfrentar. Usted busca a su madre. Sí, indudable, pero si la busco es porque la preciso, la necesito. Y no está bien frustrarme tanto. Por qué diablos no se enamoró ella de mí. (Entrada del 16 de julio de 1960, pp. 350-351)

Aquellos días llenos de luz y esperanza de 1962, cuando se codeaba con Duras, Picasso y Calvino, acabaron pronto. El afán de buscar relaciones imposibles la llevó a enamorarse de la Dra. Lauret:

> ... caí en la temida transferencia, así porque sí, porque un gesto, una mirada, una manera especial que tuvo L. de mirar

unas flores recién nacidas. Inútil decir mi estado «místico» de ahora, mi infierno, mi ausencia, mi sufrimiento, mi fragilidad. (Carta del 21 de septiembre de 1962, p. 87)

De nuevo el deseo insatisfecho la convirtió en su propia víctima. En la oscuridad tanteaba una especie de embriaguez pero el amor nunca llegaba. El desamor mordía el polvo y su cuaderno se llenaba de páginas anodinas. «La fatalidad me persigue, ninguna tierra es mía, soy por todas partes una extranjera», escribía desconsolada.

Ya que nos hemos referido a su tratamiento y posterior problema de transferencia amorosa con la Dra. Lauret, nos parece importante señalar un episodio que no se ha podido aclarar respecto de sus posibles tratamientos durante su estadía en París. En dos ocasiones, en su diario se refiere al Hospital Sainte-Anne, el neuropsiquiátrico más importante de Francia y probablemente de Europa. En una entrada del 7 de diciembre de 1960 relata una anécdota en dicho lugar, del día anterior, acerca de un tartamudo casi afásico que entró en la oficina de informes y habló muchas horas. Lo que no aclara la autora es por qué estaba ella allí: atendiéndose, visitando a alguien...

Y lo mismo vuelve a repetirse tres años después, el 3 de enero de 1964, cuando nuevamente relata una anécdota de un paciente, relacionada también con la voz. En este caso, se trata de la supuesta imposibilidad de pronunciar una vocal, solo que no es la que el paciente le indica a la foniatra, quien lo corrige.

Por más que se trata de dos episodios aislados y en apariencia sin relación directa con la autora —aunque a continuación veremos que no es tan así—, no deja de llamarnos la atención que haya acudido al Hospital Sainte-Anne en dos ocasiones, o más, cosa que no podemos saber. Porque, resulta por lo menos intrigante su presencia allí, salvo que sea por un tratamiento personal o porque visita a alguien internado allí. Sea como fuere, nuestras investigaciones no dieron resultado, ya que cuando fuimos a Sainte-Anne a pedir algún tipo de información, nos dijeron que la institución destruye todos los papeles de los pacientes después de diez años de su muerte, y en el caso de Pizarnik ya habían pasado cincuenta. De manera que siempre nos quedará la duda acerca de su vinculación con el neuropsiquiátrico parisino y los motivos de su asistencia a él en esas dos ocasiones o más, tal vez.

En cuanto a la relación directa de los dos episodios con Alejandra, no nos parece gratuito que le hayan llamado la atención dos dificultades similares en la emisión de la voz: en un caso el tartamudeo y en el otro, la imposibilidad de pronunciar una vocal. Porque precisamente la tartamudez la persiguió durante su infancia y adolescencia, y solo pudo superarla —al menos en apariencia— adoptando esa forma de hablar peculiarísima a la que nos hemos referido antes: como una extranjera, como alguien que no maneja con fluidez el español, lo cual le confería un singular toque exótico. Pero si, hacia afuera, la superación de su tartamudez consiste en una especie de actuación dedicada al «público» que la escucha, esta singular atención a los problemas del habla señala la resonancia interior que dicho problema seguía teniendo para ella. Al igual, por otra parte, que la gordura y el asma.

Volviendo al retorno de las vacaciones de 1963, al cabo de tres semanas decepcionantes en Saint-Tropez, regresa a París. Vuelve al destierro, a un extenso proceso de ansiedades y tensiones. Cada día está más pálida, angustiada, sucia. Con veintiséis años tiene los ojos amarillos, el hígado reventado, los dientes negros de tabaco, la piel enferma. Cada alimento se detiene en la garganta. Le sobrevienen náuseas. La comida le suscita espantosas imágenes: «Pus, sangre, tierra maloliente, escombros, cuerpos desnudos, sucios y heridos» (p. 523). En el instante que mastica intenta no asfixiarse. Pasa días sin probar bocado. Toma pastillas para el insomnio, el asma, los nervios. Pierde el control. ¿Noche o día? Da igual. Se echa en el colchón y medita:

> Tú no deseas nada, si bien esto no es verdad. Desearías morir. No mueres porque el sexo te importa todavía: sufrir voluptuosamente, sufrir con un lujo inigualado, ser golpeada, fustigada, ah, tu pequeño cuerpo se anima, palpa, reconoce. Orgasmo maravilloso después de un diluvio de humillaciones e injurias. (9 de noviembre de 1962, p. 523)

Sabe una verdad decepcionante, casi ridícula: no tiene ganas de continuar, pero debe retornar al mundo de los vivos.

La «obra maestra» debe realizarse antes de sucumbir a la gran catástrofe. Durante horas y horas revisa *Árbol de Diana*; cada poema es corregido cinco, seis veces. Hay que encontrar la palabra exacta, la expresión más adecuada. Huir del verso fácil y reconciliarse con el idioma. En dos meses lo termina y se lo da a Octavio Paz para que le escriba un prólogo. Con el aval del escritor mexicano y por pedido de Murena, *Sur* lo publica en noviembre de 1962.

Pero antes de dicha oferta de Murena, como le dice a Ostrov en carta del 3 de abril de 1962, pensaba publicarlo en México y con otro título:

> No sé si le hablé de mi libro de poemas que pensaba publicar en México: *Apariciones y silencios.* Pues bien, Murena me ofreció publicarlo en Sur. Escribí a México pidiéndoles el libro y lo mandé a Sur. (p. 83)

Lo que nos permite situar mejor temporalmente el tiempo de trabajo que el libro le llevó es la carta que le escribe a Pieyre de Mandiargues en junio de 1961, donde le dice: «J'ordonne mes poèmes pour faire un livre que se publiera à Mexique».[59] (p. 21)

De estas dos referencias deducimos, asimismo, que el prólogo de Paz se hizo para la edición de *Sur*, ya que está directamente relacionado con este título.

Pero también explica la publicación, en julio de 1982, de la separata *Zona prohibida* en las Ediciones Papel de Envolver/Colección Luna Hiena de la Universidad Veracruzana, que sufrió —por ejemplo en el título— el paso de los años.

Porque si hemos de dar crédito a lo que dicen los editores en la «Ponderación de los editores» que abre la colección de poemas y dibujos, estos se encontraron con el manuscrito de la poeta

---

59. Ordeno mis poemas para hacer un libro que se publicará en México. (Trad. Cristina Piña)

adentro de un «mueble viejo como los recuerdos, prácticamente a oscuras, a la sombra de su propio devenir, entre la polilla y el traspapeleo tan comunes...».[60] Cómo llegaron allí lo explican en el párrafo siguiente, señalando que «... fueron enviados a Xalapa desde París por Octavio Paz hace cuatro lustros...», lo que lo identificaría con el *Apariciones y silencios* nombrado en la carta a Ostrov. Lo que en cambio ignoramos es de dónde salió el título elegido por los editores —o por la propia poeta en algún momento de su contacto con los poemas—, o si se trataba del título de una de las dos partes en que está estructurado el grupo de poemas: ZONA PROHIBIDA y LA DONANTE SAGRADA...

Lo que sí podemos afirmar uniendo todas estas informaciones —que no se han tenido en su integridad hasta 2012, fecha de publicación de la correspondencia con Ostrov— es que no se trata, según lo señalaba Frank Graziano en su muy cuidada antología de Pizarnik publicada en inglés,[61] de los *borradores* del que luego fuera su cuarto libro de poemas, *Árbol de Diana*.

Si bien es cierto que de los treinta y un poemas que constituyen *Zona prohibida* veinte son versiones que, en algunos casos de manera idéntica y en otros con diversos niveles de corrección, luego aparecieron en *Árbol de Diana*, hay cuatro de ellos que reaparecen recién en *Los trabajos y las noches* con los títulos «Comunicaciones», «Silencios», «Mendiga voz»

60. Alejandra Pizarnik, *Zona prohibida* (Poemas y dibujos), Xalapa, Ediciones Papel de Envolver/Colección Luna Hiena, Universidad Veracruzana, p. 5.
61. Frank Graziano, *Alejandra Pizarnik. A Profile*, Logbridge/Rhodes, Colorado, 1987 (edited and with an introduction by Frank Graziano). (Trad.: María Rosa Fort, Frank Graziano y Suzanne Jill Levine).

y «Moradas», pero sometidos —salvo en el caso del primero— a profundísimas correcciones que los convierten casi en reescrituras de los textos originales. Por otra parte, el conjunto total está estructurado en las dos partes cuyos títulos señalamos antes, que tampoco se mantuvieron en ninguno de sus libros posteriores. Por último, seis de los poemas incluidos en él nunca más fueron reeditados ni reescritos por Alejandra. Se trata de «Ha muerto la que...» (p. 20), «El martirio de beber...» (p. 27), «El martirio de beber...» (p. 28), «Mi pueblo de ángeles...» (p. 31), «Lucha feroz entre...» (p. 32) y «Un disponerse a dar...» (p. 35).

Es decir que esta edición póstuma de un libro que luego fue modificado para su edición en la editorial Sur de Buenos Aires y en cuyo original la autora no introdujo ningún cambio después de que Paz lo entregara a la editorial nos permite —al igual que los poemas franceses a los que nos referiremos a continuación— no solo recuperar poemas auténticamente inéditos, sino la posibilidad de ver cómo funcionaba el sistema de corrección y de reescritura de Alejandra; de qué manera, junto con su tendencia predominante a la condensación y la precisión en el lenguaje, aparece la opción de construir el poema expandiendo fragmentos significativos o significantes de singular peso, como puede verse en «Mendiga voz».[62]

Sin embargo, lo que nos permite percibir con más claridad el sistema de corrección y «poda» de Alejandra son los

---

62. Nos parece importante señalar la escasísima circulación que ha tenido la presente edición al menos en la Argentina. Por las informaciones que le llegaron a Cristina Piña, solo entraron dos ejemplares en el país en 1995, fecha en la cual adquirió uno de ellos.

once poemas que, en carta de abril-mayo de 1961 y bajo el título VISIONES Y SILENCIOS (Zona prohibida), le envía por carta a su gran amigo André Pieyre de Mandiargues (p. 13) y que consisten en poemas en verso y breves poemas en prosa, algunos de los cuales están en su versión definitiva que se publicará en *Árbol de Diana* mientras que otros son profundamente reescritos o directamente desaparecen.

Ante esta referencia a la mediación de Paz para la publicación de la obra de Alejandra en México, nos parece importante subrayar la admiración del escritor mexicano por la poesía de la joven escritora. En efecto, tras la publicación del libro, y cuando ya está en Nueva Delhi, Paz le escribe maravillas sobre su poesía, como lo demuestra una carta a la que tuvimos acceso gracias a la generosidad del anticuario Gotcha Gaios. Ante semejantes ponderaciones de alguien a quien la autora admiraba profundamente, como lo testimonian sus reflexiones acerca de él en sus *Diarios* y lo que escribió sobre su obra, no cabe sino asombrarse por la escasa incidencia que ellas tuvieron en su visión de su propia escritura y en su afán de dejar la poesía por la prosa, que nunca lograba escribir de manera satisfactoria, si dejamos de lado *La condesa sangrienta*. En un sentido, es como si Pizarnik, más allá de su consagración a la poesía, a partir de un momento de su vida pensara que los poemas no son lo que importa, según lo dice en la tan citada entrada de su diario: «La poesía es una introducción. 'Doy' poemas para que tengan paciencia. Para que me esperen. Para distraerlos hasta que escriba mi obra maestra en prosa» (entrada del 19 de junio de 1964, p. 367).

Centrándonos ahora en este libro capital, *Árbol de Diana*, este se caracteriza por un tono de tenuidad casi perfecta en sus treinta ocho poemas. Sin lugar a dudas, es difícil, si no ímprobo, duplicar en el discurso crítico lo que los poemas en sí mismos dicen de manera admirable, pero vamos a intentarlo.

La cadencia casi susurrada, la medida perfecta para que cada verso se equilibre sin un resquicio de disonancia respecto del anterior o del siguiente, para que en conjunto generen un clima verbal quieto y transparente —con la transparencia de ciertas imágenes iluminadas de los libros infantiles—, llega aquí a uno de sus puntos más altos. Difícilmente se encuentre otro libro —incluso dentro de la producción de Alejandra— donde el equilibrio verbal esté tan minuciosamente cuidado y donde, al mismo tiempo, las palabras tengan tanto aspecto de «recién llegadas». Porque Alejandra logra conferirle una cualidad casi impalpable al lenguaje, una resonancia a la vez ingenua y sabia que es como si suspendiera las palabras de hilos delicadísimos. Insistimos en la sensibilidad extrema a los valores emotivos, musicales y tonales de las palabras, porque cada vez que aparece un vocablo con carga «fuerte»—semántica o sonora— está infaliblemente compensado por uno o más versos que lo hacen levantar vuelo y retomar la atmósfera sonámbula o encantada que caracteriza al libro.

Creemos que un buen ejemplo de este cuidado mecanismo de compensación —que, por supuesto, *nunca* aparece como un mecanismo, sino con la espontaneidad de las palabras recién nacidas— es el poema 6 (a tal punto Alejandra ha estado alerta a ese delicado juego de valores, que ha suprimido los títulos, lo cual les da una singular continuidad a los poemas), el cual transcribimos a continuación:

> ella se desnuda
> en el paraíso de su memoria
> ella desconoce
> el feroz destino de sus visiones
> ella tiene miedo de no saber nombrar
> lo que no existe (p. 108)

Aquí, sin duda, hay una palabra de enorme peso, «feroz», que podría desequilibrar el poema, pero inmediatamente lo compensa con dos versos que es como si desrealizaran, como si cernieran esa mínima contundencia, y así el poema entra en esa zona translúcida y visionaria en la que transcurre todo el libro. Esa continuidad del tono es lo que permite que ciertos poemas —donde se roza lo siniestro o se nombra el dolor de manera directa— también se ubiquen en el punto de distanciamiento necesario respecto del sujeto poético, a fin de que no establezcan disonancia alguna y modulen, a la vez, otros registros de esta voz lúcida y leve. Creo que son buen ejemplo de dicha modulación los que transcribimos seguidamente, el 3 y el 35.

> 3
> solo la sed
> el silencio
> ningún encuentro

cuídate de mí amor mío
cuídate de la silenciosa en el desierto
de la viajera con el vaso vacío
y de la sombra de su sombra (p. 108)

35
Vida, mi vida, déjate caer, déjate doler, mi vida, déjate enlazar de fuego, de silencio ingenuo, de pie-
dras verdes en la casa de la noche, déjate caer y doler, mi vida. (p. 105)

En el primero, ese «amor mío» incorporado en la mitad del poema le da una tonalidad de ternura que diluye, en cierta forma, la amargura y la amenaza que se instalan, respectivamente, en el comienzo y el final.

En cuanto al segundo —quizás uno de los poemas más entrañables y conmovedores escritos por Alejandra—, la repetición del principio en el final y la precisa ubicación de la palabra «ingenuo» en el centro del poema, sin quitarle su contenido hondamente doloroso, lo liberan de toda connotación desesperada, transformándolo en una especie de plegaria en voz baja.

Levedad y encantamiento, voz en el preciso punto de incandescencia y de distancia para configurar una atmósfera peculiarísima donde lo más terrible levanta un vuelo de sueño y ciertas revelaciones metafísicas o subjetivas esenciales —la duplicación de la subjetividad («explicar con palabras de este mundo / que partió de mí un barco llevándome»); la relatividad que revisten, para el sujeto poético, las decisiones voluntarias y el valor especificador del espacio (alguna vez / alguna vez tal vez / me iré sin quedarme / me iré como quien se va); la soledad radical experimentada (has construido tu casa / has emplumado tus pájaros / has golpeado al viento con tus propios huesos // has terminado sola / lo que nadie comenzó); la dualidad letal que entraña todo amor —y que, como veremos, es la marca de sus sucesivas relaciones amorosas (dice no sabe del miedo de la muerte del amor / dice que tiene miedo de la muerte del amor / dice que el amor es muerte es miedo / dice que la muerte es miedo es amor / dice que no sabe)— se pronuncian desde una voz que les confiere una transparencia tan absoluta, que pasan a incorporarse como palabras propias y privilegiadas en la subjetividad del lector.

Lo más admirable de este libro es que, en lo esencial, las preguntas que desde el comienzo de su tarea creadora acuciaban a la voz poética no han variado, y sin embargo el tono ha adquirido una cualidad a la vez visionaria y despojada de todo énfasis, que las transforma en universales —cualquier lector puede identificarse con ellas y compartirlas. A la vez, las modula desde un imaginario que apela a una suerte de «sabiduría ingenua» o «infantil» en el lector, en el sentido de que puede ubicarse en una mirada de niño que «sabe» más allá de toda explicación o razonamiento por verdadera «revelación» intuitiva. Porque este libro está escrito desde aquella zona de la infancia iluminada que, desde *Las aventuras perdidas*, su poemario anterior, había comenzado a configurarse en la poesía de Alejandra —la orilla de lo intocado y puro— pero aquí, más que paisaje nombrado, se constituye en el lugar o espacio a partir del cual se habla.

Creemos que, por eso mismo, a raíz del traslado de la emisión del poema a esa zona luminosa, en este libro se suspenden la crítica y la duda radical respecto de la capacidad del lenguaje para hacerse cargo de la subjetividad. Son poemas que parecen apoyarse en una confianza «auroral» en el lenguaje, la cual los instala de lleno en esa «otra orilla», a la que luego se aludirá solo como instancia perdida y ausente. Ahora bien, el tono encantado de los poemas de ninguna manera implica que no estemos, ya, en una zona de ambiguas vecindades. Porque la voz translúcida surge de «otra orilla» ya impregnada por la carencia y la sed, de una infancia precariamente recuperada desde un aquí donde «vivimos con una mano en la garganta».

Nos hemos detenido deliberadamente en el análisis de este libro porque aparece en uno de los momentos de su biografía donde se revela con especial potencia ese desenfreno verbal, sexual y humorístico exacerbado durante su estadía en París, así como su experiencia de desolación, fragmentación de la subjetividad y, por momentos, desquiciamiento interior. Y no puede sino resultar profundamente perturbadora la confrontación entre tales experiencias extremas y la tonalidad tenue y reveladora de este libro, estableciendo quizás el contraste más violento de toda su contradictoria experiencia parisina, donde fiesta e infierno se entremezclan casi indisolublemente.

Los frutos del sufrimiento, el riesgo, el desequilibrio y el dolor no fueron, en el campo poético, poemas desbordados o excesivos en su capacidad de ruptura y rebelión, sino uno de los libros más encantados de la poesía de esos años en la Argentina, en especial cuando tomamos en cuenta el contexto de tanto desborde exterior y tanto dolor interno. Un libro cuya proximidad al silencio es llamativa, pero que, precisamente a partir de él, consigue su atmósfera maravillada.

Una vez editado *Árbol de Diana*, se intensificaron las publicaciones de poemas en *Sur, Mundo Nuevo, Zona Franca, Les Lettres Nouvelles*. Al mismo tiempo, la actividad social parece bullir, llegar al máximo. Pero, antes de terminar el año sesenta y dos, ocurre una nueva desgracia: la despiden de la revista *Cuadernos*. Le escribe a Murena pidiéndole ayuda, quien de inmediato, consternado por lo sucedido, le responde:

¡Qué macana! ¿Cómo puede haber ocurrido eso? ¿Qué quiere decir razones administrativas? ¿Es que no tienen dinero? Además, lo que me llama la atención es el hecho de que no hayan consultado con nadie de *Cuadernos* lo que pensaban hacer... Si yo estuviera allí, no sé, encontraríamos alguna solución. Desde aquí no sé qué hacer [...] acaso más adelante —si mis relaciones con Hunt [el director de la revista] marchan— yo podría hablarle de vos como ayudanta allí.[63]

Transcurren los días, todo sigue igual. Es evidente que no es fácil encontrar un nuevo empleo, sobre todo cuando algunos contactos, entre los que figuran Paz —nombrado embajador en la India— y Victoria Ocampo, están demasiado lejos.

63. Carta de Héctor Murena enviada a Pizarnik el 24 de noviembre de 1962. Pizarnik Papers, Caja 8, Carpeta 23, Biblioteca de la Universidad de Princeton.

Pero antes de proseguir con lo relativo a sus problemas de trabajo, es importante que señalemos una tarea que, desde 1961 y hasta 1963 Alejandra va a realizar y que será de fundamental importancia para la evolución de su obra futura: la escritura de poemas directamente en francés. En efecto, reunidos en un dossier fechado en 1962, los trece textos escritos alrededor de ese año aparecen como un espacio privilegiado de experimentación con el lenguaje y con la forma, que el carácter de lengua-otra del francés parece favorecer. Si este ejercicio se revela como un auténtico laboratorio de experimentación para su escritura futura, se debe a que el francés —tal vez por su prestigio de lengua de avanzada dentro del campo de la poesía desde el siglo XIX en adelante; tal vez por carecer de la carga que el propio idioma reviste para la escritora— la llevará a internarse por caminos que solo muchos años después abordará en sus textos en castellano, y que se vinculan sobre todo con el juego con el significante, la práctica del poema en prosa extenso y la autotraducción.

Lo que ante todo llama la atención es que sea el francés la primera lengua en la cual Pizarnik escribe poemas enteros donde lo central es el puro juego con el significante. Es cierto que en castellano hay un antecedente de 1959 o 1960: la primera estrofa de «y sin ira», poema que en vida de la autora se mantuvo inédito, pero que fue recogido en su *Poesía completa* (p. 337). Sin embargo, en francés tenemos dos poemas extensos, «à toi» y «Souvenir près de l'oubli», donde el tipo de juegos homofónicos en los que el sentido surge del sonido —y que tienen una sólida tradición en la literatura francesa— preludia el juego desbocado que luego caracterizará a los textos de *La bucanera de Pernambuco o Hilda la polígrafa*. Estos, que sin el antecedente de los poemas franceses aparecían como una auténtica rareza en su práctica —aunque no en la poesía argentina, que cuenta con el precedente de Oliverio Girondo—, seguirán, sin embargo, manteniendo como rasgo exclusivo sus fuertes connotaciones sexuales y sus irreverencias.

Lo que en cambio sí aparece en «à toi»—y no figuraba en su antecedente en castellano— es la progresiva conversión de lo meramente lúdico y humorístico en desgarramiento de la voz poética, a partir de un manejo del ritmo que se desliza de la cantinela infantil al jadeo y de una progresiva reducción de los juegos homofónicos y de las rimas.

El segundo aspecto que revela la productividad del francés como lengua para la creación es la práctica del poema en prosa extenso, tipo al que pertenecen los cinco textos de la segunda serie identificada, ya que solo en *Extracción de la piedra de locura* de 1968 aparecerá esta clase de poemas en su obra en castellano y con el carácter de una llamativa ruptura. En consecuencia, no puede sino sorprendernos que en fecha tan temprana como 1962-63 ya los esté escribiendo en francés, lengua en la que, además, como veremos al centrarnos en la autotraducción, parecen surgirle espontáneamente, mientras que cuando los traduce al español, tiende a dividirlo en versos.

En efecto, al detenernos en la autotraducción del segundo grupo de poemas franceses mencionado, vemos que se reitera su valor productivo, ya que se transformó en la base de una nueva poética, que tuvo en *Extracción de la piedra de locura* su primera cristalización.

Así, cuando revisamos las dos traducciones del poema que comienza «Toute la nuitj'entends le bruit de l'eau en pleurant»—Toda la noche oigo el ruido del agua llorando— y que está ubicado en la página 4 de la segunda serie de poemas, vemos, por un lado, que en concordancia con su estética de comienzos de los 60, la autora, al hacer la traducción al castellano, pone en verso libre lo que en francés escribe en forma de poema en prosa y, por el otro, que va introduciendo variantes —sobre todo condensaciones y reducciones— que, con el correr de los años y las reescrituras, se convertirán en poemas de sus dos últimos libros: «El sueño de la muerte o el lugar de los cuerpos poéticos», de *Extracción de la piedra de locura*, y «Linterna sorda», de *El infierno musical*.

Acerca de la primera transformación, de prosa a verso, esta parecería apuntar a que, mientras a Alejandra, en esos años, el poema en prosa le surge con facilidad en francés, en castellano todavía está orientada al poema en verso libre. Esto sería una nueva muestra de lo que señalábamos respecto del juego con el significante: el carácter experimental y de laboratorio de los poemas en francés, cuyos avances y modificaciones tardan varios años en consolidarse en su escritura poética en castellano.

Hecha esta referencia que nos parece fundamental para ir puntuando su evolución literaria, volvamos a los problemas laborales a los que nos estábamos refiriendo. En febrero del sesenta y tres, las diligencias de Murena surten efecto, Alejandra logra reingresar a *Cuadernos* pero esta vez como colaboradora externa. La revista le proporciona beneficios económicos pero no le otorga prestigio social, ya que en América

Latina hay una encendida polémica en torno a la Guerra Fría y la infiltración de los servicios secretos de los Estados Unidos en las fundaciones culturales y revistas literarias. *Cuadernos* y *Mundo Nuevo* están vetadas por los intelectuales de izquierda ante la sospecha de recibir fondos de la CIA. Alejandra acepta el trabajo sin remordimientos, sus preocupaciones giran en torno a pagar el alquiler y comer, según le confía a su analista: «Al diablo las ideologías. No estoy dispuesta a morirme de hambre en homenaje a los intelectuales de izquierda. Aparte de esto, envejezco y no tengo ganas de volver a Buenos Aires» (p. 85). Las posturas políticas de su entorno la dejan indiferente. El único compromiso al que se siente ligada es a la literatura y considera que el socialismo es «un nauseabundo convencionalismo».

En el transcurso del año, realizó cinco reseñas a libros y escritores muy diversos entre sí: Cortázar, Pedro Salinas, Léopold Sedar Senghor, H.A. Murena, Octavio Paz. También publicó en el periódico venezolano *La República* entrevistas a dos autores leídos y admirados: Cortázar y Marguerite Duras. En la misma carta dirigida a Ostrov le comentó: «Como mis finanzas van atrozmente mal le acabo de hacer un reportaje a Marguerite Duras que me dejó contenta pues nuestro encuentro fue opuesto al que tuve con Simone de Beauvoir, es decir que fue interesante y las dos simpatizamos». Y luego concluía: «No obstante me siento aún adolescente pero por fin cansada de jugar al personaje alejandrino» (p. 86). La máscara seguía incrustada al rostro, y su optimismo, junto con el sentido del humor, se iba perdiendo.

Sin embargo, el proceso de redactar, ordenar y entrelazar ideas la agota y surge en ella el sentimiento de estar desperdiciando las energías destinadas a la creación poética. El idioma, en su caso y según su opinión, carece de melodía, continuidad y ritmo: «Sucede que yo no siento mediante un lenguaje conceptual o poético, sino con imágenes visuales acompañadas de unas pocas palabras sueltas. O sea que escribir, en mi caso, es traducir. Otra cosa que se origina en mi carencia de lenguaje conceptual interno es la ignorancia absoluta del lenguaje hablado. Yo no hablo en un idioma argentino, uso lo poco que sé del español literario en general» (entrada del jueves 11 de abril de 1963, p. 580). En su mente cada palabra es examinada, pensada, aislada. Detrás de las frases hay autopsias y decenas de cadáveres textuales.

Alejandra descubre que no basta con mirar y comprender el mundo para acercarse a la «crítica literaria». Dedica muchas horas del día a redactar los artículos y las reseñas, pero la página es un muro infranqueable. No se da por vencida, lee varios críticos franceses (Jean Pierre Richard, François Germain), los estudia, toma notas, acumula información, aprende y reaprende a dar continuidad a las ideas, a ceñirse al lenguaje de todos, al lenguaje diurno de la prosa. Su esfuerzo se recompensa con unos cuantos francos a fin de mes. El hacer «crítica», a pesar de su lucidez y su capacidad para captar lo que otras miradas no captan, la deja exhausta, sola. El cansancio se le filtra por los poros, su malestar psíquico es leve pero notorio. «Necesito un descanso», declara, y Marie Jeanne Noirot, una amiga muy cercana de la época, con quien tiene una relación, le propone un viaje por España.

Antes de detenernos en el viaje, sin embargo, es preciso destacar que, como luego lo reconocerían los críticos que se dedicaron a su obra —pensamos especialmente en el artículo de Florinda Goldberg—,[64] tendríamos que decir que la calidad de sus reseñas y artículos críticos se relaciona con su capacidad admirable de penetrar en las palabras del otro y captar con precisión singular los rasgos propios de su lenguaje, sea para alabarlos o marcar sus falencias, como ocurre en numerosas reseñas escritas a su vuelta a Buenos Aires, sobre todo las que publica en *Zona Franca*, la revista de Juan Liscano, el gran poeta venezolano con quien intercambia cartas ya desde París, pero cuya correspondencia se volverá especialmente significativa al retornar.

Es casi ineludible recuperar las lúcidas palabras con las que introduce parte de aquella en el número homenaje de la revista dedicado a Alejandra en diciembre de 1972:

Empecé a corresponder con Alejandra Pizarnik hacia 1963. Sus cartas de letra menuda resultaban prolijas en detalles y proposiciones de colaboración en *Zona Franca*, en observaciones.

Cubrían páginas enteras en un dibujo fino y armónico. A partir de enero de este año, empezaron a llegar misivas de caligrafía alterada, después de un muy largo silencio de casi un año. Se refería a sus accidentes, dejaba entrever un inmenso desconcierto, una exasperación ante el dolor y, por primera vez, se dejaba ir a opiniones feroces, a juicios sobre personas

64. Florinda Goldberg, «Alejandra Pizarnik, the Perceptive Reader», *Árbol de Alejandra Pizarnik Reasssessed*, Fiona J. Mackintosh con Karl Posso (eds.), Gran Bretaña, Tamesis, Woodbridge, 2007, 91-109.

irónicas y crueles. Era como malacrianza y desesperación. Entre las líneas brotaba el recuerdo de los males sufridos, de una aproximación casi total a la muerte. (p. 165)

Volviendo ahora al viaje de descanso que realizan con Maric Jeanne Noirot en agosto, las dos muchachas recorrieron Biarritz, Santiago de Compostela, Santander, San Sebastián, León, El Escorial y Madrid, en un auto rojo. Alejandra era copiloto y miraba con asombro montañas, campos, animales. Miraba las caras, los montes, miraba y sabía que no quería, que no podía ser parecida a la gente de los pueblos, sus viejas vestidas de negro, campesinos, vendedores ambulantes. Por las noches bebía vino, se emborrachaba, volvía a ser la desdichada. En la carretera observaba a su amiga y pensaba lo que luego introducirá en uno de los textos recuperados en la *Prosa completa*: «Si se olvidara del volante, de los frenos. Un metro de olvido y estaremos en boca de la muerte» (p. 16). La asediaban las sombras y veía fantasmas por todas partes. Cuando llegaron a Santiago de Compostela, llovía. La impresionó la catedral con sus grandes ángeles y los dedos de los peregrinos posados sobre el mármol de la columna del Pórtico de la Gloria. La noche le reveló una iglesia de piedra bajo la atmósfera mágica de unas antorchas que se abrían paso entre la niebla. Alejandra lloraba, todo estaba tan oscuro y el mal lo llevaba adentro, era incurable. Se encerró en la habitación del hostal, el pánico la invadía: repicaban las campanas, el viento golpeaba las ventanas y se veía a sí misma durmiendo debajo de un puente totalmente ebria y abrazada a una muñeca mientras una mendiga desdentada, sifilítica, cancerosa, mentalmente comida, mordida y luego escupida, le hundía unas tenazas en la garganta y la asesinaba. Debía suicidarse pronto, prontísimo, antes de que el delirio se materializara.

Marie Jeanne no la entendía, no podía ayudarla: «Y cómo podría consolarte, dijo. ¡Como quisiera consolarte! y además repetía mon petit oiseau, t'es si douce, si enfantine, pero me cansé y anuncié mi próximo suicidio. Lo asimiló en silencio. Yo no podía más de tanto mar, tanto cielo, tanta nube, tanto árbol, tanta catedral. Quería volver a mi cuartito, a mis veinte tazas diarias de té, a mis días y noches de escribir y escribir».[65] La fiesta fue vértigo, el sexo poco satisfactorio, las voces confluían. Urgía regresar para sentir el abandono real. El viaje a los campos de Castilla se convirtió en un descenso al infierno y la vuelta a Francia, un conjunto de lamentos y quejas.

Para dolerse más, Alejandra se aísla en la soledad más sola. En la diminuta pieza, corrige una serie de prosas que llama *Escrito en España*, inspiradas en la experiencia del viaje. El texto presenta dificultades en la organización narrativa, no hay un hilo conductor pero aporta ciertos datos, de corte biográfico, de aquel recorrido en coche. La prosa le produce desaliento y se concentra en un nuevo proyecto poético que lleva por título *Visiones y silencios* que, a su regreso a Buenos Aires, lo cambiará por *Los trabajos y las noches*. En él recoge cuarenta poemas breves agrupados en tres secciones:

65. *Récits-Proses*, Pizarnik Papers, Caja 7, Carpeta 38, Biblioteca de la Universidad de Princeton.

una de amor, otra con tres poemas de tono ingenuo similar al de *Árbol de Diana* y la última con temas diversos. Pizarnik contrapone la búsqueda de la palabra y la entrega sexual. La dicha solo es posible poniendo fin al combate lingüístico. El peso de cada palabra está dado por su ubicación en el verso, y por el juego que se establece entre ellos. Hay pausas, silencios intraducibles. En la página cada frase se ubica como elemento esencial de una pintura: «... adhiero la hoja de papel a un muro y la *contemplo*; cambio palabras, suprimo versos. A veces, al suprimir una palabra, imagino otra en su lugar, pero sin saber aún su nombre. Entonces, a la espera de la deseada, hago en su vacío un dibujo que la alude» (Pizarnik, 2002: 299-300). El procedimiento ya lo había empleado en sus poemarios anteriores, pero aquí lo perfecciona. La unidad de forma y temas le dan a esta obra rasgos de madurez poética, lo cual quedará confirmado por el Primer Premio Municipal de Poesía que le concederán al libro en Buenos Aires, cuando se publique en 1965, es decir, más de un año después de que Alejandra ha vuelto de París.

Con la finalización de cada libro, surge el sentimiento de vacío. ¿Ahora qué? La inspiración es nula, el método está agotado. La pescadilla se muerde la cola. Empiezan las noches de alcohol, pastillas e insomnio. No posee las raíces de una mujer normal. Debe enfrentarse a las paredes, a la respiración. Lo más grave de todo ese asunto es que nadie comprende su necesidad de ser amada y ella, a su vez, es vulnerable a la sonrisa de cualquiera: «... mi afectividad tan extraña, tan fiel. Siempre encerrada, siempre atormentada por un rostro que la muerte me vedó para siempre, hacía tanto y tanto que estaba aislada y sola. Dos años, tal vez, y, no obstante, cuando después de uno o dos meses de silencio y encierro hablaba con algún amigo, nuestros diálogos eran de encantamiento, de mutua aceptación, aun si siempre el telón de fondo era mi suicidio».[66] Y quizás lo más notable es que está exhausta de dar vueltas sobre sí misma, quiere la caricia de una boca, el contacto de unas manos.

En las reuniones, completamente borracha, besa a hombres y mujeres indistintamente y proclama que los quiere a todos. Necesita dar amor y también recibirlo, lo necesita con urgencia: «Ayer éramos todos artistas ebrios. Nunca había asistido a tantas cuestiones fundamentales y a tantas respuestas trágicas. El joven pintor italiano me recitaba Carducci y a ratos me introducía su lengua en la oreja. Me le puse a recitar a San Juan con voz de habitante de la selva. Se quedó fascinado el itálico mozo. Y tanto que no se despegó de mí —'oh si supieras cuánto te siento!'— me decía a cada momento con sus ojos en mis ojos, deseoso de que todo su dolorido sentir se asomara a su mirada húmeda».[67]Ahogada en vino le pide al acompañante que no la deje morir. Entre balbuceos y llantos repite dos o tres veces: «siempre te quise». Es medianoche, veinticuatro de agosto de mil novecientos sesenta y tres. Suben al apartamento, hacen el amor, duermen abrazados. A la mañana siguiente, todo es un mal sueño. Está ciega, sorda, no ve ni oye. Nadie recuerda lo de ayer y es inútil que

66. *Récits-Proses*, «Dos visitas», Pizarnik Papers, Caja 7, Carpeta 38, Biblioteca de la Universidad de Princeton.
67. *Récits-Proses*, «Fiesta», Pizarnik Papers, Caja 7, Carpeta 38, Biblioteca de la Universidad de Princeton.

quieran rememorarlo porque en esa página faltan caras, el amor está perdido en ninguna memoria.

Pasan cuatro semanas desde el último affaire y odia la palabra amor. ¿A quién le corresponde descubrir lo que significan esas cuatro letras? El chico de la fiesta no desea compromisos, tampoco responsabilidades. Se ven de vez en cuando, lo cita en una tienda del centro, no puede aguantar la angustia y sin importarle la gente, le grita:

> Ahora bien, habría que saber si sos un idiota o un hijo de puta.
> Yo creo que las dos cosas. Si fueses solamente un hijo de puta
> no tratarías de conmoverme con lámparas rosadas. Esto sería
> un tema digno de elucidarse si no mediara esta circunstancia:
> estoy encinta y quiero abortar pues no quiero que mi hijo sea
> hijo de un hijo de puta aún si lo es a medias.[68]

El embarazo es parte de las dificultades, fracasos y errores de siempre. La desgracia se repite hasta la saciedad, forma una especie de «letanía» que es el motor de su existencia errada.

De todos modos, es importante que tengamos en mente que el «pintor italiano» que aparece en sus relatos semiautobiográficos tiene una existencia ficcional y nada hay que confirme esta identidad en los *Diarios* del momento.[69] Sí, la noche de borra-

---

68. *Récits-Proses*, «Sus ojillos azules», Pizarnik Papers, Caja 7, Carpeta 38, Biblioteca de la Universidad de Princeton.

69. En rigor, se trata del muchacho que entra por la ventana de su habitación en la Résidence Universitaire d'Antony en agosto-septiembre de 1960, como le cuenta a Ostrov en una carta despachada el 7 de septiembre de 1960 que ya citamos.

chera y el arrepentimiento por haber tenido ese contacto sexual, pero prácticamente nada más, lo que deja la identidad del causante del aborto, al que se le atribuye la inicial «C», en duda.

En la entrada del 22 de septiembre de ese año 1963 sus constantes temores ante los resultados de las relaciones sexuales se confirman:

Sí, estoy encinta. De pronto, la idea de no reaccionar con miedos y llantos. Hacer lo que se necesita hacer con extrema seguridad y lucidez. Esto es una nueva trampa. La de contemplarme en el fondo de la desdicha. Y, además, la condenatoria seguridad de haber tenido razón en mis miedos y presentimientos. Había en mí algo triunfal cuando L. me comunicó el resultado del análisis. (p. 620)

El tiempo transcurría, había que actuar pronto. El treinta de septiembre, Marie Jeanne la acompañó al Hôpital de la Cité Universitaire. El raspado fue rápido, según lo apunta, pero estaba bajo un shock emocional muy fuerte: «Lloré todo el día. Lloré por mí. Ahora comprendo por qué no lloré hasta hoy», dice ese mismo día (p. 623).[70] Pero con eso no basta,

70. En este momento no cabe sino preguntarnos hasta qué punto la referencia al Hospital de la Ciudad Universitaria es verdadera. Porque la Ley de Aborto —Ley Veil— se aprueba en Francia recién en 1975 y suena poco probable que Alejandra se lo hiciera allí sin problemas. Como en otros casos, no tenemos más remedio que dudar de sus palabras y suponer que, tal vez, lo que le dijo a Cristina Piña hace muchos años una amiga de Alejandra que estaba en ese momento en París no era del todo errado: que el aborto se lo tuvo que hacer con una abortera en los suburbios de París.

sino que dolorosamente tiene que incorporarlo a su experiencia, y así anota a la vez catártica y culpablemente el 3 de octubre, ya en su casa, una vez que ya ha vuelto. Porque después de tres horas en el hospital o donde sea que se le haya practicado el aborto, regresó a la pocilga, donde se encontró con la cama sin hacer, la luz encendida, un vaso semivacío, el libro de poesía en francés, la sensación de tener una bola de aire en la garganta que no terminaba de bajar. Se acostó y alimentaba la soledad con barbitúricos, a la par que reflexionaba dolorosamente sobre la experiencia:

Mientras esté así, como la puerta de una casa abandonada, abriéndome y cerrándome según lo quiera el viento. He tratado de hacer mío lo sucedido. Me he dicho, me lo dije recién: Puesto que he sufrido tanto no volveré a reincidir. Pensando después en la experiencia del sufrimiento y en lo depresivo —para mí— de mi urgencia por rotular. Puesto que he sufrido debiera comprender mejor, no caer en los errores u horrores antiguos, etc. Pero no sé qué me obliga a incluir un aborto entre las grandes experiencias del dolor. Fue un dolor físico espantoso, de acuerdo, pero ¿por qué me habrá de traer la sabiduría? No. Sabiduría, no. Lucidez. O al menos prudencia. Entiendo por ello cierta receptividad de mis propios sufrimientos; saber que sufro por culpa mía —¿por culpa mía?—. Este suceso o itinerario de un mes y medio. Sus etapas: haberme acostado con C. en perfecto estado de ebriedad. Haber esperado un mes y medio con el horror insoslayable de mi presentido embarazo (lo presentí en cuanto se me pasó la borrachera). Haber sabido que estoy encinta. Haber solucionado este esta-

do increíble (buscado cómo solucionarlo y no obstante no creyendo, no obstante haber esperado un milagro). Haber buscado y haber encontrado la manera más sórdida, la más dolorosa.
Y todo ello sola, absolutamente sola, tan sola que ni me había
dado cuenta de ello hasta que M. L.[71] me acarició y me dijo
«vous n'êtes pas si seule, moi je pense à vous», y entonces el
llanto, las horas de llanto por haber sabido que sí, que estaba
absolutamente sola pero mucho más que antes porque M. L.
me dijo cosas muy hermosas pero después no la vi más, por lo
cual me quedé doblemente sola, o tal vez solamente sola de M.
L. que ahora, de nuevo, se confunde en mí con la imagen de
una santa protectora y amparadora que se aleja y se esfuma en
la medida en que se acrecienta mi deseo de oírle de nuevo lo
que me dijo cuando yo estaba sola en general y no sola de ella
en especial. Y me pregunto si M. L. tuvo derecho a hacer lo
que hizo, a consolarme con palabras peligrosísimas por lo que
tenían de promesa y de adhesión. Porque no es un juego decirle a alguien como yo «je vous aime beaucoup» y acariciarme.
Y las otras cosas que dijo, tendiendo todas a envolverme en un
calor mágico que es el que busco toda mi vida. Por eso, desde
que me dijo todo eso, el aborto no posee más su adulta calidad
de «experiencia del dolor» sino que más bien fue una simple
caída, algo que sucedió por imprudencia infantil y que me

---

71. No hemos podido averiguar por ningún testimonio o documento quien fue M.L., de la cual sabemos solamente que fue fundamental para Alejandra, que la amó mucho y la extrañó largamente al
volver a Buenos Aires, pero tampoco hay ninguna prueba de que hayan
tenido una relación, pues por lo dicho M. L. parece ser una mujer que
no ama a las mujeres.

hizo sufrir desmesuradamente, por lo cual M. L. me acarició y me habló como a una niñita castigada por alguien muy sádico. Cuando iba a ver al médico, temblorosa y ansiosa por que el asunto estuviera ya acabado me miré en el espejo de una librería y vi la cara de mi madre en el lugar de mi cara. Llevaba un abrigo que nunca llevé en París —parecido a uno de mi madre—. En ese momento supe que yo, dentro de mí, era mi madre que corría a abortar a fin de que yo no naciera. Como si mi madre hubiera dicho: «Vos vas a hacer lo que yo no me atreví». No una vocación, una carrera, sino una ruptura, una cercenación. (pp. 634-635)

Pasó una semana del terrible suceso y la depresión se agudizó: no quería bañarse y comía a ciegas, vomitaba y volvía a comer. Todos los días usaba los mismos blue jeans harapientos, el buzo negro y las sandalias que permitían ver los calcetines rotos. El desaliño personal lo trasladó a su cuarto. Aquello era un gran vertedero que despedía un hedor insoportable. La *concièrge* estaba harta de repetirle que existía un orden, un mínimo de aseo. Hubo gritos, insultos y terminaron peleándose a muerte. Alejandra tuvo unos días para empaquetar sus trastos e irse.

La fortuna, en medio de todo, no la abandonaba por completo. Marie Jeanne la acogió en su casa y en menos de dos meses consiguió una habitación en 51, rue Rémy Dumoncel. Una vez instalada, le escribió a Ivonne Bordelois y le contó su último cambio de domicilio:

No te desconsueles por la habitación de San Suplicio, conseguí otra bella y romántica en el sexto piso de la casa de G. Serreau (secretaria de Lettres Nouvelles). Lo que sí hace es un frío de la gran…a, pero en la otra también lo hacía. (p. 95)

El paisaje no cambiaba nunca: una cama individual, una reproducción de los girasoles de Van Gogh, el suelo sin alfombra y en un rincón un lavatorio. Solo faltaban los restos de comida, las colillas en varios ceniceros y botellas vacías para que fuera imposible distinguir un cuartito del otro. ¿Cuántas veces se fue o la echaron? Lo difícil para Alejandra no era vivir sino convivir, adaptarse a un mundo lleno de reglas y convenciones.

En pocas semanas la pobreza merodea. El hecho de no tener nada la mortificaba. En la habitación, frente a la superficie luminosa de la ventana aparecían espectros fabricados en la noche: un mendigo de pelo blanco, abrigo y sombrero negros, el cadáver de una niña con el cuerpo llagado. La locura vagaba en su cabeza horas y horas. La bilis era siempre amarga, horror en estado puro. Las sombras cobraban forma a través de las lámparas, las persianas: como dice en un texto inédito:

Una noche fue tan fuerte mi temor a enloquecer, fue tan terrible, que me arrodillé y recé y pedí que no me exiliaran de este mundo que odio, que no me cegaran a lo que no quiero ver, que no me lleven adonde siempre quise ir.[72]

72. Pizarnik Papers, Caja 2, Carpeta 4, Biblioteca de la Universidad de Princeton.

Solo disminuía la angustia si tomaba analgésicos o bebía tres litros de agua por hora. El cerebro producía imágenes paralizadas, la ansiedad no cesaba, tenía náuseas y vomitaba, entonces volvía a beber agua y se hinchaba. Todo lo hacía con una tensión insoportable, con el pensamiento al otro lado del espejo. Tenía los brazos insensibles y los ojos irritados, no podía soportar la luz. Afuera llovía, las hojas cubrían las aceras y hacía frío. El refugio se había convertido en prisión y la única salida para no caer en la miseria total era pedirle dinero a la familia. Pero la ayuda era insuficiente para cubrir sus gastos: necesitaba generar otro tipo de ingresos.

A fin de año, después de pedirle a Octavio Paz que la ayudara a conseguir una beca para realizar un estudio sobre él, y obtener por respuesta «no vale la pena» en una carta a la vez halagüeña y abrumadora, comprendió que su precariedad financiera no se resolvería a corto plazo:

Lo de tu beca: desde luego, pero sin ninguna modestia, ni vanidad (y ni siquiera con amargura) no vale la pena escribir sobre mí una tesis, un estudio o un libro. Además, ese no es tu género y no debes perder el tiempo en esa clase de trabajos. Tú eres una poeta y una creadora.[73]

Leyendo la misma carta, Alejandra entendió que, si deseaba seguir escribiendo sin preocuparse por el dinero, debía reafirmar el *personaje alejandrino*. Paz continuaba:

73. Carta de Octavio Paz enviada a Pizarnik, el 22 de diciembre de 1963. Pizarnik Papers, Caja 9, Carpeta 8, Biblioteca de la Universidad de Princeton.

En cambio, sí creo que te serviría, para viajar, vivir y ver el mundo, en esa vacación larga que es una beca si no se le toma en serio. Inventa cualquier tema que pueda impresionar a los que dan las becas. Yo te ayudaré. Se me ocurre la Fundación Guggenheim. Yo tuve una de esas becas.

El afamado y reconocido escritor mexicano, que la había apadrinado escribiéndole el prólogo de *Árbol de Diana*, ahora se comprometía a conseguirle una de esas codiciadas subvenciones para *creative writing*. La opulenta beca se concretaría cuatro años después, cuando el optimismo se había terminado y el cansancio le impedía emprender grandes proyectos, mudanzas y viajes.

Cerca de Navidad, Alejandra siente nostalgia de los suyos y la embarga una honda tristeza. La resistencia a dejar Francia es enorme. En varias cartas a sus padres, les había reiterado la decisión de prolongar su estancia en Europa y solo iría con la condición de tener «pasaje de retorno en la mano»: «… en todo sentido, continuar para mí en París; más que importante es primordial y me haría un efecto catastrófico cortar bruscamente este lento crecimiento que se inició en mí desde que llegué» (p. 140).

Las razones para prolongar sus penurias e infelicidad se reducían a una sola cuestión: preservar la cuota de libertad que había alcanzado. La tierra natal era sinónimo de opresión, convenciones sociales y prohibiciones, pero irónicamente le proporcionaba los bienes materiales de los que carecía. La familia buscó por todos los medios convencerla de que regresara, pero no valieron amenazas ni súplicas. Nada surtía efecto, hasta que la madre enfermó y se operó, de lo cual Alejandra se enteró por la misma Rosa, quien se lo dijo como si no le diera ninguna importancia. Pero el amor es irracional y ella sentía un fuerte lazo de unión con sus padres imposible de romper. Mentalmente, a comienzos del sesenta y cuatro, ya se había ido de París y ansiaba regresar al *hogar burgués*.

El 2 de febrero, a pesar de que había planeado el viaje para unos días antes, el 21 de enero —como le dice por carta a André Pieyre de Mandiargues—, dejó un mundo construido sobre un terreno turbulento que ya la expulsaba más que retenerla, y emprendió el retorno a un Buenos Aires gris y mojado por la lluvia.

# 4

## *The homecoming* (La vuelta al hogar)

> *«But I'm not a serpent, I tell you»*, said
> *Alice; I'm a... I'm a...*[74]
>
> LEWIS CARROLL

Por supuesto que Buenos Aires —a pesar de que era el Buenos Aires de los años sesenta, con los aires de renovación estética y de costumbres que soplaban por la ciudad; con el Instituto Di Tella y los Beatles sonando por todas partes; con las minifaldas que empezaban a asombrar, revelando muslos petulantes desde los figurines de modas y, lentamente, a sobrevolar las piernas delgadísima, a la Twiggy, de las muchachas más osadas; con las audacias de Mary Quant y el nuevo espíritu que asomaba en el campo pictórico, literario y teatral en general—, no era París. Sobre todo, para Alejandra no lo era, porque se había acabado esa libertad absoluta de reemplazar el día por la noche y no dar cuenta a nadie de su concentración estática o de su errancia. Volver a Buenos

74. «¡Pero le digo que no soy una serpiente!», dijo Alicia; soy una... soy una... (Trad. de Cristina Piña)

Aires era, en lo fundamental, volver al «duro y árido seno familiar», el hogar burgués de Constitución y, a pesar de que seguirían visitándola sus amigos más entrañables —Olga Orozco, Ivonne Bordelois, Elizabeth Azcona Cranwell, los nuevos compañeros de aventura que fue conociendo durante estos años tan ricos en contactos sociales e intelectuales— y de que ella mantendría ciertos rituales propios —la escritura nocturna, los estimulantes para favorecer la lucidez al escribir—, en él estaba esa constante interferencia cariñosa y fatal que eran los padres, con sus propios ritmos y sus ideas acerca de lo que una muchacha de veintiocho años debería hacer.

Una amiga recuerda, por ejemplo, cómo rogaba Alejandra para que no llamara a su casa un «tipo medio insólito» que accidentalmente había conocido —y al que, bien alejandrinamente, llamaba el *monotrema*—, el cual, pese a no tener nada que ver con el mundo literario, se sentía muy atraído por ella. El drama era que, como se trataba de un muchacho judío que se mostraba muy educado cuando hablaba con Rosa, a su madre se le habían despertado todas las fantasías de un posible matrimonio para Buma y la torturaba con recomendaciones, entusiasmos e indirectas propias de su sentido común de buena *iddische momme*.

Había muchas maneras de compensar ese freno y esa interferencia que significaba la vigilante presencia paterna, sobre todo porque Alejandra había vuelto de Europa con el aura consagratoria de su maduración como poeta, representada por *Árbol de Diana* —libro que la convirtió en la voz poética más significativa de su generación—, una importante cantidad de vinculaciones internacionales y la relación con la revista y el grupo cultural *Sur*, la amistad con algunos de cuyos miembros pertenecientes al grupo «joven» le permitiría, a su vez, trabar amistad con artistas y escritores pertenecientes a otras zonas del campo intelectual argentino.

En efecto, cuando revisamos estos años de Alejandra —especialmente fecundos en su producción literaria, tanto en poesía como en prosa de ficción y ensayística—, llama la atención su contacto social con figuras de los grupos literarios más importantes y prestigiosos, muchas veces sin vinculación directa entre sí, tanto como con jóvenes poetas que empiezan progresivamente a acercarse a ella, atraídos por su producción.

Una activísima vida social y cultural que no se agotaba en sí misma, sino que estaba acompañada tanto por una productividad y un ritmo de lecturas intensísimos como por contactos personales y directos con los amigos más íntimos, entre los cuales ocupaban un lugar especial Olga Orozco e Ivonne Bordelois, quien también había vuelto a Buenos Aires. En este período irá delineándose una Alejandra que es habitué de ciertos lugares de reunión *in-e-lu-di-bles* del Buenos Aires cultural —la galería de arte ingenuo El Taller, la redacción de *Sur*, el restaurante Edelweiss, la casaquinta de Esmeralda Almonacid, la redacción de *Capítulo*, la galería Bonino, los históricos y siempre activos bares de la zona de Florida—, donde adopta diversos rostros y «personajes» que la convierten en una presencia llamativa y peculiar. Por cierto que además hay otra muchacha más secreta que, en los *tête-a-tête* con los amigos entrañables, parece despojarse de todas las máscaras —la niña ingenua y perversa, la muchacha divertida y de salidas insólitas, la pequeña Nadja que asombrada y con una flor en la mano atraviesa los lugares envuelta en un aire de sueño— y dar paso a la criatura atormentada que cada vez con más fuerza siente el llamado de la muerte y la convoca desde sus textos perturbadores y personalísimos. O a la amiga divertida que comparte aventuras literarias y sociales, según ocurre con Ivonne Bordelois, con quien no solo va a realizar dos empresas literarias importantes —la entrevista a Jorge Luis Borges para la serie de entrevistas que publica en *Zona Franca*, la revista venezolana que ya hemos nombrado, dirigida por Juan Liscano, y la traducción de poemas de Yves Bonnefoy para las ediciones Carmina, sino compartir salidas a comer, veraneos en Miramar y la corrección del original de *Los trabajos y las noches* a la que nos hemos referido antes.

Un ser contradictorio y de múltiples facetas —de las que nos iremos ocupando— y que ejerce un singular poder de seducción sobre quienes la rodean, quizá precisamente por esos contrastes entre el rostro brillante o artificialmente teatral cultivado en los lugares públicos y la voz desolada o entrañable que llama desde su escritura. O por ese desamparo perceptible en el universo de sueño que convoca a su alrededor, compensado por la eficiencia con la que cotidianamente se preocupaba de su correspondencia con el exterior, pues era consciente de la importancia que tenían esas conexiones para su carrera literaria. O de la organización de sus tareas periodístico-literarias y de traducción.

Acerca de la mencionada eficiencia, nos interesa subrayar algo que pudimos percibir, no ya en los diálogos con quienes la comprendieron y la quisieron, sino entre otros integrantes del mundo cultural. Hay muchas personas que insisten en este aspecto, al que entienden como una suerte de búsqueda del poder, la fama y los contactos, una astuta manera de vincularse y cultivar las relaciones más prestigiosas y convenientes, haciéndose amiga de los miembros de los círculos más elevados —social y culturalmente— del campo intelectual. No somos quiénes para juzgar la honestidad o deshonestidad de nadie, pero nos resulta tan pequeño, tan miserable que se reduzca a Alejandra a una esnob, desestimando el valor de su obra y la significación de su apuesta vital por la poesía, que no podemos dejar de insistir en uno de sus rasgos: así como cultivaba sus amistades y su correspondencia, también les ofrecía sus vinculaciones internacionales a quienes la rodeaban y ella valoraba, e incluso directamente se las proponía, adelantándose a cualquier pedido.

Uno de los ejemplos es el de Perla Rotzait, buena amiga de Alejandra, quien no creía que hubiera que escribir y enviar libros a personalidades del exterior para hacerse conocer y recordaba cómo Alejandra le insistía en que era importante hacerlo y le ofrecía sus direcciones. Quien actúa así no es, como afirman tantos de los que hoy señalan con desprecio esta actitud de Alejandra, una egoísta buscadora de fama. Tenía una idea clara de que la difusión de un escritor —sobre todo si se trata de un poeta— es algo que nadie se encarga de hacer en su lugar y que, si se desea trascender en los diversos países y ser traducida, hay que hacerse cargo de las propias *public relations.*

Otro claro ejemplo de esa generosidad de la autora a la hora de promocionar a sus amigos aparece en su correspondencia. Cuando recorremos las cartas que Alejandra intercambia, por ejemplo, con dos de sus corresponsales españoles —el poeta y artista plástico Antonio Beneyto, inmerso en el mundo editorial catalán, y Antonio Fernández Molina, secretario de redacción de *Papeles de Son Armadans,* la prestigiosa revista mallorquina dirigida por Camilo José Cela—, nos encontramos con la constante recomendación de otros escritores argentinos que a la autora le parecen excelentes —Olga Orozco, Enrique Molina, Silvina Ocampo, Susana Thénon—, alentando antologías y otras publicaciones que los incluyan para hacerlos conocer. Correlativamente, les pide poemas y textos a sus dos amigos españoles para publicarlos en revistas de aquí, con las que tiene relación, como es el caso de esta referencia a la revista de Ariel Canzani de la que le habla a Antonio Fernández Molina, tras la cual encontramos otra referencia cruzada, bien al estilo de su manera de promocionar a sus poetas amigos y admirados, a quienes directamente recomienda en las otras dos entradas transcriptas:

Y no menos a propósito: *tus poemas* que me enviaste —están chez Canzani, director de *Cormorán y Delfín.* Me fascinaron tus poemas y ojalá tuvieras otros semejantes para enviarme. En mi apuro por hacerlos llegar a, no los espié. ¿Puedes hacerme espía de ellos? Quiero mostrarlos a Enrique Molina (acaso pariente tuyo) y a Olga Orozco, nuestros mejores poetas no solo según mi opinión y mi preferencia sino, me permito presentirlo, según tu juicio (me baso en tus escritos y traducciones para asegurarlo). —Por otro lado, Enrique M. quiere hacer otra revista surrealista y exclusivísima, es decir, rigurosa al máximo. Es así como, a propósito de España, le hablé de Arrabal y de ti cuando aludió a los jóvenes poetas españoles «realistas» (Y por tanto desechados). (pp. 252-253)

Otro envío: algunos poemas (para que puedas elegir) de una poeta de mi generación, Susana Thénon. A mí me resulta muy buena en su estilo y por eso te envío sus poemas. (p. 264)

En cambio[75] te digo lo que solo las minorías —la secta secreta— saben en Argentina: los mejores poetas son Olga Orozco y Enrique Molina (ambos frisan la cincuentena). Enrique es huidizo, pero si quisieras publicar una antología de Olga —cómo te gustaría ilustrarlos— no tienes más que decirme. Ambos son amigos míos (son surrealistas). En suma: puesto que aludes a «nombres femeninos», te respondo que el más alto, en la poesía hispanoamericana, es el de Olga Orozco (si no es muy famosa es porque no quiere). (p. 301)

Creemos que con esto se puede dar por cerrado el tema de un supuesto arribismo por parte de Alejandra y queda per-

---

75. Se refiere a su opinión anterior sobre Marosa Di Giorgio —que Manuel Pacheco le ha recomendado a Beneyto— y que no es totalmente favorable —«1) mi simpatía por Marosa te dice que la publiques, 2) mi amor denodado por la verdadera y peligrosa poesía dice que esperes, o que la leas muy lúcidamente o que logres extraer una 'ultrantología' de sus textos» (p. 301).

fectamente clara su generosidad con los escritores que le parecen valiosos, sean de la nacionalidad que sean.

En cuanto al tema de su proximidad a los grupos prestigiosos y a su cultivo interesado de amistades, cuando confrontamos ese hipotético interés con el duradero y hondo lazo afectivo que la unía a sus supuestos «amigos por interés», la hipótesis se derrumba. Pensamos sobre todo en Enrique Pezzoni, Silvina Ocampo, Esmeralda Almonacid.

En el fondo, aquí nos enfrentamos con una contradicción básica del escritor contemporáneo, ya planteada por Baudelaire al hablar del poeta como una *prostituta* y vivida agudamente por los escritores del «arte por el arte» francés de fines del siglo XIX —Flaubert, por ejemplo; Proust, más adelante— y que los malditos pudieron eludir a raíz de esa consagración autodestructiva a su propia obra. Ocurre que el escritor europeo de ese período se desgarra entre dos opuestos: por un lado desprecia absolutamente al burgués —pues está en contra de sus valores materiales y espirituales, su ceguera artística, su conformismo, sus convenciones— pero necesita de él para vivir pues, sea por su origen social o por sus aspiraciones culturales, el artista en principio es un aristócrata del gusto y en razón de su amor por la belleza y por ciertos rituales sociales tiene que apoyarse en logros económicos. Se encuentra así con la paradoja de que su obra es una acerba crítica de los valores del mundo cuyo dinero necesita para satisfacer sus aspiraciones vitales y estéticas. Su posición, así, se vuelve profundamente ambigua, porque se convierte en la «prostituta» de esa sociedad de mercado de la que abomina, pues se ve en la obligación de vender su obra a los que tienen dinero: el mercado burgués o los pocos «mecenas» y «patrones» que en el mundo capitalista han reemplazado a los históricos mecenazgos de las familias nobles (pensemos en los Sforza o los Borgia del Renacimiento italiano). A esto se suma el deseo de que su palabra trascienda el mero círculo de los amigos, es decir que entre en ese «mercado», convirtiéndose así en «mercancía», simbólica, por cierto, pero mercancía al fin.

Lo que Baudelaire, Flaubert y Proust, entre tantos otros, vivieron en su momento, por razones de evolución económico-social se vivió en plenitud en nuestros países subdesarrollados recién a partir de la década de los sesenta del siglo XX —Borges todavía podía mantenerse al margen de esa problemática, pues además de una ideología romántica respecto del artista, como alguien cuya obra debía mantenerse al margen del mercado y el intercambio de dinero, contaba con una modesta renta familiar y luego laboral y con un lugar social—, y lo vivieron fundamentalmente los escritores o artistas que provenían de capas sociales menos favorecidas, como es el caso de Alejandra.

Desde esta perspectiva, sus modestos y sacrificados mecenas fueron sus padres, pues su tarea literaria solo le dio magros resultado económicos —cabría analizar aquí la función de mecenas culturales que cumplieron en el período revistas como *Sur* y ciertos suplementos literarios de periódicos, pero eso nos alejaría demasiado del marco de esta biografía— y apenas un breve lapso de bienestar por la obtención de la beca Guggenheim en 1968, cuyo dinero dilapidó, según los amigos.

Lo que no podían darle sus padres era ese otro mundo de riqueza cultural que sí le ofrecía su cercanía con ciertos miembros del grupo Sur —no porque carecieran de cultura, que, como hemos dicho, la tenían, sino por el mayor refinamiento del grupo—, por ejemplo, y cuya atracción es perfectamente coherente con el ideal estético al que podríamos llamar «aristocrático» que está detrás de su poesía. Porque su forma de concebir la belleza y la tarea poética no la llevaban —sobre todo después de su experiencia parisina— a la valoración de una estética «de la pobreza» o el coloquialismo —cultivada por muchos otros escritores— o de «la marginalidad». Su «marginalidad» estética era la de un Sade —marqués—, una Erzsébet Báthory —condesa—, un Lautréamont —autoconsagrado conde, si bien viviría y moriría en la miseria del poeta maldito puro—, un Proust —frecuentador fascinado del Conde de Montesquiou y de las veladas de las condesas de Chevigné y Greffulhe.

Aristocracia en el gusto y rebelión ante la sociedad burguesa; amor por la belleza y falta de dinero; rechazo «maldito»—propio de los grandes inconformistas— del trabajo. Estos rasgos sociales permiten enfocar desde otra perspectiva esa prolongación de la infancia en Alejandra y sus relaciones «imposibles» con el dinero y el trabajo, antes consideradas desde una perspectiva puramente psicoanalítica. Reinterpretar esa incapacidad de hacerse cargo de su propia vida en lo material y la ubicación de su rebeldía en el plano de las convenciones laborales, sexuales, simbólicas y de formas de vida burguesas, unidas a su fascinación por las formas aristocráticas (a las que también insidiosamente atacaba, pues irritaba a Victoria Ocampo asistiendo a sus famosos tés con sus vestimentas desprolijas y sus modales que, a partir de su adopción del papel de «niña hechizada», la liberaban de los intercambios canónicos de esa alta burguesía que la atraía por su gusto estético y la rechazaba por sus convencionalismos) y a su conciencia de la necesidad de hacerse conocer para así poder vivir de su tarea puramente literaria.

Ya que hemos nombrado a Victoria Ocampo y las «rebeliones» de Alejandra frente a sus modales aristocráticos, esto no debe engañarnos respecto del valor que la poeta le daba a su contacto con la directora de *Sur*. Sylvia Molloy, en su artículo sobre el dandismo y el humor en Alejandra, recuerda una anécdota que demuestra con toda claridad la importancia que la autora le concedía a la aprobación de Victoria.

Mi memoria de nuevo me trae un ejemplo. Estoy con Alejandra cuando suena el teléfono; llaman de *Sur* para decir que Victoria Ocampo, que había oído hablar mucho de Alejandra desde su regreso a Buenos Aires, quiere conocerla y lanza su úkase: que vaya esa misma tarde a tomar el té en San Isidro. Alejandra acepta la imperiosa convocatoria y comienza a preparar su visita. De qué le va a hablar, qué escritores franceses le va a mencionar, pero sobre todo, qué se va a poner. Planea su indumentaria como quien planea una operación estratégica o, acaso mejor, como quien escribe un texto, sopesando el efecto de sus partes: tales pantalones, tal camisa, y sobre todo, por alguna razón, mucha preocupación sobre qué medias ponerse.

De Alejandra, como de tantos *poseurs* o *poseuses* que llaman la atención desde la orilla, desde la diferencia —pienso en Norah Lange, en Louise Nevelson, en Karen Blixen, en Oscar Wilde— puede decirse, como de Beau Brummell, «el cuerpo piensa» [...]

Al día siguiente de la visita de Alejandra a Victoria Ocampo, le pegunté cómo le había ido. Le había ido bien, pese a las enormes diferencias que había entre ellas. Habían hablado de, entre otros, el poeta surrealista René Crevel. Victoria tenía puestas una «mediuzcas» muy parecidas a las suyas, agregó, y ella se había enamorado de los zapatitos abotinados de Ferragamo de Victoria. Las dos habían pasado el examen.[76]

Y si Molloy se detiene largamente en el tipo de dandismo de Alejandra, Eduardo (Teddy) Paz Leston, en un momento de su testimonio afirmaba que Alejandra era un dandi a su manera, un ser aristocrático por naturaleza —como lo es cierto tipo de artista— a pesar de que se vistiera con ropa insólita y cultivara una estridencia en los modales que divertía lo mismo que desconcertaba. Pocas afirmaciones tan acertadas como esta ya que —según lo han dicho desde Baudelaire hasta el teórico italiano Zimma— la figura del dandi es uno de los disfraces o recursos elegidos por el artista para enfrentarse con una sociedad que lo rechaza y se siente atraída por él y a la cual, a su vez, él repudia, necesita e idolatra, así como para suturar una quiebra social con el

---

76. Sylvia Molloy, «'Una torpe estatuilla de barro', Figuración de Alejandra Pizarnik», en *Taller de Letras*, nº 57, 2015, 71-79 (pp. 73-74).

mundo aristocrático al que pertenece por espíritu —y a veces por familia— pero no por situación de poder. Claro que un dandismo sin duda diferente del cultivado por un Mujica Lainez —ante quien Alejandra no tenía otra posibilidad que sentirse fascinada— a raíz de su poder económico y su extracción social, pero dandismo al fin, por más que fuera *raté*, desencajado, como en falsa escuadra. Dandismo que, como contracara —y según tan bien lo sabía Baudelaire—, dibuja la figura del *bufón* que divierte atacando y usa el humor como arma y como seducción. También la de la *prostituta* que entrega su cuerpo/su arte por dinero.

Con esta contradicción central cabe vincular las fabulaciones de Alejandra acerca de sus antecesores nobles, rusos y joyeros —si bien, como lo dijimos antes, era una fantasía elaborada entre las dos hermanas— o la versión del padre como un eximio violinista en la Rusia natal. Todo era un poco cierto y un mucho mentira, pero lo que nos importa ahora es el gesto de atribuirse una ascendencia inscripta en la aristocracia de raza o de cultura, no solo como rechazo de los padres reales —en el cual se articulan conflictos psicológicos relativos a la tramitación del complejo de Edipo de los que hemos hablado antes y el repudio del orden simbólico heredado, al que también mencionamos pero que luego retomaremos—, sino como justificación, en el orden de lo real, de una identidad cultural o de gustos adoptada a partir de su formación literaria. Nuevamente aquí nos encontramos con el «Yo es otro» de Rimbaud pero trasladado al plano de lo social.

Aquí se puede retomar la acusación de esnobismo que circula —siempre *sottovoce*— en torno de Alejandra. Separar, por un lado, sus fabulaciones y su cercanía a los círculos de poder y de prestigio intelectuales, y por el otro su preocupación por su carrera literaria, su concepción del artista y de la poesía así como del contexto socioeconómico del país (lo mismo que desgajar de ellos aspectos concretos de su conducta sexual en cuanto a la elección fluctuante de compañeros hetero y homosexuales y en lo referente a la libertad erótica que practicó ya desde París pero sobre todo hacia el final de su vida), es *no entender* a Alejandra y quedarse con un solo aspecto de su compleja personalidad y su estética también compleja. Creemos que, en tales juicios parciales, se suman la ignorancia, la incomprensión, casi la envidia; también, un deseo unilateral y simplista de hacerla encajar en un molde ideal.

Porque, casi está de más decirlo, Alejandra no era *solamente* la niña mágica y dolorida atrapada en visiones de la infancia desgarrada; la criatura perversa y casi brutal en su humor; el ser agónico acosado por fantasmas de locura, suicidio y muerte; la que sufría por no alcanzar «el» amor; la seria y sabia poeta consagrada como un sacerdote a la tarea de escribir poemas deslumbrantes; la que se sentía fea y capitalizaba esa sensación proclamando que la capacidad poética estaba en relación directa con la fealdad el escritor; la seductora nocturna y fascinante; la niñita desamparada; la empresaria de sí misma. Era todo eso y mucho más. Ante todo una persona tan contradictoria, terrible y maravillosa como puede serlo un artista de singular talento en un mundo indigente como el nuestro.

También, la que amaba reunirse con amigos en pequeñas fiestas casi infaliblemente divertidas o frívolas, pero que mantenía —como recordaban Arturo Carrera y Olga Orozco— sutiles esclusas transparentes entre sus amigos más entrañables pues era celosísima de sus amistades. Ya volveremos a eso cuando nos detengamos en ciertas relaciones específicas, pero por ahora subrayamos esa actitud de reservar en compartimentos estancos a los amigos muy queridos y admirados —como verdaderos ídolos que configuraban las presencias mágicas del mundo sobre el cual reinaba como «pequeña mendiga»—, exhibiéndolos ante los demás a manera de tesoros invalorables. Claro que, en otro sentido, estaba su lógica preferencia por el diálogo de a dos para los verdaderos contactos profundos, por lo que fragmentaba su tiempo en bares, departamentos de amigos y su propia casa para compartir las lecturas, los poemas, las angustias, los textos o el diario que iba escribiendo.

Quizás una imagen válida para entrar en la multifacética Alejandra de este período sea la que elegía para aparecer en los *vernissages* de El Taller, la primera galería de arte ingenuo inaugurada por Nini Gómez, Nini Rivero y Leonor Vasena en 1963, en 25 de Mayo casi esquina Córdoba. Allí llegaba con una túnica gris y una rosa roja en la mano «con una semisonrisa dibujada en su rostro intemporal»,[77] y circulaba como dentro de una burbuja entre los amigos, casi sin comer ni beber, teatralmente salida de alguna fantasmagoría surrealista y reduciendo al desconcierto a quienes podían pasarse horas intercambiando salidas brillantes con ella en cualquier

---

77. Raúl Vera Ocampo, «Una poesía de luces y sombras», en *Individuo y escritura*, Buenos Aires, Último Reino, 1990.

restaurante, como Manuel Mujica Lainez, y que de pronto se enfrentaban con esta aparición hechizada.

O la de la Alejandra que, al llegar con Enrique Pezzoni, Pepe Bianco y Juan José Hernández a la quinta de Esmeralda Almonacid decía, misteriosamente, que ese día *debía absolutamente* tomar sol pues esa noche saldría (y aquí siempre se creaba un clima de misterio y la inminencia de un acontecimiento maravilloso)... con un poeta que, infaliblemente, era interesantísimo, bellísimo o inteligentísimo. Y Alejandra se envolvía feliz en los velos del enigma que sabia e ingenuamente había construido ante sus amigos y al que, a lo largo de la tarde, volvería a aludir oblicuamente y con aire de conspiradora, en medio del torneo de salidas brillantes y chistes especialísimos en el que se convertían las sesiones de sol en lo de Esmeralda. Por supuesto, a nadie se le hubiera ocurrido siquiera mencionar con seriedad un poema o un cuento que estaba escribiendo, porque Bianco abominaba mezclar la diversión con las conversaciones serias sobre literatura, lo cual le parecía de una vulgaridad sin límites. Esas reuniones eran para que Alejandra, por ejemplo, encantara a todos con sus fantasiosos chismes sobre los amigos que había conocido en París, cuya vida privada reaparecía en su conversación transformada en episodios divertidísimos y disparatados que, por supuesto, todos creían a medias o a nadas. Fulano había arrastrado de los pelos a su mujer, quien luego se había vengado horriblemente y todo en una escenografía donde hasta lo posiblemente verdadero parecía salido de una escena de Fernand Combet. (O de la prosa de la mexicana Elena Garro en la novela que hemos citado antes, donde hay episodios que parecen salidos de los delirios humorísticos inventados por Alejandra a los que sus amigos se referían, solo que sin la gracia desbordante de la argentina).

Junto con estos disfraces diurnos y nocturnos estaba su vinculación estrictamente artística e intelectual con los dos grupos culturales que los integrantes de la galería y de las reuniones en casa de Esmeralda representaban: los pintores y escritores que se daban cita en El Taller—Alberto Girri, Raúl Vera Ocampo, Enrique Molina, Olga Orozco, Manuel Mujica Lainez y tantos más— y los miembros de Sur—José Bianco, Enrique Pezzoni, Juan José Hernández e Ivonne Bordelois, a quien ya conocía de París, como lo hemos señalado—, grupos que, de manera general, representaban las dos zonas expresivas que en ese momento Alejandra desarrolló: la escritura y la pintura.

Sus visitas a El Taller tuvieron como resultado una exposición conjunta de pinturas y dibujos con Mujica Lainez, en 1965, donde Manucho expuso sus famosos laberintos y Alejandra mostró sus dibujos a la Klee que conocían muchos de sus amigos por sus rituales envíos y regalos, y que había perfeccionado desde su brevísima experiencia en el taller de Batlle Planas. (Desgraciadamente, nunca pudieron volver a reunirse los trabajos que Alejandra presentó en esa ocasión, a pesar de los esfuerzos que, a lo largo de los años, hicieron diversos curadores, pero que terminaron infaliblemente en el fracaso).

En el segundo capítulo señalamos la importancia que esta dimensión plástica tenía para su concepción de la poesía. Nos referíamos a su manera de considerar el poema en su dimensión material concreta, como algo que no solo «decía» un determinado contenido, sino que también delineaba una suerte de «objeto» o de «diseño» en el espacio de la página en blanco. Dicha concepción plástica del poema, aunque nunca la llevó a ensayos al estilo concretista o caligramático, creemos que determinó tanto su relación material con las palabras como las formas eminentemente espaciales de su imaginación creadora. De ella surgirán su visión de la infancia como la «otra orilla», un paisaje o jardín originario respecto del cual se dará el nombre de «extranjera» o «pasajera» o «fugitiva», y del poema como «lugar de reunión»; también las alusiones al lenguaje como una «casa», «patria» o «cuerpo», y tantas otras espacializaciones que registra su poesía. En otro sentido, también se vincula con su percepción plástica de la tarea de corrección del poema, según lo dirá en un texto fundamental sobre su idea de la poesía, que si bien lo habría escrito en París, aparece en la antología compilada por César Magrini en 1963 y, ya en 1968, en la preparada por Héctor Yánover y Horacio Jorge Becco. El texto se titula «El poeta y su poema» y entre muchas otras afirmaciones fundamentales dice:

> … lo hago (el trabajo sobre el poema) de una manera que recuerda, tal vez, el gesto de los artistas plásticos: adhiero una hoja de papel a un muro y la *contemplo*, cambio palabras, suprimo versos. A veces al suprimir una palabra, imagino otra en su lugar, pero sin saber aún su nombre. Entonces, a la espera de la deseada, hago en su vacío *un dibujo que la alude*. Y este dibujo es como una llamada ritual. (Agrego que mi afi-

ción al silencio me lleva a unir en espíritu la poesía con la pintura; de allí que donde otros dirían instante privilegiado yo hable de *espacio privilegiado*).[78]

(La bastardilla es nuestra).

Esta práctica será la que, a partir de un momento, ya en Buenos Aires, la lleve a utilizar directamente un pizarrón donde anotarlos para «contemplarlos» como si fueran cuadros.[79]

Al respecto, tiene singular valor el testimonio de Aurora Alonso, quien en su pizarrón pudo ver el tipo de trabajo que hacía con las palabras: sustituciones, su procedimiento predilecto. No se trataba de jugar metafóricamente con las palabras sino de dejar que a través de las sustituciones derivara el sentido: una palabra tachada y otra más precisa al lado y otra que cambiaba el sentido y varias más que nacían de esa. Y también dibujitos iguales a los de la época del secundario, que eran como los de García Lorca.

Asimismo, esto seguramente será lo que determine su concepción del poema en prosa, forma que, como podemos ver en su diario, se propuso estudiar a partir del 1º de junio de 1966 y a la que seguirá refiriéndose y dedicándole reflexiones a lo

78. *Antología consultada de la joven poesía argentina* [Edición de Héctor Yánover], Buenos Aires, Compañía General Fabril Editora, 1968, pp. 67-68.

79. A esta relación espacial entre poema y cuadro, debemos agregarle los casos de écfrasis —representación verbal de una representación visual— que se dan desde *Árbol de Diana*, en caso concreto de los poemas 24, 25 y 26 que nos remiten a un dibujo de Wols, una exposición de Goya y un dibujo de Klee, pero que, como veremos, alcanzan un desarrollo singular precisamente en *Extracción de la piedra de locura*.

largo de todo ese año y tiempo después. Lo que nos interesa en la entrada que mencionamos es la importancia que le concede al espacio en blanco en su descripción de los diferentes tipos de poemas en prosa, como una forma de establecer límites y mantener la economía del lenguaje, como lo podemos ver en la siguiente entrada:

> Deseo estudiar muy seriamente el poema en prosa. No comprendo por qué elegí esta forma. Se impuso. Además, está en mí desde mi libro primero. Nunca leí nada al respecto.
> Poemas en prosa abiertos (con silencios) y cerrados, compactos y casi sin puntos y aparte.
> Poemas en prosa muy breves, breves como aforismos (Rimbaud, *Phrases*)
> Leer alguna vez —o estudiar más que leer— los de Char, Éluard, Ungaretti, Michaux, Eliot (por Jiménez), Octavio (?). Borges (?). Libros de Chumacel, de los Muertos. (p. 745)

Lo llamativo de estas palabras es, como lo dice al comienzo, que siempre ha practicado esta forma, pero solo en ese momento reflexiona sobre ella. Porque más allá de su presencia desde el comienzo de su obra, *Extracción de la piedra de locura*, libro publicado ese mismo año pero que incluye textos escritos entre 1962 y 1967, como advertimos al detenernos en la fecha que tiene cada una de las cuatro partes del libro: parte I (1966); II (1963); III (1962) y IV (1964), representa una experimentación inédita en la escritura del poema en prosa. En efecto, yendo más allá de su producción anterior —en la que el poema en prosa tendía a ser compacto y más bien breve— aquí, además de estos, aparecen dos tipos de poemas muy largos, más que cualquiera que hubiera escrito antes o escribiría después —nos referimos a los tres poemas que cierran el libro, de 1964. De ellos uno es «abierto»,[80] el otro tiene una forma intermedia entre el abierto y el cerrado,[81] y el que finaliza el libro es totalmente cerrado.[82] A estos debemos agregarles los «breves como aforismos», que aparecen enhebrados en serie, según es el caso de «Caminos del espejo» de 1962.

Volvamos ahora a sus vinculaciones de la época con el mundo social y cultural del momento, pero antes de hacerlo señalemos que en medio de esta vida llena de contactos con intelectuales de las más variadas y prestigiosas zonas del campo intelectual argentino y del ahondamiento en su papel de poeta maldita —en el cual nos centraremos más adelante para enfocarlo en todos sus aspectos—, en un momento piensa en trabajar, lo cual da pie para un episodio que, considerado desde la actualidad, resulta directamente desopilante para quienes conocemos su vida y su destino. Porque —no sabemos a instancias de quién pero sin duda por sus sólidas conexiones en muy diversos ámbitos— le envía una carta al poeta, historiador, crítico de arte y folklorista León Benarós pidiéndole que la ayude en el plano laboral. Benarós la cita y, como Alejandra va vestida con un estrambótico sobretodo —bien a su estilo transgresor—, él de entrada le insiste en que debe vestirse bien pues de ninguna manera con ese aspec-

80. Se trata de «Extracción de la piedra de locura».
81. «El sueño de la muerte o el lugar de los cuerpos poéticos».
82. «Noche compartida en el recuerdo de una huida».

to la tomarían en el trabajo que ha pensado para ella. Como domina bien el francés, Benarós consideró que podría trabajar en la línea aérea Air France para recibir a los pasajeros y actuar como rostro de la empresa.

Aparentemente Alejandra se entusiasmó, al punto que le pidió una carta de recomendación a Victoria Ocampo, pero cuando Benarós combinó una entrevista, nunca apareció...

A través de la revista *Sur*, Alejandra se acercó a intelectuales y artistas que fueron sus amigos el resto de su vida, tuvo acceso a ciertas personalidades internacionales llegadas en esa época a Buenos Aires —el poeta alemán Hans Magnus Enzensberger, el soviético Evgeni Evtuchenko—, y escribió reseñas y artículos literarios donde no solo se manifiesta su saber sobre la literatura, sino que además se va afinando su prosa, forma en la que literariamente escribirá el hermosísimo, inquietante y decisivo texto sobre la condesa Báthory.

A través de *Sur*, sobre todo, conoce a Silvina Ocampo, con quien la unirá una fuerte y singular relación, que mantiene su tensión excepcional hasta el final de la vida de Alejandra, como lo testimonia, por un lado, la última carta que le dirige, en enero de 1972, y por el otro, la presencia de Silvina hasta casi sus últimos días de vida en el diario de Alejandra. En efecto, como figura en la libreta inédita que recoge las entradas del diario de 1971 y 1972, la última vez que la visita, en junio de 1972, todavía está viva la atracción y el amor por la escritora mayor:

18 de junio-domingo
Visita a Silvina. Adorable, inalcanzable. La toqué y la besé demasiado. Sin duda la asusté. Estuvo muy cordial pero, por sup., ni asomos de enamoramiento. Parecía sentir mi sufrimiento.[83]

Si a través del artículo sobre la antología de cuentos de Silvina, titulado *Dominios ilícitos* y dedicado a la antología *El pecado mortal* publicada por el Centro Editor de América Latina, queda clara la admiración literaria que une a Alejandra con esa especie de «modelo»que es Silvina para ella —tanto en el sentido literario como por el mundo de refinamiento del que proviene—, cuando nos enfrentamos con las cartas que le envió, queda clara la fascinación que esa singular y compleja figura ejerció sobre la poeta joven. En efecto, las quince misivas que Pizarnik envió a Ocampo[84] junto a los poemas dedicados a ella: «… Al alba venid…» (p. 443) y «A un poema acerca del agua, de Silvina Ocampo» (p. 356); a «Helioglobo —32—», texto de «La bucanera de Pernambuco» que les dedicó a Silvina y Adolfo Bioy Casares[85] además de ser el testimonio palmario de una amistad que, como dice Bordelois, «… rápidamente asciende a pasión y se enciende en ella»

83. Papeles Pizarnik, Biblioteca de la Universidad de Princeton, Departamento de Libros Raros y Ediciones Especiales, Departamento de Manuscritos, Caja 3, Carpeta 1 [Diario 1971-72].
84. Recuperadas gracias a la invalorable *Correspondencia Pizarnik* que publicó su amiga, la escritora y lingüista Ivonne Bordelois y que luego se incluiría en la *Nueva correspondencia Pizarnik* cuya edición Cristina Piña tuvo el honor de compartir con ella.
85. Alejandra Pizarnik, *Prosa completa* [Edición de Ana Becciu], Barcelona, Lumen, 2001, pp. 96-99. Todas las prosas que se citen remiten a esta edición, salvo indicación explícita.

(Bordelois, 1998: 190), son prueba del reconocimiento y la deslumbrada admiración literaria que sintió la joven poeta por la escritora consagrada. Ambos aspectos, conjugados, delinean una actitud de auténtico encantamiento enamorado que, sin embargo, no encuentra respuesta equivalente en su destinataria, al menos en lo único a lo que nos es posible remitirnos —la escritura—, una vez que ha pasado el tiempo y están muertos tanto las protagonistas como varios testigos concretos de su relación.

Confrontemos, si no, algunas de las palabras tan conmovidas y conmovedoras que Alejandra le dedica en sus cartas —elegimos la más ferviente de todas, del 31 de enero de 1972, con el silencio de Silvina:

B. A. 31/1/72

Ma très chère,[86]

tristísimo día en que te telefoneé para no escuchar sino voces espúreas, indignas, originarias de criaturas que los hacedores de golems hacían frente a los espejos (cf. von Arnim).

Pero vos, mi amor, no me desmemories. Vos sabés cuánto y sobre todo <u>sufro</u>. Acaso las dos sepamos que te estoy buscando. Sea como fuere, aquí hay un bosque musical para dos niñas fieles: S. y A.

Escribime, la muy querida. Necesito de la bella certidumbre de <u>tu estar aquí, ici-bas pourtant</u>.[87] [...] Sylvette, no es una calentura, es un reconocimiento infinito de que sos maravillosa,

86. Mi muy querida.
87. Aquí abajo, sin embargo.

genial y adorable. Haceme un lugarcito en vos, no te molestaré. Pero te quiero, oh no imaginás cómo me estremezco al recordar tus manos (que jamás volveré a tocar si no te complace puesto que ya ves que lo sexual es un «tercero» por añadidura. (p. 205-206)

En cuanto a Silvina, podemos recorrer su obra entera y sus escasas entrevistas, así como sus cartas en los papeles de José Bianco, Manuel Mujica Lainez, Angélica Ocampo, Alberto Girri y Elena Garro que solo encontraremos dos mínimas referencias conjeturales a Pizarnik en sendas cartas a «Manucho» y Alberto Girri —ya que solo se menciona a una «Alejandra» sin especificación de apellido. También, la posible continuación de su diálogo con Pizarnik en torno de las grandes obsesiones de esta en el relato «El miedo»,[88] que comienza con el tradicional saludo epistolar «Querida Alejandra». Ningún comentario directo, sin embargo, ninguna dedicatoria, ninguna carta.

Los motivos de esa fascinación quedan claros con solo leer el mencionado estudio sobre los cuentos de Silvina, ya que advertimos que las zonas de imantación imaginaria de ambas escritoras son similares: la infancia, la muerte, la fiesta, el erotismo. En efecto, en los relatos de Silvina, dichas zonas o «dominios ilícitos» se interrelacionan, creando un mundo perverso y seductor donde el humor surge —como quería Bataille— de la irrupción de lo desconocido y de la

---

88. Silvina Ocampo, «El miedo», en *Cornelia frente al espejo*, Barcelona, Tusquets, 1988, pp. 167-170.

instauración de lo siniestro. Un humor que, si bien tiene un costado eminentemente verbal, emerge sobre todo del peculiar descentramiento de la mirada que practica la autora, ubicándola siempre en la perspectiva de los niños perversos que protagonizan sus historias, cumpliendo sus «fiestas» de muerte y erotismo como venganza o rebelión contra el mundo de los adultos.

Semejante mundo simbólico era un universo gemelo al de Alejandra que, con sus gestos, su rostro y su comportamiento infantiles divertía y escandalizaba con fruición a sus interlocutores a fuerza de juegos verbales y chistes obscenos, o la que «jugaba» con esa presencia central que era la muerte y que se va haciendo cada vez más presente en su escritura a partir de *Los trabajos y las noches*.

Pero no solo fueron esos rasgos los que convirtieron a Silvina en una presencia fundamental para Alejandra, sino que ambas practicaban el mismo tipo de humor verbal. Idénticos eran sus juegos y variaciones con las palabras para descubrir resonancias ya sexuales, ya delirantes en los vocablos en apariencia más inocentes. Aunque, a veces, ni siquiera era preciso deformar palabras. Un amigo recuerda una llamada de Alejandra a la madrugada en la que, simplemente a fuerza de modular la voz, de hacer jugar entonaciones y matices verbales y fragmentar palabras, convirtió la lectura de los ilustres nombres que formaban el consejo de redacción de *Sur* en un discurso cargado de desopilante obscenidad.

En ese plano que a tal punto compartían, Alejandra y Silvina eran como dos niñitas perversas trenzadas en un juego constante de risas y crueldad, de seducción y escamoteo, de complicidad encantada. El acento de la fascinación estaba del lado de Alejandra, para quien Silvina era uno de los ídolos cuya amistad exhibía delante de los amigos más jóvenes, como uno de los bienes más preciados de su reino.

Si bien se veían y se visitaban, la relación utilizaba la mediación del teléfono como factor de escamoteo y como fetiche central. Y en esas conversaciones se leían mutuamente textos, se reían a costa de sí mismas y de los demás, jugaban a ser crueles entre sí. A veces, en el período de mayor frecuentación, en el que adoraban molestarse por teléfono, una de ellas se limitaba a respirar del otro lado del auricular. Pero el mensaje igual llegaba. O se dedicaban refinadas crueldades: Silvina la llamaba a Alejandra a las cinco de la mañana para decirle con su voz cascada —que Alejandra imitaba a la perfección—: «Te llamo para despedirme. Me voy a París». O Alejandra la parodiaba, burlándose de su voz «de cabra», como le gustaba decir.[89]

Pero inmediatamente después se cruzaban pequeños homenajes: una torta de chocolate o un inmenso frasco de dulce de leche llegaba a lo de Alejandra; Silvina recibía alguna de las caritas dibujadas o los collages de su Alicia gemela, en las que Alejandra daba vía suelta a su enamoramiento persis-

---

89. Al respecto, vale la pena recordar la anécdota que le contó Arturo Carrera a Patricia Venti relativa a su abuela siciliana, con quien Alejandra había hecho muy buenas migas. A tal punto que la señora empezó a fumar a los ochenta años porque Alejandra le envió una caja de madera con cigarrillos rosas y pitillos dorados. Un día Silvina llamó por teléfono a casa de Arturo y la atendió su abuela que luego comentó: «*Stamattina ha telefonato una vecchia con voce di pecora*», palabras que la hacían llorar de risa a Alejandra.

tente y no retribuido. O se peleaban y se ofendían, reviviendo cada vez el juego de la seducción, la crueldad y la fiesta.

En ese sube-y-baja constante que fue la relación de ambas —sobre todo del lado de Alejandra— hay momentos en que se revela de manera singular la mezcla de atracción y desconfianza que Silvina ejercía sobre ella. Elegimos dos por su significación y su vinculación. El primero es a fines de 1969, cuando a raíz de unos malestares físicos y una incapacidad de escribir Alejandra teme que alguien esté practicando magia negra contra ella. Si bien primero piensa tangencialmente en Elizabeth Azcona Cranwell, por la envidia que Alejandra supone que le tiene, a continuación se centra en Silvina, porque no sabe exactamente qué le inspira a la mujer mayor (esa inseguridad irreprimible de Alejandra ante las personas a las que ama), lo que la lleva a razonar así:

Desde ayer pienso en cosas estúpidas. Por ej.: alguien ejercitaría la magia negra en contra de mí. [...] No olvido la envidia increíble que inspiro en Elizabeth. ¿Y en S., qué inspiro? Puede ser que me quiera pero pienso que si yo me muriese no podría ocultar un movimiento de satisfacción. Y acaso sea ella quien me desea todos los males. ¿Por qué no podría ser ella? Por otra parte, con ella me muestro fantasiosa, y eso no ha de gustarle demasiado. (28 de agosto, 1969, p. 897)

Pero también se revela ese desafuero que marca todas sus relaciones: el paso súbito de los extremos del amor al rechazo, de la confianza a la sospecha de lo siniestro. Y algo similar ocurre a principios de 1970, cuando tras una pelea de la que, por los escasos datos que da Alejandra, tuvieron la culpa las dos o tal vez principalmente la poeta, estalla el temor infundado ante la posible represalia de la narradora:

S. puede hacerme un daño enorme. No pensar en esto. Otra cosa: la angustia de S., su histeria, algo le pasó, que no tiene que ver conmigo. (Pensar que he sentido *deseos* ante esa revieja histérica que solo sirve para hacer mal —insecto dañino, bruja mediocre. (p. 924)

Si todo esto le daba su coloración melodramática al enamoramiento, las cosas cambiaban y eran más divertidas cuando salía de la relación estrictamente personal entre las dos y había terceros, frente a quienes Alejandra levantaba el tinglado de sus juegos, y así los episodios eran constantemente reelaborados en conversaciones de donde Silvina entraba y salía como una presencia imantada.

Con quien también el intercambio pasaba primordialmente por el humor —solo que un humor con otras connotaciones en razón de su personalidad— era con Mujica Lainez. Con el escritor, más allá de sus encuentros en El Taller, compartían comidas en el Edelweiss o en el grill de Maipú entre Corrientes y Lavalle, donde en esa época iban a menudo los escritores. Podían ser de la partida Eduardo (Teddy) Paz Leston, Oscar Hermes Villordo, Billy Whitelow y Juan José Hernández, y volaban las bromas, las referencias con doble sentido, los chismes con ese filo acerado, impertinente y genial que todo adquiría en boca de Manucho. También, la levedad esnob de su dandismo hiperculto y aristocrático, que en esa época se exhibía en espléndidos atuendos, capas, profusión de anillos y terciopelos renacentistas, que Manucho paseaba por una Buenos Aires escandalizada y encantada a la vez. O todo podía resolverse en alguna *boutade* de Alejandra, como cuando, en el Edelweiss, deslumbrada ante la auténtica camiseta de gondolero que lucía Villordo, recién llegado de un viaje a Venecia, respondió al gesto principesco de Oscar —quien se la sacó para regalársela— poniéndosela y usándola toda la noche —y muchas noches más— pues la divertía que subrayara su aspecto de muchachito.

Pero no solo el humor los unía, sino que Alejandra admiraba la prosa y el gusto literario de Manucho, como lo deja ver su respeto ante la buena opinión que tiene de la prosa de *La condesa sangrienta*, como se revela en una entrada de su diario del 23 de mayo de 1966:

> El artículo de la condesa debiera de servirme, principalmente, para no desconfiar de mi prosa. Hasta Mujica Lainez lo elogió, entre otras cosas, por estar 'tan bien escrito'». (p. 742)

Esto, sin embargo, no implica que considere su obra del más alto nivel, como le confía a Pieyre de Mandiargues en una carta de septiembre de 1964, donde tras recomendarle que lea *Bomarzo* pues le parece que le gustará. Pero «Si le livre ne vous plaît pas, tan pis pour M.M.L. que este très sympathique mais, je crois, un peu médiocre».[90] (p. 53)

---

90. Si el libro no le gusta, tanto peor para M. M. L. que es muy simpático pero, me parece, un poco mediocre. (Trad. de Cristina Piña)

Por supuesto que no todo se agotaba en esas noches de disfraces, humor, alcohol y entusiasmo, o en las compartidas con Olga Orozco, Enrique Molina, los Girondo e Ivonne Bordelois: entre 1964 y 1965 estuvieron la composición y la obsesiva corrección de los originales de *Los trabajos y las noches*, que apareció en junio de 1965 con el sello de Editorial Sudamericana y que hizo junto con Ivonne.

Y aquí, como con más claridad aún ocurriría en su siguiente libro, *Extracción de la piedra de locura*, no había el menor rastro de esa fiesta exterior casi cotidianamente reeditada, sino por el contrario, una inquietante presencia de la muerte que contrastaba con la atmósfera encantada de su libro anterior, donde, si bien no estaba ausente, su rostro funesto tenía una modulación menos siniestra.

En varias ocasiones hemos aludido al poema que da título al libro y que tiene una significación capital como punto concreto de inscripción, en la escritura, de su opción por la poesía como instancia absoluta de realización y único «lugar de reunión» posible. Pero no es solo este el rasgo importante del libro.

En un sentido, *Los trabajos y las noches* continúa desarrollando el espacio poético construido en *Árbol de Diana*: una zona iluminada donde las palabras adquieren una potencialidad significativa casi inagotable. Sin embargo, algo ha cambiado o ha madurado hacia la zona de la muerte. En efecto, aquí el sujeto poético habla desde un lugar perturbadoramente contiguo a la carencia, la muerte y la pérdida.

Por ejemplo, si nos detenemos en los poemas amorosos —que constituyen toda la primera parte del libro—, advertimos que a pesar de que el amor aparece como instancia de

unidad y plenitud, y la fusión de los amantes se evoca en
metáforas de conmovedora belleza —«una flor / no lejos de
la noche / mi cuerpo mudo / se abre / a la delicada urgencia
del rocío» («Amantes», p. 159)—, está asimismo asimilado a
la experiencia de la muerte, según puede verse en el comienzo de «Revelaciones»:

> En la noche a tu lado
> las palabras son claves, son llaves.
> El deseo de morir es rey. (p. 156)

Este doble fondo, entonces, le confiere una duplicidad inquietante a esa instancia unitiva —asimilada por Octavio
Paz a la vivencia de unidad que ofrece la poesía como lo
desarrollaría de manera deslumbrante en *La llama doble*—,
cualidad que se repite en varios poemas de similar temática. Pero, en muchos otros textos, el amor se nombra como
lo perdido y se evoca al amado no solo como «quien alum-
bra», sino como quien, a partir de la ausencia, une en sí
las instancias negativas del silencio, la soledad, la noche
y la sed:

ENCUENTRO

> Alguien entra en el silencio y me abandona.
> Ahora la soledad no está sola.
> Tú hablas como la noche.
> Te anuncias como la sed. (p. 163)

También, con ese tono de endecha encantada —pero cuya armonía se quiebra a partir de un profundo dolor— se traza su ausencia:

NOMBRARTE

No el poema de tu ausencia,
solo un dibujo, una grieta en un muro,
algo en el viento, un sabor amargo. (p. 169)

Dentro de este contexto de evocación luminosa del amor que alterna con la alusión a su doble rostro de pérdida y ausencia, el viraje marcado por el poema «Los trabajos y las noches» adquiere una significación mucho más rica y dolorida.

Cuando Alejandra dice:

para reconocer en la sed mi emblema
para significar el único sueño
para no sustentarme nunca de nuevo en el amor

he sido toda ofrenda
un puro errar
de loba en el bosque
en la noche de los cuerpos

para decir la palabra inocente (p. 171)

creemos que se produce una inscripción decisiva de su concepción trascendental de la experiencia poética. Porque aquí se enuncia de manera explícita la elección de la poesía —la palabra inocente— como único sustento del ser. Estamos ante la formulación de un verdadero «programa»: trasladar la propia sustancia ontológica de lo vital al acto mismo de poetizar. Y la opción, en un nivel, pasa por la certeza respecto de la imposibilidad de convertir el amor en el reino de la plenitud, donde se suture la falta-de-ser. Al no hallarlo allí, se opta por el emblema de la sed, y la subjetividad se condena a la errancia por el «bosque», ese laberinto interior donde se duplicarán las voces del yo y de donde habrá de surgir la palabra inocente, al investir el lenguaje con la propia vida. También, como contracara, esa errancia lleva a la «noche de los cuerpos»—cuerpos poéticos o concretos— a manera de suplemento del amor, cosa que ya ha probado en sus múltiples experiencias sexuales en París.

En el capítulo anterior nos habíamos referido a la dura experiencia que significó para Alejandra la muerte de Jorge Gaitán Durán y no resulta extraña esta opción si la relacionamos con esa muerte. Si en efecto el proyecto vital compartido fue tan fuerte como para entrañar la posibilidad de una vida juntos, que esta naufragara de forma tan trágica no parece dejar otra opción que elegir lo poético como alternativa para el amor imposible.

En otro sentido, optar por esto es insertarse definitivamente en la orilla de la muerte, de allí que la segunda parte del libro construya algunas de las visiones más bellas del reino infantil perdido. Y en esa infancia, música y silencio aparecen como instancias positivas y reversibles, en la medida en que son contrarias a esa «conversación constante» y vacua heredada del mundo paterno y a la que se referirá en diversos momentos de su diario, por ejemplo, en esta entrada del 25 de julio de 1965:

> En mi infancia hablaba mucho. En fin, es lo que creo recordar. Mis padres hablaban mucho. Sí, había una imposibilidad de quedarse en silencio. Y esto lo heredé. Por eso, a pesar de todo, París me ofrecía esa no obligación de hablar. Pero sería hermoso. (pp. 726-727)

Así, como la palabra heredada es un ámbito inhabitable, se opta por el silencio para refundar la memoria de la niñez; pero en ella, y esto es lo inquietante, también se inscribe la muerte. Solo que se trata de una muerte que todavía no es el personaje que acechará, con máscaras atroces, en la tercera parte del libro. Porque —y nuevamente volvemos a la dialéctica fatal que señalamos, desde el primer libro, en relación con la naturaleza profunda de la palabra— entregarse al lenguaje es, por salvadora que parezca la poesía, a la vez entregarse a la muerte, en razón de esa imposibilidad radical que tiene el lenguaje de asumir en plenitud la subjetividad y por el asesinato de las cosas concretas que realiza desde el momento en que las nombra.

Esta doble perspectiva respecto del lenguaje —salvación y muerte— lleva a que también se duplique el sentido del silencio, el cual, mientras en el mundo de la infancia aparece como equivalente de la música, en la orilla degradada del ser se revela como dimensión de la muerte. Es el lugar donde están «los funestos, los dueños del silencio», «los amordazados grismente en el alba», frente a los cuales se «canta» o poetiza como defensa de la subjetividad.

De igual manera, la noche, ámbito sacralizado por ser espacio de la poesía, se convierte en el escenario de la lucha con el «silencio funesto».

En esta realidad enloquecedoramente duplicada, donde no parece haber sino amparos precarios, no es extraño que la experiencia central sea la de una pérdida, expresada en los dos versos que cierran el libro: «En mi mirada lo he perdido todo. / Es tan lejos pedir. Tan cerca saber que no hay» (p. 206). Desolación, entonces, orfandad, conciencia de ser un «ángel harapiento», a tal punto desposeído que la voz poética se identifica directamente con la muerte en el poema quizá más logrado del libro:

SILENCIOS

La muerte siempre al lado.
Escucho su decir.
Solo me oigo. (p. 188)

Es decir que, al margen de la perfección estética, *Los trabajos y las noches* es un libro capital pues en él la subjetividad poética asume la decisión de convertir a la poesía en su *morada*. Solo que esta decisión lleva a que se agudicen la división del yo y el enfrentamiento con la muerte, la cual irá asumiendo inquietantes y seductoras máscaras poéticas.

Este carácter de excepcional calidad del libro, no se le escapó —felizmente— al mundo cultural argentino y así, en 1966 se le concedió a Alejandra el primer Premio Municipal de Poesía, lo cual significó el reconocimiento institucional de su valor como escritora. Y tanto como fue una fiesta la presentación del libro en 1965 —a cargo de Olga Orozco, quien dijo bellísimas palabras, y que se realizó en la galería Bonino—, más aún lo fue el agasajo que le organizaron sus amigos en noviembre de 1966 en la parte trasera del Edelweiss cuando se le otorgó el premio —si los lugares hablaran, ¿qué maravillas no contarían los cafés y restaurantes que han sido el refugio de nuestros artistas?—. Todos sus amigos más cercanos estaban allí: Manucho, Olga Orozco, Enrique Molina, Norah Lange, Oliverio Girondo, Oscar Hermes Villordo, Carlos Latorre, Juana Ciesler, entre otros, y Manucho le regaló uno de sus inefables poemas burlescos, para los que sacaba a relucir una prodigiosa y mítica capacidad de rimador que disfrutaba desplegando en cualquier ocasión propicia. Decía así:

> Como el buzo en su escafandra
> y el maniático en su tic
> me refugio en ti Alejandra
> Pizarnik.
>
> ¡Oh, tú, ligera balandra.
> oh literario pic-nic,
> con tu aire de salamandra
> modelada por Lalique!
> ¡Oh Alejandra,
> oh mi Casandra
> chic!

Y seguramente Olga cantó alguno de sus también míticos tangos, que no solo literalmente fascinaban a Alejandra, sino que la llevaban al cielo del orgullo cuando se los dedicaba. (Arturo Carrera recuerda que, cuando finalmente logró que Alejandra le presentara a Olga —tras años de hablarle de ella como del ser más mágico y extraordinario de la tierra, su amiga-madre, la poeta que más valoraba, y años de escamoteársela como el niño que habla de sus tesoros personales ante los amigos pero se niega a desplegarlos ante sus ojos—, lo primero que hizo fue pedirle que cantara un tango. Y Olga lo hizo, ocultando su rostro detrás de una máscara, para que la magia fuera total y Alicia/Alejandra deslumbrara a su joven y maravillado amigo).

Pero ni del libro ni del premio ni del festejo aparece una sola referencia en el diario: como su lectura nos lo repite una y otra vez, prácticamente ningún momento de alegría o de logro poético interrumpe sus constantes buceos en la interioridad, su casi descuartizamiento de las relaciones amorosas o sexuales sucesivas —sea con hombres o con mujeres—, su reflexión constante sobre la práctica de la escritura y su acoso a los fantasmas del pasado, en primer lugar los de la infancia.

Pero antes de ese festejo y esa felicidad, estuvo la escritura de su primer texto de creación en prosa importante, *La condesa sangrienta*, que Alejandra publicó en 1965 en la revista mexicana *Diálogos* y del que habla incansablemente en el diario. Ya nos hemos referido antes a su atracción por el personaje recreado por Valentine Penosa en su libro de 1963, en el cual se da una alianza entre sexualidad perversa y muerte, frente a la cual las orgías de Sade adquieren proporciones menos avasalladoras y el ramillete de muertos y supliciados que su imaginación sembró en sus sucesivos libros resultan casi poca cosa frente a las seiscientas cincuenta muchachas asesinadas fehacientemente por la condesa húngara.

Acerca de este texto, hay varias cosas importantes que señalar: ante todo, que la fascinación por el personaje protagónico es perfectamente coherente con la impronta surrealista propia de la estética de Pizarnik. Recordemos que el surrealismo, en nombre de su revolución vital, imaginaria y social, reivindicó a Sade, «el divino marqués» y a Lautréamont, autores ambos que articulan sexo y crueldad en su escritura. Pero con quien dicha alianza alcanzaría su punto más alto es con Georges Bataille —Alejandra contaba que cruzaba con él miradas cómplices, tras seguirlo por las calles de París, atraída por sus bellísimos ojos azules que, según decía, le recordaban a los de su padre—, autor que llevó a sus últimas consecuencias dicha unión, en textos cuyo fulgor perverso nos remiten al universo del «goce», del «más allá del principio del placer», donde reina la muerte. Y la admiración de Alejandra y su reconocimiento quedan claramente expuestos en la presente entrada de su diario del 20 de diciembre de 1963:

Nada de originalidad. Pero nada de expresiones hechas, de herencias a conservar y hacer fructificar. En general, los que escriben plagian, aun los mejores. Esto no está mal ni bien. En cuanto a mí, decido revisarlo todo por cuenta propia. La verdad, el único escritor que me da la seguridad de pensar solo es Bataille. Cada vez me asombra más nuestro aire de familia. (p. 644)

En un sentido más personal, ¿cómo no se habría sentido Alejandra hechizada por la condesa si era uno de los arrebatados rostros de la muerte, esa presencia inscripta de manera cada vez más profunda en su escritura? En consecuencia, escribir este texto aparece como un ejercicio casi conjuratorio y mágico: hacer palabra y figura, darle un rostro a quien a tal punto la obsesionaba y, así, sacarla de su subjetividad.

Además, este ensayo-poema-novela —pues participa de los tres géneros— parece materializar un deseo manifestado ya en 1962 en su diario:

> Lo malo es que escribo poemas. Debiera trabajar en una sola prosa larga: cuento o novela o poema en prosa. Un libro como una casa donde entrar a calentarme, a protegerme. (27 de septiembre, p. 499)

Solo que la protección elegida, significativamente, será el lugar de la muerte —el castillo de Csejthe, embebido de sangre, en cuyas catacumbas Erzsébet cumplía sus rituales de tortura y asesinato— y la «compañía», en dicha morada, será esa encarnación de la Funesta, según la misma autora lo dice con palabras solemnes:

> Pero, ¿quién es la Muerte? Es la Dama que asola y agosta cómo y dónde quiere. Sí, y además es una definición posible de la condesa Báthory. (p. 287)

En tal sentido, este pequeño libro —que solo aparecerá en edición argentina en 1971— simboliza de manera especialmente perturbadora la conciencia profunda que tenía Alejandra de la vinculación entre muerte y escritura, ya que su estilo alcanza su reverberación más perfecta al nombrar a la muerte. Y la fascinación, el auténtico goce que produce en ella conjurarla, es perceptible en la especial belleza que alcanza su prosa, cuidadosamente elaborada sobre todo al nombrar los rituales sangrientos, para los que emplea una técnica asimilable a la de lo «erótico-velado» impuesta por el surrealismo a la escritura erótica. Nada de exposiciones verbales desaforadas y explícitas de lo horrible o lo sexual, sino la «belleza convulsiva» que se logra dosificando sutilmente las cosas desnudadas o matadas, ya que el poder excitante de la escritura depende de lo que se oculta y de la apertura hecha en el velo que encubre la carne supliciada o erotizada para volver perceptible lo encubierto. En tal sentido, escritura «obscena» si entendemos etimológicamente la palabra como «lo fuera de escena», en tanto trae a la escena de la escritura el ritual oculto.

Al optar Alejandra por *develar* a la muerte con la técnica surrealista de *desvelamiento* del sexo, el texto adquiere una latencia erótica que perturba profundamente al lector, fascinado y horrorizado al enfrentarse con esos vínculos subterráneos entre sexo y muerte, sadismo y goce. Esa vinculación, asimismo, implica articular el conflicto básico de un erotismo que no ha logrado superar el momento en que los sentimientos de amor/odio coinciden en el objeto amoroso, estadio caracterizado como preedípico y especular, de ambivalencia e inmadurez libidinal. Si comparamos esa subjetividad detenida en un estadio de indefinición con la ambigüedad de los sentimientos respecto de las figuras paterna y materna, así como lo apuntado sobre esa pervivencia de la «niña» en la voz poética, el mundo imaginario donde circula la Alejandra-sujeto-biográfico, se perfila una cierta coherencia en los rostros y las voces contradictorias que ofrecen tanto la voz poética como la persona real. Asimismo podría dar cuenta, en el nivel estético, de la opción literaria por el imaginario surrealista y la inscripción en la tradición de los malditos, pues ambos valorizan (surrealistas, malditos) la articulación de un universo simbólico donde se trabajan las configuraciones inconscientes que nos remiten a ese estadio preedípico. En el orden del sujeto biográfico, también daría cuenta de la sexualidad ambivalente, en cuanto a la indefinición respecto de una identidad sexual estable.

Aquí quisiéramos hacer ciertas reflexiones para unificar distintas líneas de acercamiento que hemos ido desarrollando a lo largo de esta biografía. Porque al gesto de unir vida y poesía «en un solo instante de incandescencia»—como dice Paz— que asume Alejandra, en principio, lo hemos vinculado con la tradición de los malditos y los surrealistas, la cual entraña erigir el «absoluto» literario como instancia privilegiada de realización personal. Pero esto implica, como contracara, un rechazo del mundo socialmente adulto circundante, el «mundo de la normalidad burguesa», el cual obliga a acatar, en el nivel de los intercambios sociales, la ley del trabajo y las convenciones normativas que rigen al mundo burgués, así como, en el nivel personal, el sometimiento a una identidad sexual fija y estable —la heterosexualidad—, social y subjetivamente sancionada a partir de la aceptación del Edipo como instancia estructurante de la identidad sexual. Los escritores que hemos nombrado representan la subversión más radical de todos los valores —morales, sexuales, sociales— en tanto se exponen a las situaciones extremas de la locura —al poner en peligro la estructura misma de la subjetividad, adentrándose, no solo en su escritura sino en su vida misma, en el mundo preedípico ambivalente, y favorecer la emergencia de ese «otro» que allí mora a través de los «paraísos artificiales» del alcohol y la droga—, de la «deshabitación» del universo social —al no acatar sus rituales de comportamiento y de intercambio laboral—, y de la muerte, en razón del principio desestructurante que guía sus relaciones con el exterior —mundo social— y el interior —mundo subjetivo—. Es decir que se trata de una opción estética que implica una rebelión, la cual va desde la negación del origen —transformándose el poeta en su propio padre y madre, como decía Artaud— hasta la creación de su propia «sociedad» que es la antisociedad burguesa.

Por eso se trata de una experiencia que, llevada a sus límites, tal como la practicaron Rimbaud, Lautréamont, Artaud, Alejandra, termina necesariamente en una muerte en muchos casos precoz —autoinfligida de manera directa (suicidio) o indirectamente en forma de enfermedad/locura—, pues aspira a instalar en este mundo construido a fuerza de represiones, restricciones, castraciones y normas, la libertad total propia de una utopía individualista llevada a cabo como una rebelión sin concesiones. En este sentido, los malditos, al desacralizar todo lo socialmente sancionado por el mundo burgués, contra el cual se vuelven —el trabajo, el Edipo, el poder, el sexo, la «normalidad», finalmente el lenguaje—, son revolucionarios a ultranza y tanto «suicidados» por la sociedad —según lo dijo Artaud de Van Gogh— como asesinos de ella en sí mismos, en su cuerpo concreto. «Ángeles caídos», videntes, «locos», niños, sabios, asesinos, marcas de ese «otro» que el hombre es antes de toda socialización y cuya impronta de absoluto resulta imposible e impracticable en el mundo tal como está constituido.

La infancia prolongada a la que Alejandra se apega, entonces, desde esta perspectiva puede entenderse, hasta un cierto momento de su desarrollo poético y vital, como una opción «aprendida» o elegida sin verdadera conciencia de sus riesgos extremos. A partir de la vuelta a Buenos Aires adquiere el sentido simultáneo de una elección y de un límite, porque tanto como se *propone* «ir nada más que hasta el fondo», no *le queda otro remedio* que hacerlo, en la medida en que los dados de su personaje están definitivamente jugados y no hay punto de retorno, ni subjetivo, ni poético, ni social.

Retomaremos este aspecto al analizar *Extracción de la piedra de locura*, auténtico punto de inflexión de su escritura, donde tanto lo formal como la significación de los textos toman derroteros diferentes respecto de sus anteriores poemarios.

Volviendo a *La condesa sangrienta*, señalamos que se trataba de un texto singularmente maldito, que se presenta como la primera articulación explícita entre la fascinación por la muerte —presente en sus poemas— y la fascinación por el sexo —manifiesta, además de su vida, en sus juegos verbales obscenos— que caracterizan a la autora. Solo que, al entrar en contacto con la muerte, el sexo se despoja de su vestidura verbal humorística y del aura de desacralización que tal forma de aludirlo implica, para adquirir una solemnidad hechizante. Para que los tres dominios se unan —humor, sexo y muerte— habrá que esperar a *La bucanera de Pernambuco o Hilda la polígrafa*, donde la carcajada desacralizadora se volverá ominosa por el poder revulsivo y subversivo de su trabajo sobre el lenguaje y la cultura.

Pero antes de dejar este texto fundamental, es importante la reflexión que, años después —en 1968— le despierta a la autora y que nos revela esa mezcla de conocimiento y de ignorancia de sí misma como escritora que la hace padecer en tantas ocasiones, en que se considera un fracaso literario:

> ¿Cuál es mi estilo? Creo que el del artículo de la condesa. Por momentos sentía que me abandonaba totalmente e incluso después, al corregir, no sentía que cercenaba mi persona. Luego dejé de practicar esta escritura estimulante y clara y, asimismo, penosa (no debo olvidar que escribía unas diez horas por día). Pienso, ahora, que soy una pésima crítica de mis escritos. Cuando hice el artículo de la condesa no supe que era tan bueno: tuvieron que llegar testimonios ajenos que lo confirmaron. Luego, en los artículos siguientes, me mostré confusa y acaso mediocre (o, al menos, les sustraje esa suerte de magia o, simplemente, de belleza que amalgama el texto al que me refiero) pero insisto, una y otra vez, en la fascinación por el tema de mi nota. Nunca, después, volvió a sucederme algo parecido. (p. 840-841)

Por los mismos años en que aparece el texto sobre la condesa, 1965, Alejandra escribe dos textos[91] en prosa que presen-

91. Usamos el término texto en el sentido que le da el crítico Roland Barthes, es decir, un escrito que no pertenece claramente a ningún género literario «puro» porque no es con claridad, en el caso de Alejan-

tan una nueva modulación de su acoso o su conjura verbal a la muerte y donde esta entra directamente en contacto con la infancia, perdiendo su fulgor horrible y convirtiéndose en personaje tanto de un inquietante relato infantil, como de un pequeño diálogo de humor absurdo. En el primero, «Devoción» (p. 31), se la nombra «la muerte»; en el segundo, «Diálogos» (p. 29), «Madame Lamort» (como en la *Quinta elegía de Duino* de Rilke). En estos casos, el efecto se logra a través de su inclusión en el mundo infantil y en el del humor, lo cual produce una modulación diferente de lo siniestro y que interesa tomar en cuenta cuando pensamos en los futuros textos de la autora.

Otro elemento que contribuye para el efecto desasosegante en el diálogo de humor absurdo es el hecho de que la muerte aparezca como una entidad omnipresente, sin identidad y marcada por un toque de disparate que nos instala en el mundo de la locura, pero una locura jocosa y «nonsensical» al estilo del sombrerero loco de *Alicia en el país de las maravillas*, según se puede ver en este pequeño fragmento:

—Quién es usted? Deberíamos presentarnos.
—Madame Lamort —dijo—. Y usted?
—Madame Lamort.

Por el otro, en «Devoción», se introducen dos elementos de diferente nivel y sentido, que tanto como el significado gene-

---

dra, ni poema en prosa, ni relato, ni —en el caso específico de *La condesa sangrienta*— un ensayo o comentario crítico.

ral del texto remite directamente a *Alicia en el país de las maravillas,* estos lo hacen de manera oblicua a otras prosas y poemas —anteriores y posteriores— de Alejandra. Antes de señalarlos, es importante que señalemos que la referencia directa al libro de Lewis Carroll aparece antes en el poema «Infancia», de *Los trabajos y las noches*: «... alguien entra en la muerte / con los ojos abiertos / como Alicia en el país de lo ya visto» (p. 14). El primero de esos elementos es que, entre la muerte y la niña «que tomaban el té», aparece una muñeca, presencia que comenzará a circular por los textos de Alejandra (además de hacerlo por su vida: la autora siempre tuvo muñecas en su cuarto o en su departamento) como un símbolo siniestro de la infancia devastada por la muerte. Porque sus muñecas son como restos o harapos del mundo inocente de la niñez, autómatas carentes de toda ingenuidad a pesar de estar signadas por la belleza, la cual tiene algo de esa «belleza convulsiva» buscada por el surrealismo. El segundo elemento es la referencia que la muerte hace a su orfandad: «—Soy huérfana. Nadie se ocupó de darme una educación esmerada— se disculpó la muerte». Y esto establece una sutil relación con el sujeto poético que en «Fiesta», poema de *Los trabajos y las noches*, dice: «He desplegado mi orfandad / sobre la mesa, como un mapa» (p. 191). También con el sujeto que en el diario, ya en 1961, decía:

> Y no soy más que una silenciosa, una estatua corazón-mente enferma, una huérfana sordomuda, hija de algo que se arrodilla y de alguien que cae. (25 de marzo, p. 403).

Es decir que, a partir de la orfandad, subjetividad y personificación de la muerte se identifican.

Claro que en el plano de la realidad, a partir del 18 de enero de 1966, esa orfandad dejaría de ser verbal, metafórica y metafísica, a raíz de la muerte de Elías Pizarnik, su padre, apenas inscripta con un lacónico: «Muerte de papá» en su diario (entrada del 18 de enero, p. 733), pero que tendrá una incidencia fundamental en su vida y en su poesía, como se verá en otras entradas del diario, en ciertas referencias hechas a los amigos, en su retorcida relación con el Dr. Pichon Rivière, especie de padre siniestro, y sobre todo, en su producción poética ulterior, modulada *desde* la propia muerte.

Sin embargo, antes de ocuparnos de este hecho capital en la vida de Alejandra, quisiéramos resumir esa *tangibilidad* especial que la muerte va adquiriendo en sus escritos que abarcan de 1965 a 1967, así como registrar otros aspectos de su vida-poesía. Porque, como dijimos, ya no se trata de nombrar o suscitar poéticamente a la muerte como una presencia en sus poemas, sino de convertirla en un personaje observado con horror y fascinación —en tanto se vincula con rituales sexuales— en *La condesa sangrienta*; de introducirla como protagonista en el mundo maravilloso del cuento infantil, el cual pierde precisamente su naturaleza «maravillosa» para tornarse ominoso, y de presentarla como absurdo monigote en una escena que parece salida de una cruza ente Ionesco y Copi. En tal sentido, su «convivencia» con ella parece abarcar la totalidad de los ámbitos jerarquizados —el humor, el sexo, la poesía, la infancia—, a partir de lo cual un poema que antes citamos: «La muerte siempre al lado. / Escucho su decir. / Solo me oigo», adquiere un peso existencial y escritural estremecedor.

Resulta interesante consignar un dato editorial en el que personalmente encontramos una significación peculiar: ninguno de los tres textos que acabamos de analizar se publica en Buenos Aires; así, *La condesa sangrienta* solo circulará en nuestro país a partir, primero, de la publicación en la revista *Testigo* (1966), lo cual implica una mínima circulación, y después, de la edición de López Crespo de 1971, que por el contrario tiene una amplia difusión. En cuanto a los otros dos, entrarán en el circuito de lectura argentino a partir de la compilación póstuma realizada por Olga Orozco y Ana Becciu, *Textos de sombra y últimos poemas*, de 1982. No consideramos que se trate de algo accidental, sino que es como si Alejandra hubiera querido mantener, al menos en ese momento y dentro del espacio cultural de Buenos Aires, solamente su perfil de poeta y de colaboradora de *Sur* y de *La Nación* como crítica, excluyendo así los textos donde se manifestaba su convivencia con la muerte en su articulación directa con el humor, el sadismo y la infancia, en una especie de autocensura y represión de sus textos más abiertamente perturbadores.

Pero en la medida en que se pudo acceder, aproximadamente a partir de 2000, a los papeles privados de Pizarnik depositados en el Departamento de Libros Raros y Colecciones Especiales, División Manuscritos de la Biblioteca de la Universidad de Princeton, fue posible comprobar que esa autocensura había sido sistemáticamente practicada por la autora, no solo en su diario, sino también en las diferentes versiones de sus poemas y textos, que, como bien lo señalaron los estudiosos Fiona Mackintosh[92] y Patricio Ferrari,[93] implican un notable borramiento de referencias sexuales, genéricas y lingüísticas para las versiones finales de sus textos.

Pero si esto ocurrió y siguió ocurriendo en el nivel de las publicaciones, en el de los intercambios verbales con sus amigos de la época —el nivel «semipúblico» de confidencia intelectual y afectiva— ambos aspectos estaban presentes. Por ejemplo, en cuanto a la condesa Báthory, Luis Gregorich recuerda la recurrencia de dicho personaje en sus conversaciones, cuando reanudó su amistad literaria con ella alrededor de 1965 (fecha en que Alejandra comenzó a frecuentar las oficinas del Centro Editor de América Latina, que empezaba su tarea cultural de publicación de las diversas series de fascículos y libros que con la denominación de *Capítulo* irrumpieron en el campo intelectual argentino). Aunque ya se conocían desde fines de los años cincuenta —cuando Gregorich iba a las reuniones del Grupo Equis de Juarroz—, el intercambio fue especialmente fecundo a partir de este reencuentro.

Alejandra lo visitaba una o dos veces por mes —estaban, además, Eduardo Paz Leston, Jaime Rest, Juan Esteban Fassio— y siempre terminaban comiendo o tomando café por la

92. Fiona J Mackintosh, «Self-Censorship and New Voices in Pizarnik's Unpublished Manuscripts», en *Bulletin of Spanish Studies*, Volume LXXXVII, n.º 4, 2010, pp. 509-535.

93. Patricio Ferrari, «Autocensura en los diarios parisinos de Alejandra Pizarnik 'Diario 1960-1961' y 'Les Tiroirs de l'hiver'», en *Ilusión y materialidad. Perspectivas sobre el archivo*, Jerónimo Pizarro y Diana Guzmán (orgs.), Bogotá, Universidad de los Andes, 2018, pp. 179-205.

zona, conversando acerca de su mutuo interés por el surrealismo, el romanticismo alemán, los escritores y textos marginales de fines del siglo XIX y principios del XX, los poetas malditos; sobre todo, el gran poeta amado por ambos, Rimbaud, en quien coincidían como en una tierra propia.

Y junto con esa coincidencia profunda, la silenciosa imagen fulgurante de la condesa Báthory imponía su atmósfera de crimen y horror. Sobre todo cuando Juan Esteban Fassio era de la partida, pues este extraordinario personaje —Optimate activo y fundador del Instituto de Altos Estudios Patafísicos de Buenos Aires, que había inventado una máquina para leer *Rayuela* y otra para leer *Nuevas impresiones de África* de Raymond Roussell, era amigo de Cortázar y de Paco Porrúa, y tenía una biblioteca maravillosa— era un verdadero especialista en la condesa y había logrado procurarse todos los materiales existentes sobre ella.

Y ya que hemos nombrado a Cortázar, no podemos dejar de señalar la coincidencia de estos dos creadores y amigos en la elección del personaje de Erzsébet Báthory —puesta en circulación en 1962 por la biografía novelada de la surrealista Valentine Penrose— como protagonista de sus respectivas obras: *La condesa sangrienta* en el caso de Alejandra y *62 modelo para armar* en el de Cortázar.

Como sabemos, el surrealismo incluyó entre los escasos autores reconocidos como antecesores válidos al «divino Marqués de Sade» y a Isidore Ducasse, Conde de Lautréamont. Si bien la condesa Báthory no está directamente señalada por ellos, el hecho de que en los años sesenta la reivindique y le dedique una biografía un miembro del grupo, la poeta

Valentine Penrose, obedece sin duda al carácter de su historia abiertamente sádica *avant la lettre*. Es entonces desde esa perspectiva —y más allá de la utilización que cada uno hace de ella de acuerdo con sus intereses literarios— que la condesa despierta el interés de los dos escritores argentinos, por lo cual resulta totalmente irrelevante cuál de los dos —Alejandra o Julio— se adelantó al otro en trabajarla —o se la «presentó» al otro— ya que lo que importa son los similares motivos de su fascinación. Porque, como lo demuestran numerosos textos de Cortázar, si a alguna corriente se lo podía acercar —al menos en los años sesenta—, era al surrealismo. En otro sentido, no podemos dejar de señalar que la biografía de Penrose se convirtió en un auténtico libro de culto entre los intelectuales parisinos de los sesenta.

También la condesa era moneda corriente en su intercambio con Marcelo Pichon Rivière, uno de los poetas jóvenes que llegó, al igual que Arturo Carrera, a ser casi un hermano menor de Alejandra. Pero, por cierto, con Marcelo no era este el único punto de contacto profundo: había toda una zona compartida de sensibilidad y lecturas, que tenía que ver con su actitud común ante, por cierto, el surrealismo. De allí, su curiosidad inagotable y ecléctica por los aspectos más diversos de la vida, desde el arte de los locos hasta el de los pueblos primitivos, la fascinación por la infancia y el erotismo, el humor, la novela gótica inglesa, el psicoanálisis, así como ciertos poetas claves —Schehadé, Trakl, Paz, Michaux— que ya formaban parte de su bagaje cuando se conocieron —a comienzos de 1962, cuando Marcelo tenía dieciséis años, en el bar Old Navy de París, adonde Marcelo había llegado en uno de esos viajes de adolescentes organizado por L'Alliance Française—, pero que se fue consolidando a lo largo de los años.

Una fraternidad tan honda y tan decisiva que hasta llegaron a escribir un artículo juntos sobre los autómatas en la literatura —reparemos en que es la época en que las muñecas se inscriben en la escritura de Alejandra como nostálgicos harapos de la infancia—, que si bien les pagaron, nunca se publicó en la revista *Adán* y del que no han quedado los originales ni el recuerdo de quién se los encargó. Pero aquí el dinero o el editor no era lo importante, quizás tampoco el artículo en sí mismo, sino la diversión que implicaba la tarea de escribir juntos, leer, encontrar una excusa para pasarse muchas horas en el cuartito de Alejandra en Montes de Oca —Marcelo fue, quizá, uno de los amigos que más frecuentaron la casa paterna—, en ese incesante y estrecho diálogo que los vinculó.

Además, Marcelo fue el puente para una presencia capital en los años finales de Alejandra: el doctor Enrique Pichon Rivière, padre de Marcelo y segundo analista de Alejandra.

En los primeros capítulos nos referimos a la importancia que para Alejandra tuvo su primer análisis con León Ostrov, quien a su carácter de terapeuta unía una amplísima cultura y un especial encanto personal, los cuales sin duda eran el requisito más importante para Alejandra pues, como lo comentaba un amigo, ya desde el comienzo y a pesar de sus constantes referencias a su tratamiento, se percibía algo así como un fatalismo último respecto de sus posibilidades concretas de cura. La expresión que este amigo utilizó es lo suficientemente reveladora como para consignarla textualmente: era como «ir al service».

El tratamiento con Ostrov se interrumpió cuando Alejandra vivió en París, período en el que desarrolla la iluminadora correspondencia que tanto hemos citado, en la que Alejandra busca apoyo y guía en él, quien se los brinda, así como su afecto y unos consejos atinadísimos que resultan fundamentales para sus experiencias devastadoras de allá. Hacia fines de su estadía parisina, se analizó con la Dra. Claire Lauret, de quien se enamoró en un típico proceso de transferencia, que antes la hizo amar a Ostrov: «Y ahora, pienso en Ostrov. No en Él sino en Ostrov. (¡Qué placer escribir su nombre! Llenaría los muros con estas seis letras magnéticas!). Me muero de amor por él. Percibo su rostro y todo en mí se diluye, flota, se va…» (entrada del 25 de noviembre de 1955, p. 184).

Estos dos tratamientos, por otra parte, así como su ulterior análisis con Enrique Pichon-Rivière, desmienten esta afirmación anotada en su diario unos años después de iniciar su terapia con Ostrov a fines de 1955, a la que, sin embargo, los años siguientes le darían una triste veracidad:

> Tengo que dejar el psicoanálisis. Tengo que reconocer, de una vez por todas, que en mí no hay qué curar. Y que mi angustia, y mi delirio, no tienen relación con esta terapéutica, sino con algo mucho más profundo y más universal. Mi terror a la soledad. Cuestiones infantiles.[94] (10 de noviembre de1958, p. 253)

---

94. Como lo ha dicho en su *Diario*, considera su infancia y adolescencia como un tiempo de aislamiento, fantasías compensatorias de éxito y una profunda soledad tanto en su casa como en el colegio, como lo dice en las entradas del 10 de julio y el 31 de diciembre de 1960.

Pero al volver de París no continuó su tratamiento con él, si bien algunos amigos creen recordar que tuvo algunas entrevistas, sin que ello implicara una reanudación del análisis y al margen de un trato social y afectuoso que sin duda existió —como continuación de la sólida amistad desarrollada durante los años parisinos— y del que diversos amigos recuerdan episodios. Así, Villordo recordaba haberlos visto comiendo en el Edelweiss mientras conversaban divertidísimos y se preguntaban si el espléndido color pelirrojo oscuro de la cabellera de una escritora famosa se repetiría en partes más secretas de su cuerpo.

Volviendo a 1965, en cierto momento Alejandra tuvo una de esas depresiones cíclicas que venían desde la adolescencia y de las que no la sacaban las anfetaminas que, en todo este período, utilizaba para conseguir la lucidez relampagueante de sus noches de escritura o de reuniones con los amigos, o a las que tal vez la habían precipitado por el efecto destructivo que dicho tipo de drogas ejercen tras una larga adicción (pensemos que Alejandra las tomaba desde la adolescencia, si bien las había suspendido durante el período de «vino y rosas» de su formación como poeta joven). Le comentó a Marcelo que no tenía plata y que necesitaba volver al análisis. ¿Sería posible que su padre...?

Por supuesto que lo fue, porque era una práctica común en el doctor Pichon Rivière no cobrarles a ciertos pacientes que carecían de medios y porque, dado su interés en el fenómeno creador —que había explorado fundamentalmente en relación con Lautréamont, en sus míticos estudios sobre el poeta—, si para Alejandra era una fiesta que Pichon la analizara, para él también lo era tener a alguien como ella entre sus pacientes.

Comenzó así, a partir del 29 de mayo de 1965 —o unos días antes como lo dice en su diario: «Sin saber cómo ni cuándo, he aquí que me analizo» (p. 720)— una relación terapéutica absolutamente ambivalente y tan destructiva como positiva, si nos atenemos al testimonio de los *Diarios*. A lo largo de los años que se extiende su relación —desde 1965 hasta 1971— es constante la queja de Alejandra no solo por las opiniones de Pichon Rivière —quien considera que la aparta de su escritura—, sino también por la medicación que le da. Al respecto, es sabido dentro del ambiente psicoanalítico argentino que el Dr. Pichon Rivière no solo medicaba con verdaderos cócteles a sus pacientes, sino que él también era un consumidor de drogas psicotrópicas. Y cuando revisamos los diarios de Alejandra, además de lo que Pichon Rivière le receta, vemos que hay un constante consumo de diferentes drogas que, sin duda, tuvieron algún efecto decisivo en sus ulteriores desarreglos psíquicos. Si nos detenemos en las referencias a medicamentos, advertimos que, a partir del inicio de su terapia, Alejandra va cambiando de remedios, como se puede ver en las siguientes entradas:

Lo que me deja peor es todo lo que complicó con esos remedios idiotas. Un año de Ospolot. Resultado: pienso más despacio y más confusamente que antes. Y los otros no sirvieron. Ninguno realizaba lo que él me prometía. (14 de mayo de 1967, p. 755)

El 25/IX/67 dejé LUCIDRIL —(2 Desbutal y 1 o 2 Valium y hasta 4 Daprisal) [27 de noviembre 1967, p. 770]

Pero también, a partir de cierto momento, toma remedios por su cuenta o por indicación de otros:

> Dexedrina Spansulé (1) / Parnate (3) Lyseen (3) - Valium.
> Problema atroz con los medicamentos (todos innecesarios y, al mismo tiempo, urgentes).
> Primer día con todos estos remedios: miedo, incluso terror; semiasfixia; imposibilidad de hacer algo.
> La razón: fue Diana, no X., quien me dio estos remedios. Temor —terror— de que X. se haya cansado de mí, se haya aburrido de mi caso. (30 de enero de 1968, p. 775)[95]

Hasta que llega un momento en que directamente no sabemos quién se los ha recomendado:

> Desde una semana ya no siento la conocida y habitual disposición vaginal que me hizo sentir el acto sexual como única respuesta a mi melancolía. A causa del Halopidol. Tal vez. Y ahora, del Halopidol junto con el Somatin. (26 de junio de 1967, p. 790)

Pero, volviendo al vínculo con su terapeuta, en esos años se forja una relación de dependencia mutua verdaderamente asombrosa, donde la admiración, la fascinación, el odio, los celos, se van alternando de manera inquietante,[96] al punto de

95. Consideramos que en este caso la X. se refiere a Pichon Rivière, pese a que casi infaliblemente lo llame Dr. P. R.
96. En rigor, cuando leemos su diario advertimos que esa alternancia entre sentimientos contradictorios se registra no solo con las figuras

convertirse en uno de los factores que con más claridad apuntan a la progresiva desestructuración de la personalidad de la escritora. Porque más allá de los insultos o las alabanzas, de los reclamos porque le da pocos o muchos medicamentos, de la búsqueda de amor y apoyo, hay una dependencia de hierro en Alejandra de su médico amado/odiado que solo parece romperse cuando se hace atender por el Dr. Jacinto Armando, médico del Hospital Pirovano, donde la internarán en dos ocasiones a raíz de sus intentos de suicidio, pero con quien entra en relación en diciembre de 1971, según su diario. Sin embargo, que se haya tratado con el Dr. Armando hasta el final de su vida, no implica que Pichon Rivière desapareciera. En efecto, durante su internación en el Hospital Pirovano debido tanto al intento de suicidio con pastillas como a uno con gas —«Van cuatro meses que estoy internada en el Pirovano. Hace cuatro meses intenté morir ingiriendo pastillas. Hace un mes quise envenenarme con gas» (9 de octubre, 1971, p. 978)—, recuerda lo siguiente:

---

paternas y los seres amados, sino también con gran parte de sus amigos —que en un momento son maravillosos y después despreciables—. Quizás entre los grandes amigos que nombra en el diario, Ivonne Bordelois sea la única que no es víctima de esos sube-y-bajas. Solo en una ocasión manifiesta envidia de ella por la atención que aparentemente le concede Cristina Campo —la escritora italiana tan admirada por Alejandra, pareja de Elémire Zolla y con quien mantiene una extensa correspondencia—, pues también le escribe a ella. «Terrible dolor por la carta de C. C. a I. Y a la vez alegría porque en verdad soy yo —a pesar de todo— quien es fiel. Me pregunto si su nueva dificultad de escribirme no proviene de que desea dedicarse solamente a las cartas de Ivonne» (jueves de diciembre de 1964, p. 705).

«El Dr. P.R. elogió la muerte por ahorcamiento. *Ahorcarse*» (10 de octubre 1971. p. 979).

En el contexto de esta relación sin duda enferma, interesa señalar que la autora hacía partícipes a todos sus amigos —excepto, por cierto, a Marcelo— de la importancia de esa relación, de sus complejidades y de su significado intelectual (pensemos, por ejemplo, en la lectura de los estudios de Pichon sobre Lautréamont, uno de los cuales cita en su propio análisis de «El otro cielo» de Cortázar). Resulta especialmente reveladora, al respecto, la anécdota que le cuenta a Antonio López Crespo[97] y cuyo carácter explosivo demuestra mejor que cualquier mención de sus diarios esa dependencia: aparentemente Pichon se habría dormido en una sesión y ella le había roto un cuadro de Batlle Planas —que sin duda Pichon tenía en su consultorio— en la cabeza.

Pero más allá de esto, parece singularmente profunda la posible influencia de su terapeuta, que registra en una de las entradas de su diario del 17 de junio de 1967, donde considera que seguramente la causa de que lo que escribe haya dejado de gustarles a sus interlocutores sea la influencia de Pichon.

Nada de lo que escribí desde que comencé con el doctor P. R., gustó a nadie.

97. Si bien ya desde 1968 conoce a Antonio López Crespo y a su mujer, Marta Cardoso, nos ocuparemos de ellos en el capítulo siguiente, por la importancia del proyecto editorial que los une y la búsqueda de la protección de Antonio por parte de Alejandra hasta el último día de su vida.

El doctor P. R. no cree en la poesía ni, mucho menos, en que sea necesaria. Ejemplo: «la sociedad necesita...». (p. 756)

Volviendo al inicio del tratamiento, en cuanto a los motivos de su vuelta al análisis, con seguridad ha de haberse agudizado su experiencia interior de desintegración y «deshabitación», si nos atenemos a la obsesiva referencia a la muerte y a la duplicación del yo que comportan sus textos del período, así como al aumento de sus llamadas nocturnas en estado de angustia insoportable, sea revelando dicha angustia, sea encubriéndola tras la apariencia de una llamada casual para intercambiar juegos verbales.

Por otra parte, un hecho ocurrido a menos de un año de haberlo iniciado, que sin duda convirtió el análisis en imprescindible e incidió directamente en la relación con Pichon Rivière fue la muerte de su padre, a la que es momento de volver.

El 18 de enero de 1966, mientras se afeitaba en el departamento de Miramar que tenían los Pizarnik, Elías murió de un infarto. Alejandra estaba en Buenos Aires y le avisó solo a su íntima amiga Olga Orozco, quien fue al velorio para acompañarla.

Acerca del velorio, hay un dato aparentemente sin importancia que, sin embargo, nos parece interesante consignar, pues revela la ambivalencia de Alejandra ante la muerte. Esa noche, si bien devastada por el dolor de la pérdida del padre, Alejandra observaba las diferentes instancias del rito con la curiosidad de una niña. Seguramente nunca había asistido a un velorio judío, y al impacto emocional se superponían su curiosidad y esa mirada urgente del niño que puede salirse del cuadro y mirarlo desde afuera, con todo el asombro, el afán y la curiosidad, porque la muerte también es un fetiche cultural.

Pero luego llegaron el dolor, la culpa, el «terror», como lo dice en la entrada del diario del 15 de abril de ese año:

Esperanza, terror. Terror de estar bien, de ser castigada por cada minuto en que no me acongojo.

En cuanto me siento mejor, espero el castigo. Es necesario llegar al fondo. A pesar de los terrores —como los máximos que he sentido hasta el presente—, a pesar de ellos debo ir hasta el fondo. Ahora se reunieron todos los temores infantiles, precisamente ahora en que comienzo a ser adulta. Pero se reunieron por eso. (p. 737)

Y unos días más tarde, el 27 de abril:

Muerte inacabable, olvido del lenguaje y pérdida de las imágenes. Cómo me gustaría estar lejos de la locura y de la muerte. [...] La muerte de mi padre hizo mal a mi muerte. (p. 737)

Como terminará de decirlo en la entrada del 30 de abril, un día después de su cumpleaños, no solo era la orfandad concreta por la muerte del padre —cuyos contradictorios sentimientos hacia él fluctuaban entre el «horror» y el amor al padre deseado y fantaseado, el violinista exquisito, el que seguramente era «conde» por el refinamiento de sus modales (así se lo decía a una compañera de colegio a los catorce años) y además, la figura alquímica por ser el joyero, el traficante de belleza—, sino también la entrada definitiva en la adultez. Pues ese 29 de abril Alejandra había cumplido treinta años.

> Heme aquí llegada a los treinta años y nada sé aún de la existencia. Lo infantil tiende a morir ahora pero no por ello entro en la adultez definitiva. El miedo es demasiado fuerte sin duda. Renunciar a encontrar una madre. [...] Pero aceptar ser una mujer de treinta años... Me miro en el espejo y parezco una adolescente. Muchas penas me serían ahorradas si aceptara la verdad. (p. 738)

Ya nos hemos referido, al hablar de las reflexiones de Edgardo Cozarinsky acerca de la pervivencia de la niña hasta un momento demasiado tardío desde el punto de vista de la edad real, a las connotaciones letales que crecer tenía para Alejandra. Pensemos, entonces, más allá del conflicto generado en ella por la desaparición de un padre amado/odiado, en el significado de obligatoriedad de asumir la propia adultez que dicha muere reviste. Además, por primera vez en el mundo inmediato y familiar, era ver operar, ver actuar a la que tanto nombra en su escritura, pero siempre como algo interior, como un personaje más del laberinto de espejos de su subjetividad. De pronto estaba allí, más acá o más allá de sus invocaciones y sus experiencias alucinadas, en la brutalidad del cuerpo muerto de su padre, el cual iba más allá de toda invocación o evocación por ese *exceso* que siempre implica el funcionamiento concreto de la muerte y ese resto insoportable que significa el cadáver, en su realidad, frente al mundo simbólico o imaginario, frente al mundo verbal.

A partir de ese resto y esa ausencia que excede toda palabra y, por cierto, junto con el conflictivo mundo de sentimientos de amor, dolor, culpabilidad y resentimiento que toda muerte familiar acarrea, creemos que es comprensible tanto esa *tangibilidad* extrema que comienza a adquirir la muerte en su escritura, como esa especie de «desesperación» respecto de las palabras que se agudiza en sus textos. Porque si en Alejandra siempre estuvo la conciencia de que el lenguaje apartaba del mundo, asesinaba la cosa y abolía lo real, ante ese *resto* que es el cadáver paterno, ese hueco que deja la muerte en el tapiz familiar, creemos que se plantea la necesidad aún más aguda de darle un cuerpo verbal a la que actuó más allá de toda conjuración. Y un cuerpo, además, referido al propio cuerpo pues, como lo dice, esa intervención brutal la remitió de manera inédita a *su* propia muerte, a su propia edad, su «propiedad». Y, ¿qué propiedad tenía Alejandra sino el lenguaje, para, desde él, reformular la muerte?

En este punto, creemos que toda reflexión sobra ante las palabras que Alejandra le envió, dos años después, en 1968, a Juan José Hernández, a raíz de la muerte de su propio padre, donde se resume de manera clarísima esa operación verbal cumplida por Alejandra ante la muerte de su padre:

Siento muchísimo lo de tu padre y te envío un abrazo muy tierno —¿qué otra cosa hacer si cada uno debe afrontar a solas todo lo que le pasa cuando pasa la muerte? Tratá de escribir poemas (sobre todo si no podés) de manera de vivificar la muerte y transmutar su presencia. En fin, no sé dar consejos, pero se trata de un proceso tan terriblemente delicado que conviene no soslayarlo... (p.241)

Lo único que no dice —y que sabemos dolorosamente tras leer *Extracción de la piedra de locura*— es que esa presencia en que se transmuta la ausencia paterna es la de la muerte, vivida como absolutamente propia, personal e intransferible. Porque esa transmutación es solo la primera: habrá que esperar a que pasen varios años —concretamente hasta 1969— para que el padre pueda entrar en el lenguaje, transformado en el hombre de los ojos azules. El duelo es lento y la alquimia solo será posible tras ocupar el mismo lugar de la muerte del padre, no solo en la palabra, sino también en el acto concreto de morir. Pensemos que su primer intento de suicidio es en 1970.

Pero para eso falta mucho, cuatro años es casi la eternidad, sobre todo, cuando incluyen, al margen del juego de intercambios literarios y personales con los amigos, su primera pareja estable con una mujer, la mudanza a un departamento propio, un libro donde su estética se transforma de manera radical, la obtención de la Beca Guggenheim y un viaje que es casi como el reverso de su anterior viaje fundacional a París.

Algo diferente pasa después de años de relaciones fulgurantes o desgraciadas, de amores no correspondidos y de encuentros donde su especialísima seducción —la historia de la chica-que-se-siente-fea ha quedado atrás— triunfaba sobre cualquier aspecto más evidente, como el encuentro que tuvo con Evgeni Evtuchenko y que Ivonne Bordelois relata con impagable gracia:

Recuerdo por ejemplo una fiesta que se ofreció en *Sur* al joven poeta Evtuchenko. Toda la *intelligentsia* porteña se apretujaba en torno a la estrella, que a la media hora partía en la compañía exclusiva de Alejandra rumbo a una noche sin duda mágica, suscitando más de un envidioso comentario o una airada protesta. Recuerdo haberme divertido mucho con el incidente, que a mi modo de ver no solo confirmaba el deslumbramiento que podía producir Alejandra, espectáculo al que, después de todo, yo ya estaba acostumbrada, sino que me convenció instantáneamente de la genialidad del propio Evtuchenko, quien con lúcida celeridad supo reconocer, por encima de la jauría lisonjera que lo rodeaba, aquella única, pequeña y mal vestida sirena cuya única voz podía arrastrarlo a compartir esa soledad hechizante.

O su encuentro con el poeta alemán Hans Magnus Enzensberger, con quien también una noche «desapareció». La biblioteca de Alejandra guarda un ejemplar de su libro *Blindenschift* dedicado y sus colaboraciones en *Sur* cuidadosamente subrayadas.

Hacia 1968, Alejandra conoció a Daniela, una muchacha fotógrafa, que pudo responder a su exigente e implacable forma de amar, hecha de esos desequilibrios y esas tiranías infantiles a las que sometía a sus amigos. Pero se trata de alguien sereno, que pudo soportar sus demandas desmesuradas de atención y amparo, tolerar el sube-y-baja de depresión y euforia, las huellas de la voracidad y la infancia. Una relación que duró alrededor de dos años o un poco menos y signó la mudanza a su primer departamento propio en Montevideo 980, que se realizó en 20 de febrero, como lo señala en su diario: «[...] más precisamente. Del 20 de febrero —fecha en que me mudé y vivo sola— hasta hoy» (p. 783).

Si nos atenemos al relato de sus amigos, sobre todo Olga Orozco, su pareja la ayudó a trasladar su reino literario e infantil, que de pronto se expandió a dos ambientes amplios, donde rehízo la escenografía en la cual, como en una casa de muñecas, los muebles se duplicaban en objetos idénticos pero diminutos que, además, Alejandra iba cambiando de lugar, según su propio mundo imaginario y su deseo. Allí colgó los retratos de Breton y Rilke, plantó su amada mesa de trabajo verde y su gran pizarrón, sus libros y sus discos —que con los años fueron cambiando y de las canciones francesas pretéritas pasaron a ser Janis Joplin, Lotte Lenya, el *adagio* de Albinoni, Vivaldi, Mozart, etc.—, y el cubrecama rústico de colores alegres. Una casa, además, donde las luces eran importantes, no solo porque el departamento vivía de noche, sino porque Alejandra cuidaba, como en una escenografía teatral, la iluminación, a fin de crear la atmósfera peculiar que la habitaba.

Si hemos señalado que esta sería la versión sobre la convivencia «según sus amigos», es porque cuando vamos a su diario, además del encubrimiento por medio de iniciales que no corresponden a la persona aludida —en este caso aparece una F. que no tiene que ver con el nombre de la fotógrafa—, nos encontramos con juicios como este, que parecen poner en tela de juicio la armonía relativa destacada por sus amigos:

Hay algo infinitamente opaco en mi cohabitar con F. La opacidad proviene de las necesidades inmediatas. F. debe hacer ciertas concesiones porque no tiene un lugar donde estar. Y yo vengo de cuatro años de infierno de no tener dónde estar y apenas lo consigo, exactamente tres meses después (acaso son dos los meses) instalo aquí a F. —o F. se instaló a solas— ... (19 de junio de 1968, p. 786)

Sin embargo, como lo vemos más delante, no todo es negativo y hay frases importantes a continuación, en la misma página y entrada, que merecen citarse:

Dentro de mí se han operado varios cambios. El primero, el poder de convivir con alguien e incluso, a mi manera, el poder de querer a alguien. Sin embargo, el cambio mayor es en relación al sueño. F. ha vencido mi insomnio.

A la hora de considerar el valor y el sentido de esta relación, también tenemos que tomar en cuenta el testimonio de Edgardo Cozarinsky, para quien Daniela trataba de acaparar la atención de Alejandra y que no le permitía relacionarse con gente que estuviera fuera del círculo lésbico que ella frecuentaba.

Es decir que, tomando todo en cuenta, seguramente esa convivencia con su primera pareja fue positiva para Pizarnik. Sin embargo, hay dos signos negativos en todo ello: se incrementó todavía más su dependencia de las pastillas, que cada vez le resultaban más necesarias para explorar la noche y la escritura o convocar el sueño, siempre a riesgo de confundirse y agudizar, en lugar de apaciguar, su angustia. Esta la empujaba a lanzar a sus diversos amigos esos S.O.S. telefónicos a las cuatro de la mañana, los cuales, como recordaba Enrique Pezzoni, podían llevar al borde del asesinato a quienes más la querían. También, el intento de matarse metiendo la cabeza en el horno. Si no lo tratamos como su primer intento de suicidio, es porque no llegó a dañarse —como en los dos siguientes de 1970 y 1971—, sin duda por lo cual prácticamente ninguno de sus amigos lo ha mencionado, excepto alguien muy cercano a ella, a quien sin duda se lo contó como consecuencia de su gran confianza en él.

Mudarse implicó exponerse con mayor intrepidez a los peligros de la noche y la escritura, de la actualización vital de su proyecto utópico y rebelde, y también la posibilidad de compartir más libremente su espacio propio con los seres queridos, esa «familia literaria» que había formando con los años.

Porque a Alejandra le encantaba recibir, solo que tanto como era ajena —por propia voluntad y por ignorancia infantil— a los rituales adultos, también su forma de recibir tenía algo de los tés del sombrerero loco de Alicia. Edgardo Cozarinsky recuerda una noche en que Alejandra quiso recibir «como una señora» a un grupo de amigos, invitándolos a comer —acerca de esa incapacidad absoluta para cocinar luego hablaremos—. Estaba radiante —tal vez era una especie de inauguración de su nuevo departamento— y a medida que los amigos iban llegando conversaba con ellos, se entretenía, circulaba de un pequeño grupo a otro. Y el tiempo pasaba, y por supuesto todavía no había preparado nada.

Una de sus amigas se ofreció para hacerse cargo de todo, pero Alejandra no quiso saber nada: ese día quería jugar al «ama de casa». Pero no había caso, se enredaba en nuevas conversaciones, derivaba en sus habituales juegos de palabras, contaba historias maravillosas de un París fantasmagórico surgido de su imaginación. Y el tiempo seguía pasando. Finalmente, cuando todo tomaba el aspecto de una encantadora y loca escena de Alphonse Allais o de Ionesco, de alguna manera Alejandra —asistida por todas las mujeres y los hombres que había invitado— navegó a través de los misterios de hervir unos ravioles o poner algo en el horno y todos, encantados y felices —y ella más feliz que nadie porque había cumplido su deseo de jugar a la «señora» de su casa— comieron en las horas que preceden al alba. Porque aunque todo era una mezcla de disparate y comicidad chaplinesca digna de que Eric Satie le pusiera música, también era deliciosa y tiernamente infantil.

Alejandra podía irradiar, hasta un nivel inigualable, una atmósfera mágica, donde las disonancias y esa especie de despiste general que la caracterizaban adquirían una comicidad maravillosa.

Antes hablé de unos ravioles pero no fue esa la noche de su protagonismo, sino una en la que había otra gente y Alejandra llamó una y otra vez por teléfono a un amigo —buenísimo y que la quería mucho— para contarle que estaba cocinando —¡acontecimiento nacional!—, pero que no sabía cómo hacer los ravioles. Él le explicó que tenía que poner el agua, la sal y, cuando hirviera, echar los ravioles.

—¿Pero cuándo están?

—Cuando empiecen a flotar.

Alejandra le dio infinidad de gracias y colgó. Al rato, tras seguir cuidadosamente las instrucciones, los ravioles empezaron a flotar y Alejandra lo llamó de nuevo anunciándole: «Ya flotan, ¿ahora qué tengo que hacer?». «Pínchalos con un tenedor para ver si la masa está cocida». «Pero no —respondió horrorizada—, si parecen pancitas de bebés, ¿cómo los voy a pinchar?».

Esa misma manera de circular a contrapelo de la realidad era lo que le permitía estar abierta a los encuentros más fecundos. Por ejemplo, con Diana Bellessi, que tenía dieciocho años, vivía en Santa Fe y la conocía y admiraba a través de sus libros. Un buen día aterrizó en Buenos Aires y, tras conseguir su dirección, tocó el timbre de su departamento. Alejandra abrió la mirilla.

—¡Hola! —dijo Diana.

—Hola —respondió Alejandra.

—Te leí.

—Pasá.

Y con la comodidad de los cómplices en la poesía, comenzaron a hablar, a conocerse, a anudar una amistad profunda que perduró a lo largo de los años, hecha de cartas que, como puentes levadizos, conectaban Santa Fe con Buenos Aires, visitas de Diana a lo de Alejandra cuando bajaba a la ciudad, complicidades, diversión y fiesta. Por supuesto, uniéndolo todo estaba la trama de sus respectivos poemas que, como recuerda Diana, Alejandra leía con una actitud de paridad poco común en quien le llevaba muchos libros y varios años de ventaja. Tampoco las contraseñas que le fue pasando —ciertos libros y autores queridos, como Mallarmé, Paz, Djuna Barnes y su memorable *El bosque de la noche*, Yves Bonnefoy— se las entregó como una «maestra», aunque fueran una forma de enseñanza, como la frase imborrable de una carta: «Me importa poco la rosa, mi querida, y sí me importa la palabra que la nombra», confirmación de su absolutización de la palabra a la que tantas veces nos hemos referido y que tiene singulares resonancias mallarmeanas.

La relación peculiarmente fluida con los poetas jóvenes, que aproximadamente a partir de 1966 comenzaron a rodearla y formar parte de su círculo más íntimo, se concretaba en gestos de gran generosidad. Además de esa lectura de pares a la que aludía Diana y esa forma de transmitir conocimientos sin ponerse en el «lugar del supuesto saber», los introducía en esos círculos de prestigio donde ella ya pertenecía por derecho propio —como cuando lo llevó a Arturo Carrera, doblemente joven pues venía de un pueblo bonaerense como es Pringles, a una fabulosa fiesta en casa de Norah Lange y Oliverio Girondo donde estaba *todo el mundo*—. O apoyaba de manera absoluta sus textos. Nuevamente aquí el caso de Arturo Carrera, cuyo primer libro se presentó en el CAYC con unas palabras de Enrique Pezzoni y la grabación de gran parte del libro en la voz de Alejandra. El efecto era maravilloso y estremecedor: de pronto se apagaron las luces y, en la oscuridad se escuchó la extraña e inquietante voz de Alejandra. A tal punto era impresionante que la misma Alejandra se estremeció y se aferró del brazo de Arturo —estaba nerviosísima pese a que había grabado con una conciencia profesional increíble, en una larga y riquísima sesión donde repitió cada poema hasta encontrar el color exacto de la voz, la modulación precisa, para que las palabras estuvieran presentes en todo su peso y su materialidad—. «Me da miedo mi voz en la oscuridad», dijo.

Claro que esos gestos espléndidos no surgían de una especie de «bondad» que prescindía de la lucidez crítica: en el campo de la escritura, como lo recordaba Ivonne Bordelois, Alejandra era *implacable*. No tiene nada de extraño, entonces, la anécdota que cita Juan José Hernández respecto de un poeta mediocre que le llevó una carpeta de poemas para que los leyera. «Ella les dio una ojeada y al rato le comentó: 'Lo felicito. Supongo que debe tener una máquina muy buena porque tipea muy bien'». Telón y mutis por el foro.

Una casa, entonces para recibir a los amigos o para echarlos cuando llegaba el momento de trabajar y entrar en la zona de la concentración estática —o bajar a los bares a escribir y leer cuando la casa se le caía metafóricamente encima—, también para recibir la hermosa edición —en papel beige y formato pequeño, con un grabado de «*der Struwwelpeter*» (se lo ha traducido como Pedro Melenas, Pedro el Desgreñado o el Despeluzado)[98] en la tapa y su apellido en grandes letras

98. Debemos el dato preciso de la ilustración a Mariana Di Ció, quien en su excelente libro *Une calligraphie des ombres. Les manuscrits d'Alejandra Pizarnik* (París: P.U.V, 2014) corrige el error de identificación que realizó Cristina Piña en su biografía de 1991 —como un grabado medieval— cuando corresponde a la imagen con la que Heinrich Hoffmann ilustró al personaje del famoso cuento para niños que también él escribió en 1845 (Di Ció, p. 166). Pero no solo se le debe este

verdes sobre esa tapa de color tostado claro— que apareció en Editorial Sudamericana de ese libro fundamental que es *Extracción de la piedra de locura*.

Quisiéramos consignar un dato interesante aportado por Ivonne Bordelois, relativo a la remisión imaginaria del título:

> Un detalle curioso: hay quien ha visto en el título de uno de los últimos libros de Alejandra, *Extracción de la piedra de locura*, una alusión a rituales medievales, un regreso a la magia conjuratoria de los cuadros de Bosch. La realidad es, como de costumbre, más cercana y al mismo tiempo más exótica. Por aquel entonces trabajaba yo en el Instituto de Lingüística de la Facultad de Filosofía y Letras, que tenía una breve pero interesante colección de textos indígenas, recogidos y traducidos por misioneros y antropólogos. Lamentablemente no recuerdo ni la lengua ni la tribu de que se trataba, ni tampoco el traductor, aunque sí con certeza que el texto se había recogido en la Argentina. Debo decir que el largo poema-ceremonia que seguía al título no desmerecía de él. Fascinada, se lo comenté a Alejandra, que previsible e inmediatamente me arrebató el libro. Fueron necesarios varios meses y más de una advertencia de la Biblioteca para recuperar el texto mágico.

De todos modos, la vinculación con el cuadro del Bosco de idéntico nombre no resulta en absoluto extemporánea, en tanto

dato —que como señala, había identificado acertadamente Julieta Gómez Paz en 1977—, sino que además lo interpreta con singular sutileza en relación tanto con el surrealismo como con aspectos autobiográficos de la autora (pp. 170-173).

se maneja —sobre todo en las personificaciones de la muerte— con una imaginería medieval afín con la del pintor. Pero, sobre todo, el nivel en el que pone en juego la estructuración misma del sujeto en poemas como el que da título al libro nos remite a un mundo de imágenes fragmentarias que, si psicoanalíticamente nos sugieren las fantasías del *corps morcellé* anterior a la constitución del yo de las que habla Lacan, plásticamente lo hace al mundo de formas híbridas, prehumanas y desestructuradas de los cuadros del Bosco, sobre todo *El jardín de las delicias*, explícitamente nombrado en un poema. Por otros motivos directamente vinculados con las referencias externas e internas que encontramos en los cuadernos y diarios, por un lado, y por el otro, en los mismos poemas, en el libro antes citado Mariana Di Ció coincide en articular ambas referencias con el título (pp. 175-185).

Según las fechas atribuidas a las cuatro partes en que se divide el libro, los textos fueron escritos entre 1962 y 1966. Sin embargo, son pocos los poemas que nos recuerdan el mundo de equilibro poético característico de sus dos libros anteriores.

No es solamente que la forma predominante sea el poema en prosa, breve o extenso, sino el tono y las imágenes, la zona de indagación poética, sobre todo la presencia, en un nivel nunca antes registrado, de la muerte, y una emergencia exasperada de la desestructuración subjetiva, los cuales nos instalan en una zona abiertamente ominosa y alucinada. También hay un reforzamiento de la investidura del lenguaje como instancia única de realización vital que resulta nueva en su escritura. O al menos, de una intensidad mucho mayor.

Quizás estos rasgos justifiquen la apreciación de Juan Gustavo Cobo Borda, el crítico y poeta colombiano, acerca de que este libro articula la «palabra culpable» frente a la «palabra inocente» reclamada como propia —o como meta— en los libros precedentes. Aunque, quizás, más preciso sería hablar de una *palabra desgarrada.*

En las tres primeras partes del libro, se va delineando una atmósfera de tragedia y de combate a la vez: el yo sometido a las presencias que emergen de la noche, ámbito que reina en el libro. Una noche que ya no es algo exterior al sujeto sino que entra prácticamente en una relación de identidad con él, al romperse las fronteras que dividen el afuera del adentro, como lo dice en «Contemplación»:

Murieron las formas despavoridas y no hubo más un afuera y un adentro. Nadie estaba escuchando el lugar porque el lugar o existía. (p. 217)

De forma tal que el yo se planetariza —«Algo caía en el silencio. Mi última palabra fue *yo*, pero me refería al alba luminosa» (p. 243)— y tanto como es *todas las cosas*, los procesos externos se interiorizan —«Aun si digo *sol*, y *luna* y *estrella* me refiero a cosas que me suceden» (p. 243)—. Ahora bien, esa transformación de ninguna manera implica una auténtica fusión, sino que se vincula con la tarea de la escritura —«Toda la noche hago la noche. Toda la noche escribo. Palabra por palabra yo escribo la noche» (p. 215)—, por lo que en realidad hay un proceso a partir del cual el entorno se hace abstracto, en la medida en que se convierte en un hecho de

lenguaje —y, recordémoslo, el lenguaje asesina a la cosa—
y la subjetividad reina. Pero más que el de la subjetividad, se
trata de los dominios de la «reina loca» tantas veces aludida,
que recorre los laberintos de su interioridad acosada por imágenes de muerte.

> Cada noche, en la duración de un grito, viene una sombra
> nueva. A solas danza la misteriosa autómata. Comparto su
> miedo de animal muy joven en la primera noche de las cace-
> rías. («Nuit du coeur», p. 218)

> Un ahorcado se balancea en el árbol marcado con la cruz lila.
> Hasta que logró deslizarse fuera de mi sueño y entrar en mi
> cuarto… («Cuento de invierno», p. 219)

Esta tarea de escritura no representa más un refugio y, a veces aludida como *canto*, sigue apareciendo como una conjuración o una defensa contra el horror del silencio, en el que
se acumulan las figuras del terror: «Cuando a la casa del lenguaje se le vuela el tejado y las palabras no guarecen, yo hablo» (p. 223). En efecto, en estas tres primeras partes de *Extracción de la piedra de locura*, el lenguaje se revela como una
conjuración de fuerzas enemigas y letales que se *ceban* del yo,
personificadas en «las damas solitarias», «vestidas de rojo»
que adquieren carnadura ominosa sobre todo en los poemas
«Fragmentos para dominar el silencio» y «Sortilegios». En
ellos aparecen imágenes oníricas y torturadas, y emerge una
dimensión «vampírica» del lenguaje —que asesina no solo a
la cosa, sino a la subjetividad—, y su carácter de madre terri-

ble ilumina el drama del sujeto entregado a él como única e inoperante defensa contra el silencio. Porque si el lenguaje mata:

> Y las damas vestidas de rojo para mi dolor y con mi dolor in-
> sumidas en mi soplo, agazapadas como fetos de escorpiones en
> el lado más interno de mi nuca, las madres de rojo que me
> aspiran el único calor que me doy con mi corazón que ape-
> nas pudo nunca latir, a mí que siempre tuve que aprender sola
> cómo se hace para beber y comer y respirar y a mí que nadie
> me enseñó a llorar y nadie me enseñará ni siquiera las grandes
> damas adheridas a la entretela de mi respiración con babas
> rojizas y velos flotantes de sangre, mi sangre, la mía sola, la
> que yo me procuré y ahora vienen a beber de mí luego de ha-
> ber matado al rey que frota en el río y mueve los ojos y sonríe
> pero está muerto y cuando alguien está muerto, muerto está
> por más que sonría y las grandes, trágicas damas de rojo han
> matado al que se va río abajo y yo me quedo como rehén en
> perpetua posesión. (p. 224)

el silencio también es el ámbito de la muerte:

> La muerte le ha restituido al silencio su prestigio hechizante.
> (p. 223)

Es decir que estamos en un nivel del drama interior que no tiene salida ni redención, porque la muerte está en todo y por doquier —lenguaje y silencio— y se ha encarnado definiti-vamente en el sujeto.

Esta experiencia de ser noche y muerte se refuerza al reaparecer la metáfora de las dos orillas del ser y ahondarse la experiencia de la duplicación del yo. En efecto, en relación con lo ya nombrado en los libros anteriores, la subjetividad se experimenta como definitivamente prisionera del dominio de la destrucción y la multiplicación, exiliada del mundo de la unidad.

### RESCATE

Y siempre el jardín de lilas del otro lado del río. Si el alma pregunta si queda lejos se le responderá: del otro lado del río, no éste sino aquél. (p. 229)

En cuanto a la duplicación del yo, esa niña que era aparecerá ahora como cadáver, como la criatura perdida en el temor de verse en la que ahora es o la dormida en el reino de la inocencia.

Yo estaba desnuda y llevaba un sombrero con flores y arrastraba mi cadáver también desnudo y con un sombrero de hojas secas. (p. 227)

Cubre la memoria de tu cara con la máscara de la que será y asusta a la niña que fuiste. (p. 242)

… Yo me levanté de mi cadáver, yo fui en busca de quien soy. Peregrina de mí, he ido hacia la que duerme en un país al viento. (p. 243)

Como vemos, esa duplicación tampoco permite, por sí misma, una ubicación definitiva de la subjetividad desgarrada, ya que quien habla oscilará alojándose ya en el yo, ya en su doble, en una alternancia que es una auténtica «errancia del ser» entre sus posiciones antagónicas y sus espejos interiores y siniestros. Porque, por momentos, el doble no será esa figura del deseo —la niña— perdida en su «país al viento», sino la *sombra* que aterroriza a la que escribe en la noche.

Ambivalencia absoluta, entonces. Yo que es su doble ominoso, silencio que es el lugar de la muerte y contra el cual se habla/canta/escribe; lenguaje que combate contra él para transformarlo en «silencio perfecto», pero desde su condición de muerte: «... ¿Y qué deseaba yo? / Deseaba un silencio perfecto. / Por eso hablo». (p. 243)

Es decir, un paisaje angustiante donde se dibujan, como en las pesadillas, imágenes despavoridas. Lógicamente, el tono ha cambiado de manera decisiva. De la voz que trazaba una zona encantada aun para aludir a la muerte y la pérdida, pasamos a una voz trágica, que salmodia o adopta el ritmo ya entrecortado, ya fluido, del tiempo funesto. Sin embargo, todavía —lo cual le da una peculiar riqueza tonal— hay posibilidades, en este ámbito oscuro y estremecedor, de pulsar la voz antigua y bella:

Detrás de un muro blanco la variedad del aro iris. La muñeca en su jaula está haciendo el otoño. Es del despertar a las ofrendas. Un jardín recién creado, un llanto detrás de la música. (p. 233)

Todo esto es una suerte de preparación o preludio para los tres extensos poemas en prosa de la parte final, donde los conflictos de esa subjetividad que se ha vuelto lenguaje y está sometida a los peligros mortales de su búsqueda interior alcanzan el punto más álgido y visionario, nunca antes logrado por su poesía.

Se trata de auténticas visiones «del otro lado de la muerte», desde la tumba —«No temas, nada te sobrevendrá, ya no hay violadores de tumbas» (p. 247)— o a punto de entregarse a la muerte. Desgraciadamente resulta imposible analizar en profundidad el inagotable potencial significante de estos textos dentro del marco de la presente biografía. Pero es imprescindible señalar que en todos ellos se realiza una idéntica desestructuración del sujeto. Nos vemos así sumidos en un proceso verbal donde muerte y origen intercambian sus signos; donde el sujeto se retrotrae hasta el punto mismo de su nacimiento —que se metamorfosea en el lugar de la muerte y el lugar donde nacen los cuerpos poéticos—, equiparando subjetividad, poema y aniquilación del yo; donde yo y doble se trenzan en un diálogo enloquecedor y, junto con las imágenes de la plenitud alguna vez experimentada, se suceden los letales contenidos imaginarios que acechan en ese mundo que se va derrumbando. También, donde definitivamente se caracteriza a la tarea de escribir como una inmersión en la muerte restauradora pero aniquilante:

Escribir es buscar en el tumulto de los quemados el hueso del brazo que corresponde al hueso de la pierna. Miserable mixtura.

Yo restauro, yo reconstruyo, yo ando así de rodeada de muerte.
(p. 251)

Y en medio de ese delirio que implica la sumersión más implacable en los contenidos del inconsciente y en la escritura
como única y engañosa salvación, donde la locura despliega
sus visiones nocturnas pero se la reconoce como único privilegio del sujeto —«No obstante, lloras funestamente y evo-
cas tu locura y hasta quisiera extraerla de ti como si fuese
una piedra, a ella, tu solo privilegio» (pp. 247-248)—, hay
sin embargo espacio para que, a través de las ramas del bosque interior alucinado aparezcan imágenes de una delicadeza
y ternura extremas:

No me hables del sol porque me moriría. Llévame como a una
princesita ciega, como cuando lenta y cuidadosamente se hace
el otoño en un jardín. (p. 251)

Todo se ha interiorizado aquí. Se le ha conferido al lenguaje
el carácter de sola instancia de realización posible. Se ha en-
trado en el camino sin retorno de exponerse, desde la concentración más atenta y sin concesiones, a las maquinaciones
de las que se sirve la muerte para adueñarse del yo. De tal
apuesta poética no se vuelve impune. Sobre todo si la inclui-
mos en el contexto de su producción escrita del momento,
donde desde todos los flancos —humor, sexo, infancia— se
apela y se convoca a la muerte; también en la recurrencia, en
el plano de la realidad, a las anfetaminas para favorecer ese
tránsito alucinado, en su subordinación vital a esa tarea de-

constructiva que rige su creación. Así escribirá en su próximo libro la frase —«haciendo el cuerpo del poema con mi cuerpo»— que la hermana con Artaud, a quien lee y traduce con especial cuidado en la época; convertirá los diarios de Kafka casi en su libro de cabecera —«Leer, sin falta, un párrafo de K., como quien lee la Biblia» (23 de junio de 1968, p. 789)—; se dejará llevar a las predicciones más estremecedoras de su propia muerte; reforzará sus máscaras de humor desopilante para mejor ocultar la agonía que, en menos de dos años, la empujará a su primer intento de suicidio.

No es extraño, entonces, que le escriba estas líneas a Ivonne Bordelois, tras la aparición de *Extracción de la piedra de locura*, las cuales son el reconocimiento del carácter decisivo de este libro, en el doble plano vida/poesía:

> Pero a propósito del libro: acaba de ver la luz el mío: «Extracción de la piedra de locura». No sabría decirte nada de él salvo que algunos fragmentos desafían a Pascal en el sentido de que fueron escritos en esos instantes en que escribir es sinónimo de lo imposible.
>
> No obstante, creo que este libro cierra una puerta (y abre otra, naturalmente). Nunca más escribiré sus textos anonadados y alucinados. ¿Lamentarlo? No, afronto los cambios y sus temibles consecuencias... (pp. 106-107)

Como señala Ivonne, no puede asombrarnos que entre tales «temibles consecuencias» se agazapara su propia muerte.

En relación con este libro, también, importa detenerse en algo que hemos señalado en diversas ocasiones: la incapacidad de Alejandra de disfrutar de sus logros literarios. Lo vemos con toda claridad en esta anotación acerca de la presentación de *Extracción de la piedra de locura* del 29 de noviembre de 1968:

> Ayer, presentación de mi libro. Estaba tan afable y contenta y serena con todos porque no los veía. Algo —mi enfermedad— se interponía y yo jugaba el juego que me tocaba jugar. La dama extranjera, ¿quién sería? ¿Una espía nazi o una profesora de literatura? Luego una pareja desconocida, humilde y cordial. Estos tres personajes inesperados fueron el regalo del azar. Quisiera tener algunos buenos lectores desconocidos. (p. 835)

Y sin embargo, esto no implica que sea inmune a las críticas, como podemos apreciarlo en estas palabras del 12 de diciembre del mismo año:

> *Lunes*
>
> Pánico parecido al que censuré en V. Woolf cuando E. P. me dijo que en La Nación apareció una nota «estúpida sobre tu libro». Pensé en mi madre, en los sacrificios que hace para que yo escriba y sea toda una femme des lettres consagrada, y esto no lo pude soportar. [...] Por fin hoy mi madre me dijo que me sacaron «una nota interesante» en La Nación o sea que la interpretó mal (o tal vez bien, ¿cómo saberlo?). Pero nada de esto me alarma. Lo esencial es que pensé, incluso, en dejar de escribir... para no molestar a nadie, para que no me den

duro, para que no me anden manoseando. O, simplemente, en escribir y no publicar. Es extraño, pero yo me sentía bastante intocable. (¿Acaso soy Borges para someterme a semejante orgullo?) Por otra parte, es significativo que se ocupen de mí, aun si es para castigarme. De algún modo, no me pueden ningunear ya, y es esto, en el fondo, lo que en este país se considera castigo. Yo, por mi parte, prefiero el silencio a esas manifestaciones dudosas. Pero mi libro es muy difícil y nadie o casi nadie podría comentarlo con justicia. Esto no quiere decir que yo estime que se trata de un libro perfecto. Acaso creo lo contrario, pero de todos modos, pocas veces se han hecho tales esfuerzos por aclarar lo indecible. (pp. 839-840)

Poco antes de la publicación de este libro capital, hay un hecho de singular importancia dentro de su trayectoria literaria: la obtención, en 1968, de la prestigiosa Beca Guggenheim.

Ganarla no solo significó para Alejandra uno de los mayores reconocimientos que su tarea de escritora podía recibir, sino algo aún más importante, en tanto significaba una cantidad de dinero que por primera vez le permitiría legitimar esa consagración absoluta a la literatura.

Veamos la entrada en su diario:

Ayer me enteré de que me concedieron la beca. Mi euforia por el aspecto económico del asunto, es decir: hablar de millones con mi madre sabiendo las dos que esa cantidad enorme proviene de mi oficio de poeta. En efecto, es como si algo a modo de destino me ayudara a afrontar mi destino de poeta. Cada

año de mi vida, cada sufrimiento, cada jornada de total soledad, todo parece una conjuración o una benévola asamblea
cuya finalidad sería la de confirmar mi destino (no elegido sino
fatalmente impuesto) de poeta. (26 de julio de 1968, p. 804)

Su consagración «loca» a la poesía no solo le traía prestigio,
amigos importantes, figuración, sino también dinero, muchísimo dinero de pronto, ante ese modesto y esforzado mecenas que fue su madre y a quien le dedicó precisamente
*Extracción de la piedra de locura*. Rosa Bromiker de Pizarnik, quien desde que Alejandra vivía sola, además de mante-
nerla económicamente trabajando ella como *cuentenik* para la
supervivencia de ambas, se ocupaba de lavarle y plancharle
la ropa, enviarle una muchacha para que, una vez por semana, limpiara el departamento, llevarle comida para que no
viviera a fuerza de libros, de Coca-Cola y sándwiches de vez
en cuando (comida que nunca comía, por otra parte). Era
demostrarle que su tarea valía la pena, que su obstinación no
era gratuita o caprichosa o disparatada, sino que tenía razón
y que desde la marginalidad que su vocación significaba
para el mundo burgués donde habitaba su madre, también
podía ganarse ese símbolo por antonomasia de la burguesía:
el dinero.

Claro que, como dijimos antes, Alejandra «malgastó» ese
dinero comprando sus amados papeles, sus cuadernos es-
plendorosos, sus lapiceras, sus objetos bellísimos e «inútiles»
desde el punto de vista convencional y, sobre todo, regalan-
do. Recuerda Diana Bellessi que, en esa época, era una fiesta
salir con Alejandra a recorrer los negocios donde brillaban

los objetos de su deseo —una carísima y hermosísima lapice-
ra francesa para su «papá» Pichon Rivière; papeles, cuadernos y tarjetitas para los amigos—, que compraba con alegría
de niña, mirándolo todo, «pudiendo», dándoles rienda suelta
a su generosidad y a ese placer de los dioses que era regalar
tales maravillas.

Quizá la imagen de una Alejandra eufórica, parada ante
el escaparate de una vidriera donde se desplegaban lapiceras
y cuadernos, resmas de papel de delicadísimos colores,[99] con
el brillo del deseo y la sensualidad en sus ojos, con la «alegría
inadjetivable» de saber que podía hacerlos suyos, o bien ya
con el fetiche deseado entre las manos, sea una buena imagen para cerrar este período. Una acuarela donde los colores
se esfuman ante el resplandor del deseo cumplido y el placer,
antes de hundirnos en el corredor oscuro y tristísimamente
gris o lila o negro con vetas rojas de la última casilla de su
rayuela, que por desgracia no fue el cielo.

«... un instant encore, regardons ensemble les rives fami-
lières...»

---

99. En *Las aventuras perdidas* le escribió a su amiga Aurora, como
dedicatoria, una cartita en una hoja de su libretita rosada. Ya empezaba
su fijación con los objetos —color y tamaño— en lo posible pequeños.
Hasta entonces firmaba con una flor seguida de una a minúscula, Flor
a, y con su amiga se presentaban como 'Florita y Faunita'. El apelativo
creado para Aurora Alonso, Faunita, se debía a que le gustaba jugar con
animales como tigres y lobos en sus primeros cuentos, a los que la autora califica de «malos».

# 5

# Final del juego

*La noche soy y hemos perdido.*
*Así hablo yo, cobardes.*
*La noche ha caído y ya se ha pensado en todo.*

ALEJANDRA PIZARNIK

Todos, alguna vez, hemos vuelto al territorio de la felicidad para encontrarnos con un harapo desconocido y desconcertante, un resto quemado por el ácido del tiempo, donde las claves de nuestro pacto interior con los lugares —guardadas en la memoria como un refugio entrañable— se han convertido en un silencio o en una cifra extraña. Por su parte, las personas se han transmutado en autómatas o en maniquíes helados; la patria secreta, en un paisaje cerrado como un puño, donde se habla una lengua extranjera y no hay siquiera un poco de aire para respirar. Porque así fue el París al que Alejandra volvió en 1969: baldío, ignoto, insoportable.

Es cierto que, para realizar la operación mágica del retorno al escenario de su única fiesta verdadera —más allá de todo lo que sufrió allí—, equivocó los pasos: seguramente por requerimientos de la Beca Guggenheim, aunque tal vez por su propio deseo de conocer esa «joya siniestra» que es Nueva York, no se dirigió directamente al París de su memoria, sino que hizo una parada en esa ciudad que puede ser infinitas cosas —desde el centro del universo a un arrabal del infierno, pasando por una hoguera de vanidades o un escaparate de sueños—, pero *nunca* el refugio de una poeta con la sensibilidad finísima y atormentada de Alejandra.

Y por más que le envió diversas cartas a Ivonne pidiéndole consejos acerca de adónde ir en Nueva York o «Harvard»— Ivonne estaba en el MIT pero Alejandra constantemente se refiere a Harvard en una confusión incorregible—, cuando llegó el momento, solo soportó unos pocos días en Nueva York, sin siquiera llamar a Ivonne para recurrir a su ayuda.[100]

Pero mucho más elocuentes que las nuestras son las palabras con las que primero reflexiona en su diario sobre el desprecio que le despierta la ciudad:

Mi miedo en NY se vuelve extraño por estar mezclado con el desprecio. Pocas veces he sentido tamaño desprecio por un conjunto humano, por una ciudad. Por eso que constituye el ritmo de una ciudad. Incluso el Village, punto de reunión aparente de los artistas, no logra mostrarme algo que me explique que vale la pena vivir en él. He mirado caras vacías —algunas simpáticas, no lo niego. Y he sentido que estaba en

100. No nos ha sido posible fechar con exactitud su viaje a Nueva York y París. Por su diario sabemos que fue en marzo de 1969, ya que el 17 de ese mes escribe desde Nueva York la reflexión sobre la ciudad que transcribimos seguidamente.

un lugar muerto. Poco me interesan los disfraces de esta gente pues no llego a vivenciarlos como disfraces. (17 de marzo, 1969, p. 853)

y aquellas con las que le cuenta a Ivonne, unos dos meses después de su partida y ya de vuelta de París, su pavoroso encuentro con la ciudad:

19 de mayo de 1969
… Empiezo con N. York. De su ferocidad intolerable no necesito enseñarte nada. Vos habrás sentido como yo que allí el poema debe pedir perdón por su existencia. El poema, el amor, la religión, la comunión, todo lo que sea belleza sin finalidad y sin provecho visibles. Estos comentarios parecen generales pero son muy subjetivos. Es una ciudad feroz y muerta a la vez y yo supe —por «la hija de la voz»— que si me quedaba un poquito más en ella me vería condenada a reaprender mi nombre. Como ves, no es la ciudad, sino el país. (p. 112)

Unos meses más tarde, y en relación con un desencuentro similar sufrido por Ivonne en uno de sus tránsitos de una ciudad a otra, completa esta visión fatídica:

Buenos Ares, 5 de septiembre de 1969
Querida Ivonne A.:
[…] Es curioso: ambas hacemos una referencia tristísima al extraño pasaje de París a Boston en tu caso y de N. York a París en el mío. Pero qué justo y exacto decir como vos decís: «Mi

vida falta [...] en este país tan vertiginoso y vacío...» Aunque
no lo creas, yo había escrito en mi diario: «Execro N. York. Es
feroz y vacía». Por más que crea, como vos, que «ataca la sustancia del alma», creo, también, que al menos sus juegos son
*visibles*, lo que significa que son más dolorosos pero menos
peligrosos. Allá donde sabemos que el *pneuma* será acechado
y acosado tomamos precauciones y nos defendemos. Un ejemplo: el film de Chaplin que viste después de escribirme. Con-
fieso que me sentiría más tranquila si te viera munida de los
diarios de Kafka o de algo de Michaux (por ejemplo *Passa-
ges*). Claro que tenés la Biblia pero es tan pero tan grandiosa
que a veces, frente a lo «vertiginosamente vacío», una frase
cotidiana de Kafka resultaría más eficaz y podría remitirte
inmediatamente a «un espacio de rescate o de centro». Otra
cosa: es un pecado no tomar notas sobre el horror o el enemigo.
(pp. 117-118)

Creemos que hay objetos y ciudades —porque, ¿qué es una
ciudad sino un objeto inmenso y envolvente que puede devo-
rarnos o cubrirnos con un abrazo de amparo?— de cuyo
contacto no podemos emerger impunes y que contaminan
tanto nuestra realidad externa como interna. Por eso mismo,
no nos parece tan inexplicable que su huida espantada hacia
París, tras ese encuentro quemante, haya estado signada por
idénticas señales de desdicha y extrañamiento. Además de la
irradiación funesta de Nueva York —ese tropiezo en los pasos del acercamiento mágico a la ciudad de su memoria—,
París le deparaba la infeliz revelación de que confrontar los
paisajes imaginarios con la realidad es una operación imposi-

ble e implacable, donde la pérdida siempre está del lado de lo real, esa instancia insoportable de la que nos defienden lo imaginario y lo simbólico.

Y no es porque, como lo vimos al recordar su estadía allí, París no haya sido lugar de terribles sufrimientos y desencantos, sino porque la memoria se las ingenia para borrar los momentos horribles y aferrarse solo a lo bueno que se vivió. Y es indudable que Alejandra vivió muchos momentos maravillosos en París, en especial a través de sus contactos literarios.

En cambio, cuando llegó a París en 1969, se encontró con que la zona sagrada estaba invadida por las marcas del «otro mundo» y *nada* quedaba de la *fourmillante cité* de nueve años atrás, donde se había autoengendrado como la poeta de voz lúcida y dolorida que hablaba en *Árbol de Diana* y *Los trabajos y las noches*. Nuevamente en las cartas a Ivonne surge el perfil exacto de ese desencuentro:

Buenos Aires, 16/7/69

[...] Por mi parte encontré en París algo que me horrorizó: una suerte de americanización —traducida al francés, desde luego— que no me hizo daño, pero me dolió que en el Flore, par ex., allí donde veía a Bataille, a Ernst, a Claude Mauriac, a Jean Arp, etc., etc., no vi sino jovenzuelos de rostros desiertos con pantalones de gamuza y el uniforme erótico-perverso del hippie de luxe. Lo mismo en Les DeuxMagots, e inclusive en el café de la Mairie (St. Sulpice), a donde iban Bonnefoy, du Bouchet y pintores jóvenes. No me lamento por la desaparición de los cafés literarios, pero hay que confesar qué lindo era llegar al Flore y mirarse a los ojos con Bataille, con M. Leiris, con

Beckett, con R. Blin, con L. Terzieff, con Simonetta, con Jean
Paul y con el flaco Abel que aún espera. (p. 114)

Pero no solo era la transformación del escenario de la fiesta,
adornado con guirnaldas de conmovedora belleza por la operación de la memoria, sino, como lo contó a su vuelta —ra-
pidísima, casi en el vértigo de la huida—, el desencuentro
con los amigos que infaustamente no estaban en la ciudad o,
si estaban, no tenían ese lujo del tiempo libre para las caminatas eternas, las charlas hasta el amanecer, los intercambios
estrechos y encantados. Alejandra llegó a un París irremediablemente *adulto*, donde ese ritmo de bohemia que algunos
artistas todavía podían permitirse en la provinciana y tercer-
mundista Buenos Aires era casi un pecado.

Por supuesto que todos la querían mucho, se alegraban
enormemente de que estuviera allí después de tantos años,
pero ocurría que tenían que *tra-ba-jar* —ese verbo que Alejandra nunca aprendió a conjugar— y estaban atrapados en
el ritmo vertiginoso de un país del Primer Mundo que produce, crece, compite en el mercado internacional y da por
descontado que a los treinta y tres años una ciudadana se
debe ganar la vida y pagar sus impuestos, se ocupe de lo que
se ocupe. Un país que consideraba que la bohemia estaba
muy bien para los jovencitos y los marginales y que, si bien
seguía estudiando atenta y respetuosamente a sus poetas
malditos, los miraba como a una curiosidad del pasado que
formaba parte de su herencia cultural. El surrealismo, ¿perdón? Ah, sí, ese movimiento literario que se había acabado
en 1935.

Y, sin embargo, cuando volvemos a su correspondencia con Ivonne, nos encontramos con un relato de los encuentros que no parece justificar *per se* el retorno, vemos si no, la continuación de la carta del 19 de mayo, posterior al relato de la experiencia neoyorquina:

> Así llegué a París, herida por New York [...] En Orly me esperaban Laure Bataillon con su marido e hijito maravilloso (es mi amistad importante más reciente). Gracias a los días de Pascua no había otro hotel que uno tan caro cuanto inmundo. Lo único lindo era la criada española: «Le sirvo a vú el petí desaiuné...» Pero qué importa el hotel... Lo principal era ver antes que nada la placita Furstenberg y la St. Sulpice. Lo principal era el reencuentro con la gente más grata. Fueron encuentros maravillosos: Laure, Chichita Calvino, Marie-Jeanne, Octavio Paz y su nueva, encantadora mujer, Pieyre de Mandiargues y la inefable Bona, mi tío Armand, mi tía Geneviève (que me cubrió de regalos), mi primita Pascale, etc., etc. Con Marie Jeanne te recordamos muchísimo. (p. 113)

En otro sentido, casi como una venganza de ese mundo sociopolítico exterior del cual Alejandra siempre se había exiliado voluntariamente, le tocó presenciar algunos tumultos callejeros —no estaba tan lejano el memorable Mayo del 68— y un virulento rebrote de antisemitismo que convirtió la memoria ancestral de la persecución sufrida por el pueblo judío en una presencia palpable e insoportable.

De pronto desapareció su convivencia interna y «natural» con su condición de judía no practicante pero marcada por los lazos de una tradición que sentía especialmente vivos al final de su vida, como lo demuestran sus lecturas, sus diarios y ciertas conversaciones con sus amigos. Se le desplomaron sobre la conciencia —cuidadosamente vuelta hacia la auscultación de sus procesos privados— los horrores de la Segunda Guerra Mundial, las cámaras de gas, la familia masacrada en Rusia y en Polonia, la sensación de animal azuzado por la jauría demente que había vivido en la lejana infancia no solo a través de la tristeza de sus padres, sino también de la bomba de alquitrán con la que una vez marcaron su casa en el barrio de la infancia, Avellaneda, como lo recuerda una de sus amigas. Era saberse «extranjera» y «sin patria», no ya solamente en el nivel del lenguaje y la imaginación poética, sino como un dato concreto de la realidad.

Antes, al hablar de la muerte de su padre, mencionamos ese *resto* inasimilable que toda muerte concreta significa, aun —o quizás sobre todo— para quien ha consagrado su escritura a convocarla, seducirla y jugar peligrosamente con ella. Imaginamos que esta coincidencia brutal de la realidad con su mundo imaginario, al poner ante sus ojos el odio y el gesto de repudio que ciertos grupos descargaban sobre los judíos, ha de haberla perturbado con igual intensidad, solo que en un nivel diferente.

Lo que hubo de ser la verdadera «vuelta al hogar» se transformaba, siniestramente, en una temporada en el infierno, donde, a todo lo anterior, Alejandra sumaba el peso simbólico de una ausencia que, si bien se había producido durante su estadía anterior, la registra y la experimenta ahora, sin duda proyectando sobre ella la falta paterna. Porque si

Elías Pizarnik, el padre real, había muerto en su patria adoptiva, Georges Bataille —cuyos ojos azules duplicaban, en la patria literaria, los ojos del padre íntimamente amado y rechazado, permitiéndole a Alejandra designarlo su padre en el reino de la creación— faltaba en París. Una falta que era ya de 1962, pero que la huérfana resiente ahora.

Entre esa suma de adversidades, ¿cómo no quedarse más que unos pocos días en la ciudad amada, que ya no era una fiesta sino un fantasma deshabitado de lo que fue? ¿Cómo no huir espantada si el territorio que era la *patria* la expulsaba condenándola a la intemperie, la errancia y la soledad? ¿Cómo no ser incapaz de soportar siquiera *tres* días hasta la llegada de Olga Orozco y Valerio Peluffo, su marido, con quienes había acordado encontrarse en la ciudad, si todo y todos parecían empujarla hacia el avión?

Creemos que este dato —la imposibilidad de esperar tan luego a su «madre literaria» por apenas tres días— es lo suficientemente revelador del grado de angustia y sensación de expulsión que Alejandra ha de haber experimentado. Simplemente, agreguémosle una brevísima referencia que desliza en una postal enviada, ya desde Buenos Aires, a Esmeralda Almonacid el 4 de junio —«la palabra, en justo castigo, se me negaba» (p. 329)— y tendremos el cuadro completo del desencanto, el exilio y el vértigo que este viaje significó.

Asimismo, en un nivel casi metafísico pero a la vez como replanteo del sentido de su obra y de la tarea de escribir, lo que llama en su diario, la gran revelación de París: «El tiempo que pasa: la gran revelación de París. He visto qué pasa cuando pasan cinco años. Por eso mi urgencia por volver a

B.A. y transmutar el tiempo ciego en poema, en obra. En obra, sí, pero no en acto» (entrada del 7 de abril, p. 854).

Sin embargo, tal vez, si seguimos buceando en sus papeles, la clave de ese desencuentro sea una suma de lo que le dice a Ivonne en la carta ya citada del 19 de mayo:

> Bueno, después de tantos encuentros preciosos decidí ponerme a trabajar y los departamentos incomodísimos (sin salle de bain) y carísimos me llevaron a pensar en el mío, desocupado, confortable y esperándome. Entonces decidí volver dispuesta a regresar a París en serio, o sea por varios años. (p. 113)

y lo que anota en su diario el mismo 2 de abril del que citamos antes:

> Entretanto, quiero escribir —aprender a escribir, si es posible— y quiero aprender a vivir sin necesidad de adquirir cosas, pues es esto último una de las razones por las que no pude quedarme en París. *No. La razón primordial fue la falta de remedios.* (p. 854. El subrayado es nuestro)

Hemos subrayado esta oración deslizada casi como al descuido porque, si atendemos a su ritmo de consumo de psicotrópicos del momento —fueran recetados por Pichon Rivière, fueran conseguidos con recetas falsas o a través de amigos o farmacéuticos conocidos—, no es improbable que esa falta de sostenes químicos la empujara a su precipitada vuelta y a su régimen porteño de escritura y vida a partir de medicamentos.

Si París no era más una patria, ¿dónde buscar el arraigo que la pequeña extranjera necesitaba para vivir? Por supuesto, en la palabra, ya que Buenos Aires, a pesar de seguir alojando a quienes tanto quería, iba perdiendo algo del fulgor que, en los años anteriores, la atraía desde sus fiestas, sus cafés, sus restaurantes. Los amigos señalan que, después de su vuelta de este frustrado viaje, Alejandra inició un lento proceso de clausura progresiva que tendría una primera culminación en 1970, con el primer intento de suicidio. No es que dejara de verse con los habituales habitantes de su reino personal —incluso aparecerán muchos nuevos amigos, como Fernando Noy, Ana Becciu, Víctor Richini, Pablo Azcona, Ana Calabrese, Alberto Manguel, Martha Isabel Moia, Mario Satz, César Aira, Jorge García Sabal—, sino que la «errancia» alegre se iría reduciendo y cada vez más sería su casa el lugar de reunión.

Antes de centrarnos en su casa y la singular productividad que tienen esos años para Alejandra, es preciso que nos refiramos a una amistad que tuvo singular importancia desde su comienzo pero sobre todo en estos años: la de Antonio López Crespo y Marta Cardoso, a quienes ya había conocido en 1968.

Antonio, que era abogado y también había estudiado filosofía, tenía una librería en la calle Charcas 2424, entre Larrea y Pueyrredón —donde trabajaría Pablo Azcona y de la que era habitué Víctor Richini—, y apenas se conocieron se estableció una fuerte amistad entre Antonio, Marta y ella, aunque después Alejandra llegaría a ser muy amiga y compinche de Pablo y Víctor, pero al margen de su relación con los López Crespo. El encuentro se produjo gracias a Julio Cortázar, a quien Antonio en esa época —en un gesto muy lacaniano— le mandaba nombres de personas marcadas por el del propio escritor y a quien, cuando publica un libro de poemas en 1966/67, también se lo envía. Cortázar le responde con una esquela diciéndole que le ha pasado su libro a Alejandra, la que, al poco tiempo se da una vuelta por la librería y se establece una relación inmediata y muy cálida.

En esa época, ella estaba atravesando un buen momento, por lo cual iba mucho a casa del matrimonio, donde jugaba con sus hijos y les robaba los juguetes, estableciendo una especie de competencia infantil, pues se erigía en algo así como una hermana bastarda. Pero además, se trató de una época muy rica ya que compartían muchos programas: iban a comer, a caminar y a escuchar ópera al Colón. Pero esto último se acabó a la cuarta o quinta vez, cuando Antonio descubrió que esa especie de incómodo y repetitivo insecto que se oía en medio de las notas del *Falstaff* de Verdi era el ruido que Alejandra hacía con un sapito de lata que les había quitado a los chicos: la mujer de treinta y tantos años no podía dejar de hacerse la niña para concentrarse en la representación como una adulta.

Pero entre ellos el verdadero factor de unión era la poesía —Marta escribía y a Alejandra le gustaban mucho sus poemas, al punto que hizo el prólogo de su primer libro y le habló de ella, entre otros, a Olga Orozco— y los mismos intereses literarios.

Precisamente fue Alejandra quien, ante el problema que significó para Aquarius, la librería de Antonio, que cortaran la calle Charcas por unas obras y le taparan la totalidad de la vidriera, tuvo la idea de aventurarse en la tarea de edición. Y así lo hizo Antonio. Entre 1970 y 1971 publicaron tres libros de Alejandra: dos traducciones —la de Artaud, con un excelente prólogo de la propia Alejandra, y la de *La marea*, de André Pieyre de Mandiargues— y la primera edición en libro de *La condesa sangrienta,* que ya había aparecido en la revista mexicana *Diálogos* —al igual que la traducción de *La marea*— y en la argentina *Testigo,* dirigida por Sigfrido Radaelli. Y como lo señala el propio López Crespo, la empresa tuvo muy buen resultado, porque vendieron muchos ejemplares de cada uno —hizo tiradas de 3.000 ejemplares—, sin duda debido al formato pequeño, que también le sugirió Alejandra, el cual por un lado abarataba el producto y, por el otro, facilitaba su lectura. Consignemos, de paso y como confirmación de los amores literarios de Alejandra y su significación para la propia subjetividad, que cuando ella murió quedó sin editarse un libro que habían previsto con Antonio y que reuniría las fotos que les sacaba Lewis Carroll a niñas prepúberes y las cartas que les enviaba. Lo destacamos porque ese infantilismo que se había agudizado en sus últimos años y que se articula con una sexualidad perversa, además de haber aparecido ya desde su artículo sobre la antología de Silvina Ocampo y reiterarse en *La bucanera de Pernambuco o Hilda la polígrafa,* tiene un buen reflejo en las famosas fotos y cartas de Carroll sobre las que tanto se ha hablado y escrito.

Pero antes de llegar a estas publicaciones, hay diversos textos que considerar, pues se trata de un período especialmente fructífero de Alejandra, donde la prolongada permanencia en su casa está directamente relacionada con su productividad.

Acompañando esa producción, hay diversas publicaciones que es preciso destacar. En junio de 1969 aparece en la revista mallorquina *Papeles de Son Armadans*, el texto en prosa *El hombre del antifaz azul* y luego el breve libro *Nombres y figuras* en edición española de La Esquina, la editorial catalana que dirigía su amigo ya nombrado Antonio Beneyto.

Como en ese período la escritura se convierte, de manera más patente que nunca, en su patria, nos parece imprescindible detenernos en el paisaje que esa escritura traza como morada de la subjetividad poética.

Acerca de *El hombre del antifaz azul*—una reescritura de *Alicia en el país de las maravillas*, pero que carece del encanto y el fulgor siniestro de sus otras reescrituras de cuentos infantiles—, importa señalar, al margen del juego identificatorio Alicia/Alejandra sugerido por la denominación «A» de la protagonista, que en él empieza a surgir un lenguaje apenas procaz. En efecto, en su parte final titulada LA CONVERSADERA hay una referencia a escenas sexuales y se utilizan palabras antes impensables («mearme», por ejemplo). Esta procacidad incipiente luego será llevada a sus últimas consecuencias y se convertirá en la marca de los textos en prosa que escribe entre 1970 y 1971, y en los que nos detendremos en detalle más adelante.

El libro que resulta del más alto interés y significación es *Nombres y figuras*, cuyos poemas (escritos entre 1968 y 1969 según la datación de la misma Alejandra) después reunirá con otros posteriores, configurando su último libro publicado en vida: *El infierno musical*, el cual se editará con el sello Siglo XXI Argentina en diciembre de 1971, es decir, un año después.

*Nombres y figuras* (que apareció antes de septiembre de 1969 pues Alejandra le comenta a Marcelo Pichon Rivière en la posdata de una carta del 30 de ese mes: «Unos jóvenes coléricos de Barcelona me publicaron, sin decirme, un librejo regularcete», p. 365) continúa y profundiza la indagación en la subjetividad asumida por el lenguaje que se ha iniciado en *Extracción de la piedra de locura*, pero desde un lugar aún más «acendrado» y riesgoso. Aquí se articula de manera definitiva en su escritura la fusión entre cuerpo y poema, vida y poesía, acto y lenguaje. Esas frases tantas veces citadas en esta biografía, «haciendo el cuerpo del poema con mi cuerpo» y que constituye el centro de su poética, aparece en el final de «El deseo de la palabra».

> En la cima de la alegría he declarado acerca de una música jamás oída. ¿Y qué? Ojalá pudiera vivir solamente en éxtasis, haciendo el cuerpo del poema con mi cuerpo, rescatando cada frase con mis días y mis semanas, infundiéndole al poema mi soplo a medida que cada letra de cada palabra haya sido sacrificada en las ceremonias del vivir. (pp. 269-270)

En este poema parecen condensarse los emblemas capitales de su mundo poético: la noche, la muerte y el jardín —«La noche, de nuevo la noche, la magistral sapiencia de lo oscuro, el cálido roce de la muerte, un instante de éxtasis para mí, heredera de todo jardín prohibido»— y también, la expresión del definitivo exilio del ámbito representado por la infancia y de la multiplicación del yo —«En cualquier momento la fisura en la pared y el súbito desbandarse de las niñas que fui»—. Además, se advierten la frustrada esperanza de unión —«Si no vino es porque no vino»— y la contradictoria certeza final de que es «Imposible narrar mi día, mi vía». Es decir que, junto con la explícita asunción del lenguaje como única patria, emerge más agudamente que antes la certeza de que esta elección solo lleva «a lo negro, a lo estéril, a lo fragmentado», al «infierno musical» donde no hay posible lugar de reunión.

De esa lúcida evaluación de la pérdida y el gasto que entraña una apuesta tal, la extranjera, despojada hasta de la patria imaginaria donde detener su errancia y fundarse, si bien no abjura de su proyecto desmesurado, comienza a manifestar, con un acento más dolorido aún, tanto los riesgos que implica tal tarea, como la progresiva presencia de emblemas paternos que se van adueñando del espacio poético. Luego nos detendremos con más detalle en este aspecto, pero nos parece importante destacar cómo se va configurando en su escritura la presencia del padre a partir del símbolo de los ojos azules y directamente del color azul.

En tal sentido (y uniéndolo con la experiencia de la expulsión de la patria imaginaria que representa, dentro de su mundo simbólico, su segundo viaje a París), adquiere profunda significación advertir cómo, desde ese exilio, la figura del padre aparece en sus textos, sea como sutura de esa pérdida, sea como un nuevo e incontrolable espacio de desposesión. Lo trágico de los impulsos contradictorios articulados en la escritura —búsqueda de una patria que de antemano se sabe inalcanzable y, en consecuencia, asunción del papel de la «endechadora», así como puesta en cuestión de tal empresa ante la creciente presencia simbólica del padre muerto, único espacio que se le ofrece para arraigar, solo que a partir de su carácter de patria/padre muerto— está inscripto con singular claridad y agudeza en el poema que cierra la colección, «A plena pérdida», el cual transcribimos por su importancia:

> Los sortilegios emanan del nuevo centro de un poema a nadie dirigido. Hablo con la voz que está detrás de la voz y emito los mágicos sonidos de la endechadora. Una mirada azul aureolaba mi poema. Vida, mi vida, ¿qué has hecho de mi vida? (p. 290)

El tono del presente poema, a su vez, señala una nueva duplicación que se registra en este pequeño libro fundamental. Ya que si, por un lado, el carácter extremo de las experiencias subjetivas manifiestas en él le confieren un tono alucinado y trágico, sigue existiendo la posibilidad de que la voz poética conjure la atmósfera encantada y doliente de *Los trabajos y las noches* o *Árbol de Diana*, según ocurre no solo aquí, sino en el poema «L'osbcurité des eaux», escrito originalmente en francés. En él desde el comienzo se percibe una fluidez —«Escucho resonar el agua que cae en mi sueño. Las palabras caen como el agua yo caigo» (p. 285)—, que luego se ausentará para siempre de sus poemas, sitiados por una voz ya exasperada, ya agónica, ya estridente.

El último aspecto que cabe señalar del presente poemario es la inclusión de tres poemas que Alejandra excluirá de la edición de *El infierno musical*, pues presentan un nivel de elaboración y de tensión poética notoriamente inferior al resto.

Cuando vinculamos este libro con la experiencia de la expulsión de la patria imaginaria representada por el segundo y frustrado viaje a París, el reforzamiento de la investidura ontológica atribuida al lenguaje adquiere una honda significación. Ya que si, por un lado, la máxima presencia de la muerte y de la «desesperación del lenguaje» propias de sus poemas expresa el carácter de callejón sin salida que tal opción entraña, por el otro, la progresiva aparición de la figura paterna en los textos modula una nueva instancia de convivencia con esa muerte cautiva en el lenguaje. Asimismo, se registra la definitiva renuncia a la «música»—en tanto que categoría opuesta al silencio y expresión de la plenitud significante— como una patria. En el poema «Piedra fundamental» se afirma que el absoluto representado por la música siempre aparece como un lugar furtivo y fugitivo al que resulta imposible acceder. Esto hace que el lenguaje se presente como única opción posible para entrar en ese «jardín» metafórico donde se consuman el encuentro y la unión. Solo que este, según el encadenamiento simbólico de ese mismo poema, será el jardín de la muerte adonde se ve conducido el sujeto poético entregado al lenguaje por los ojos azules del padre, convertidos ya en los propios ojos.

También en 1969 aparece un texto en prosa donde, siempre por referencia a los ojos azules del padre, por primera vez se articulan elementos de la tradición judía, la cual hasta el momento no había aparecido explícitamente. Y decimos explícitamente porque, como lo señalamos, para muchos su humor era con toda claridad judío, al margen de que leía desde cuentos jasídicos y de los derviches hasta la obra de Kafka, «como si fuera una Biblia». Sobre el tema del judaísmo volveremos más adelante pues ahora lo que nos interesa es esa inscripción de la muerte del padre, ya no simplemente aludida de manera metafórica como otros textos, sino presente de forma brutal en el ritual del entierro en el cementerio judío —«ese lugar feroz», como lo dice en el texto en prosa «Los muertos y la lluvia» (pp. 43-44).

De la patria negada al padre muerto, entonces, pero si es así, ¿dónde han quedado esos otros «lugares de reunión» reclamados por la voz poética: el amor y el humor? Por cierto, no se han borrado totalmente como inscripciones en su lenguaje, solo que aparecerán en textos tan «ambiguos» como eran, en su respectivo nivel, *La condesa sangrienta* y los textos donde infancia, humor y muerte se cruzaban.

Entre julio y agosto de 1969, Alejandra escribe el único texto teatral de su producción, *Los poseídos entre lilas* (al que póstumamente, en su segunda edición dentro de la *Prosa completa*, Ana Becciu considera más fiel a la voluntad de la autora llamar *Los perturbados entre lilas,* tal vez para distinguirla del poema luego publicado en *El infierno musical*), pieza en un acto que aparece como una auténtica «teatralización del inconsciente». A partir de una escena básicamente pautada por la sexualidad —desde los elementos escenográficos hasta los personajes (Macho, Futerina), pasando por las palabras y las situaciones—, la subjetividad primordialmente encarnada en Segismunda —cuyo nombre a la vez nos remite al personaje de *La vida es sueño* de Calderón y al creador del psicoanálisis— pero desdoblada en sus diferentes voces (las de los otros cinco personajes), va articulando ciertas afirmaciones y preguntas fundamentales acerca de la radical falta-de-ser; la carencia que, despojada de tales connotaciones sexuales, ha emergido recurrentemente en sus poemas y aparece planteada como soledad, división del yo, absolutización de la práctica poética y asunción del silencio como destino final. Esas zonas que antes vimos surgir en su poesía —y que al igual que en ella están enunciadas con un tono elevado, estilizado y por momentos trágico— tienen como contracanto el humor, la grosería, lo vulgar, las referencias al tango y el bolero, el sexo y la infancia, en ese entretejido de niveles típico de su discurso cotidiano, según sus amigos. Ese contracanto parece unificar los dominios antes separados dentro de sus textos. Solo que aquí el efecto es simplemente *desacralizador* (sin la modulación siniestra perceptible en los textos anteriores donde humor, sexo y muerte se entrelazaban), porque el humor es lo suficientemente festivo y la burla está lo suficientemente bien manejada como para que se establezca ese difícil equilibro que impide que el lector reciba el texto como un puro delirio. Pero que el equilibro se mantenga en el nivel artístico no evita que tras leerlo —decimos «leerlo» porque se trata de un texto que, si bien ha tenido diversas representaciones escénicas, tiene algo de radicalmente irrepresentable a raíz de la refuncionalización de las didascalias, entre otros factores, que están escritas en un singular lenguaje metafórico que desvirtúa su empleo habitual—, sintamos que la subjetividad que en él se manifiesta está a un paso del estallido, por esa vecindad «loca» de dominios enfrentados.

En otro sentido, se percibe una especie de costado omnipotente en el lenguaje, el cual, en apariencia consigue decirlo todo, romperlo todo, jugarlo todo; un desafuero todavía bajo control pero desafuero al fin. Y, como les ocurría a quienes Alejandra solo les mostraba su rostro divertido y desopilante pero después leían sus poemas agónicos, sentimos que hay algo que está profundamente mal en esa voz que a través de una de sus modulaciones puede pronunciar parlamentos como los siguientes:

Segismunda: Veamos (lee salmodiando): Santo Abstinente, Santa Franela, San Pepe, San Ejecutivo, Santa Fifa... ¿No te gusta Santa Fifa? (p. 189)

Car: Lo que yo quiero son enfermedades de importancia, buenas calenturas con delirio, satiriasis, fulgor uterino, hidropesía, priapismos, cabecitas de alfiler, talidomídicos, centauros, talón de Aquiles, Monte de Venus, Chacra de Júpiter, Estancia de Atenea... (p. 176)

y simultáneamente decir:

Segismunda: ... Estoy hablando, o, mejor dicho, estoy escribiendo con la voz. Es lo que tengo: la caligrafía de las sombras como herencia. (p. 179)

Segismunda: (absorta): ...Yo estaba predestinada a nombrar las cosas con nombres esenciales. Yo ya no existo y lo sé; lo que no sé es qué vive en lugar mío. Pierdo la razón si hablo; pierdo los años si callo. Un viento violento arrasó con todo. Y no haber podido hablar por todos aquellos que olvidaron el canto... (p. 191)

Este último fragmento es uno de los que luego aparecerán incluidos en el poema «Los poseídos entre lilas» en *El infierno musical*. Porque la pieza teatral, tras la borradura de sus fragmentos procaces, humorísticos, infantiles y tangueros, se convierte en el poema quizás más significativo de toda la producción de Alejandra. Dicho rasgo resulta profundamente revelador desde el punto de vista de los mecanismos que el yo pone en funcionamiento en el momento de la creación. En ese sentido, adquiere una resonancia singular hablar de «teatro del inconsciente» porque es como si Alejandra exhibiera, en este texto, el funcionamiento concreto de su creatividad, dándoles voz a *todos* los aspectos de su espacio interior: la niña, la adolescente procaz, la poeta, la acechada por la muerte, la payasa. Dicho espacio interior, por el contrario, se restringe en el campo de la poesía, reprimiendo esas otras instancias para quedarse solo con la trágica batalla entre lenguaje y presencias letales.

Aquí se plantean dos cuestiones: por un lado, lo que hemos afirmado —siguiéndolo a Lacan— acerca del lenguaje como instancia mortal para el sujeto, parece redoblarse, al menos en Alejandra, en el caso del lenguaje poético, pues este *borra* esas otras palabras vinculadas con el humor y el sexo que circulan por su universo subjetivo. Por otro, la liberación que significaría haberlas pronunciado, transgrediendo así los tabúes burgueses del decoro, la sacralización de la infancia y la solemnización de la muerte, no logra, en el fondo, cumplir su verdadera función catártica, en tanto no resuelve la desgarradura radical de la subjetividad, que sigue atraída, seducida, fascinada por la muerte. La carcajada de la transgresión simplemente estalla en la escena contaminada de muerte, sin alcanzar a disolver la angustia.

Una angustia que, durante este período, en el plano vital, la llevaba a seguir aumentando el consumo de anfetaminas y a agudizar la espiral nefasta de excitantes-para-estar-lúcida/hipnóticos-para-dormir, con la consecuente alternancia de excitación/depresión. Así, los amigos una noche podían escucharla hablar incansablemente, seductora, divertida, lúcida y genial, y al día siguiente percibir que había caído en un pozo de donde nada ni nadie parecía poder sacarla. Una criatura agotada y rota que se aferraba llena de miedo a los demás.

Hasta que un día, sea por esa intoxicación que la iba acercando cada vez más peligrosamente a estados extremos de sufrimiento, sea por sus propias tensiones internas insolubles, no pudo más y quiso morir.

Pero antes de centrarnos en este primer intento de suicidio, tenemos que referirnos a un episodio que revela, en nuestra opinión, el nivel en el cual el lenguaje literario ha absorbido la realidad para Alejandra, quien literalmente se enamora de una escritora a raíz de su libro.

Nos referimos a Djuna Barnes y su novela *Nightwood* (*El bosque de la noche*). Entre el 24 y el 30 de agosto de 1969

Alejandra manifiesta en los *Diarios* una fascinación tan intensa por la escritora estadounidense que casi obliga a Silvina Ocampo —de quien en ese momento está fatalmente enamorada— a que la lea y, más significativo aún, llega a enviarle una carta el 13 de noviembre de ese mismo año, según se ve aquí:

> Escribí una carta a Djuna. Parece un tanto forzada. No es para menos: yo hablo a una Djuna de 76 acerca de mi amor por una Djuna de 46. ¿Cómo no va a sentir celos de la que fue? ¿Cómo no va a sentir su vejez como un insulto? (p. 912)

En otro sentido, el de la sexualidad, *Nightwood* es especialmente significativa. Hasta el día de hoy, Djuna Barnes es considerada una escritora de culto, que solo conocen los lectores y escritores muy exquisitos y libres de prejuicios —el prólogo al libro lo escribió T.S. Eliot en los años 30— ya que es una de las primeras novelas abiertamente lesbianas de la literatura estadounidense.

Volvamos ahora a 1970, y ese primer intento, cuando después de tomar una dosis fatal de barbitúricos llamó —para despedirse, para pedir inconscientemente ayuda— a casa de Rosa, a la de su médica y a la de su amiga Olga Orozco, sus madres en el afecto, el cuerpo y la poesía. Las tres se encontraron en la puerta del departamento y fue la ambulancia ululando por la ciudad, la guardia del Hospital Pirovano y la batalla para sacarla del coma, devolverla al mundo de los vivos, donde ya no quería estar porque la tan nombrada, la que se había llevado al padre y a la que convertía en la «loba azul», la «Sombra» que nombran sus poemas ulteriores, había roto ese precario equilibrio de máscaras superpuestas que luchaban entre sí y quería todo el espacio para su presencia funesta.

El dolor extremo no tiene palabras; la muerte no tiene palabras; el suicidio no tiene palabras. Consignemos, solamente, que pudieron traerla de vuelta a la realidad y lentamente se reincorporó a su sistema de vida habitual: amigos, escritura, cartas y progresivo encierro en su departamento. También, destaquemos el dato llamativo de que en su diario no hay la menor referencia al episodio, lo cual cambiará en el caso de su segundo intento seguido de internación. Pero para eso falta un año, en el que vuelve a la escritura y los encuentros, así como a su contacto con los amigos de siempre, quienes, como un calidoscopio, la veían con rostros diferentes de acuerdo con su percepción personal. Porque mientras algunos advertían un ensimismamiento nuevo, que atribuían a la experiencia apenas superada, otros sentían una especie de estallido diferente que se acusaría durante 1971.

Pero antes de pasar a ese año fundamental, habíamos señalado que entre 1970 y 1971 se desarrolla su trabajo en los textos de *La bucanera de Pernambuco o Hilda la polígrafa* y, más allá de las referencias en el diario en las que nos centraremos después, es importante, para tener una visión de todo lo que ya había escrito en 1970, tomar en cuenta una carta del 2 de julio de 1970 que dirige a su gran amiga Cristina Campo —cuya rica correspondencia está depositada en Princeton pero no puede publicarse porque Campo dejó expresamente dicho que no se publicaran ni sus cartas ni las que recibió, por lo cual tampoco tenemos las que Alejandra le envió— y que sin duda no le mandó, por lo cual está en Princeton, de donde Ivonne Bordelois y Cristina Piña la tomaron para publicarla:

La castidad, por amor de Dios, es necesaria. Lo descubrí hoy (tarde). Entonces escribí 200 o 300 paginicas sobre

a) el loro Pericles
b) el hada Aristóteles
c) el polígrafo chino Dr. Flor de Edipo Chú.
d) el enanito Zacarías
e) la condesa Urraca von Cognac (sobrina de Pericles)
f) la Coja Ensimismada (dueña de Pericles; carece de <u>nombre</u>)
g) Joe Superyó (amante de la Tote —diminutivo de
                      Aristóteles, al principio
                     ↑ muy casta pero luego se deja seducir
                     1º) por el negro Joe y 2º) por Gregorio Samsa
h) la princesa Penélope (hija del <u>rey</u> Penélo y del *rey* Pélope
i) Putifar (pierde a su mujer en Montecarlo)
                          Leika
No sale a las 5 por quedarse escuchando («se relamían cual rufianes») —relamiéndose como 1 rufiana— las *Memorias* que el anciano don Juan Swan dicta al «portero eléctrico».

X

Hay «La justa de los pompones» (danza para marionetas).
Hay el anuncio de la pajarería «Pajarito monamour[101]»
(70 pp. de «propaganda» radial).

101. mi amor.

Hay una escena contra Natura entre Juan Swan y una vecina Concupiscente (pp. 404-405)

Es decir que buena parte de lo que luego publicarán Orozco y Becciu ya está escrita, así como diversos textos que no serán incluidos por las albaceas pero que están en el archivo de Princeton y acerca de algunos de los cuales cabe preguntarse por qué no se publicaron, ya que en absoluto son inferiores a los editados.

Esta especie de inmersión en la «pornografía»—como la llama en un párrafo anterior de la carta a Cristina Campo— se manifiesta de manera todavía más clara en las cartas que entre el 25 de agosto y algún momento posterior a octubre —pues es la fecha de la penúltima mientras que la última no está datada— le envía a Osías Stutman a Barcelona, en las que nos detendremos más adelante, porque en este caso no se trata de contarle qué está escribiendo sino de escribir con el mismo lenguaje y desafuero de los textos de *La bucanera de Pernambuco...*

Pasando ahora a 1971, ese año Alejandra escribió una serie importantísima de poemas en prosa y en verso, en uno de los cuales, «Poema para el padre» (p. 370), aparece de manera totalmente explícita la muerte del padre en el potente segundo verso que toma de la Égloga III de Garcilaso de la Vega: «lengua muerta y fría en la boca» y esa «posesión verbal» que, a través de su canto —que es el de la muerte— experimenta el sujeto poético. Porque las palabras con las que escribe surgen de allí y, además de esta asociación, se establece una relación entre dicho canto y los ojos azules paternos, que serían la única manifestación del canto de la muerte que tuvo en vida, como veremos en el poema, que citamos completo por su significación:

> Y fue entonces
> que con la lengua muerta y fría en la boca
> cantó la canción que le dejaron cantar
> en este mundo de jardines obscenos y de sombras
> que venían a deshora a recordarle
> cantos de su tiempo de muchacho
> en el que no podía cantar la canción que quería cantar
> la canción que le dejaron cantar
> sino a través de sus ojos azules ausentes
> de su boca ausente
> de su voz ausente.
> Entonces, desde la torre más alta de la ausencia
> su canto resonó en la opacidad de lo ocultado
> en la extensión silenciosa
> llena de oquedades movedizas como las palabras que escribo.

Es decir que los ojos azules son la manifestación del canto de la muerte paterna, lo cual explica el sentido en el cual la encarnación del color azul en ella es marca de la muerte. Al respecto hay un texto especialmente significativo, «Toda azul», suerte de pequeña escena dialogada y poética, ubicada en el hospicio, donde la protagonista que dice «Azul es mi nombre» recibe la visita de tres amigas. V. O. y S. —las referencias extratextuales nos parecen evidentes: Victoria Ocampo, Olga Orozco y Silvina Ocampo— que se proponen ayudarla. Aquí, el azul se asocia también con la locura. Pero, asimismo, en la clausura, la soledad y el dolor extremos experimentados por la protagonista, se introduce una referencia directa y estridente a la sexualidad —los dedos lúbricos—, a la cual denomina «la matadora». Y se alude sutilmente —y por reversión— a esa meta inscripta en el poema final —«ir nada más que hasta el fondo»—, pero que desde largo tiempo atrás actuaba como una energía central en su tarea literaria y su actitud vital.

> Mostré, uno a uno, los dedos de una de mis manos.
> —El lujurioso, el voluptuoso, el lúbrico el mórbido y el lascivo. Mi mano es el espejo de la matadora. [...]
> —Mis amores con el payaso duraron lo que la lluvia —dije—. También él quería ir-hasta-cierto-punto.
> Sonreí.
> —Loba Azul es mi nombre —dije. (p. 55)

Dentro de este grupo de textos de 1971, importa destacar dos elementos. Por un lado, la conciencia subjetiva aún más clara de que el lenguaje tiene un poder *letal* que asimismo *separa* del mundo:

> No sé dónde detenerme y morar. El lenguaje es vacuo y ningún objeto parece haber sido tocado por manos humanas. [...] Mundo despoblado, palabras reflejas que solo solas se dicen. Ellas me están matando (p. 54)

dice en «Tangible ausencia». Esta conciencia aparece vinculada con el exilio de toda patria, en tanto el lenguaje tampoco puede serlo. Claro que todavía no se han pronunciado ciertas palabras definitivas, después de las cuales no cabe sino la devastadora comprobación presente en el poema de 1971, «En esta noche, en este mundo», donde dice:

> la lengua natal castra,
> la lengua es un órgano de conocimiento
> del fracaso de todo poema
> castrado por su propia lengua
> que es el órgano de la re-creación
> de algo a modo de negación
> de mi horizonte de maldoror con su perro / [...]

> no
> las palabras
> no hacen el amor
> hacen la ausencia
> si digo agua ¿beberé?
> si digo pan ¿comeré?
> (p. 398-399)

Por otro lado, se registra la irrupción de la sexualidad, no ya desacralizada por la risa, sino como una instancia fatal de contaminación de la infancia y de los posibles lugares de amparo o desamparo.

Hemos consignado estos aspectos porque, nuevamente, los dominios ilícitos empiezan a entrelazarse —muerte, infancia, sexo—, solo que desde una resonancia angustiada que excluye todo humor. El cual sí estalla en su extrema estridencia en *La bucanera de Pernambuco o Hilda la polígrafa*, en cuyos fragmentos trabaja entre 1970 y 1971, como previamente lo hemos señalado.

Pero antes de introducirnos en ellos —que quedan inéditos y que solo publicarán Olga Orozco y Ana Becciu en 1982, diez años después de su muerte— es importante que repasemos los diferentes aspectos del año 1971, en todo sentido capital dentro de la vida de Alejandra.

Desde el punto de vista literario, está su productividad en la escritura, traducciones, poemas, textos, algunos de los cuales se conectan con la crisis que está experimentando con su labor literaria. Nos referimos a dos textos que por ahora están inéditos —depositado en los Papeles de Princeton—, *Otoño o los de arriba* y *La pequeña marioneta verde* (ambos forman prácticamente uno solo por la coincidencia de personajes y situaciones), que dan cuenta de cómo las «presencias» nocturnas que, con rostros estremecedores, atraviesan sus textos de la época, parecían materializarse auditivamente en la persecución imaginaria de la pareja mayor que vivía en el departamento de arriba de Alejandra.

Muchas veces Olga, Fernando Noy —un amigo sumamente importante que conocerá ese mismo año—, Antonio López Crespo y Arturo Carrera la escucharon referirse a esa agresión de la pareja mayor del 8° piso que le impedía escribir, la perturbaba y agregaba un nuevo elemento de angustia y de intranquilidad a sus noches de trabajo incesante y que realizaban —según ella— con una intención básicamente sexual. Porque, como lo dice en el texto ficcional la narradora en primera persona —Alejandra, ya que aquí se da una superposición casi sin fisuras entre la narradora y la autora— supone que la mujer Sara está enamorada de ella, y como su marido cree que es al revés —que la escritora está enamorada de Sara—, para vengarse se dedican a perturbarla haciendo ruidos mientras fornican o haciendo que Sara «teclee» contra el piso como imitando su trabajo con la máquina de escribir.

El problema fue que no solo se limitó a escribir su *nouvelle* o *nouvellette* sobre el asedio imaginario, sino que un día directamente los agredió.

Según cuenta Antonio López Crespo, una noche a Alejandra le pareció que las molestias eran demasiado intolerables, por lo que subió a golpearles la puerta y, cuando al verla no la dejaron pasar, puso la bota para tratar de vencer su resistencia pero no pudo entrar. Entonces bajó a buscar una plancha a su departamento y con ella golpeó en tal forma la puerta que le hizo un agujero.

Ante esto, el estupefacto y aterrorizado matrimonio mayor llamó a la policía, que cuando llegó, se la llevó a la seccional. Una vez allí pidió que llamaran a López Crespo —a cuya protección recurría como si fuera un padre más allá de que en rigor fuera menor que ella (factor que parecería contradecir esa búsqueda de apoyo) y fuera abogado (lo que la justificaría), en un reclamo que se reitera hasta el día de su muerte en los llamados telefónicos que le hizo a su estudio—, quien, cuando llegó, la encontró en cuclillas y mirando al suelo como una chica en penitencia y en estado de total indefensión.

López Crespo les explicó a los policías que Alejandra estaba en tratamiento psiquiátrico, por lo cual la dejaron salir y Antonio la llevó a su casa en esa especie de estado de regresión total.

Pero, no solo nos apoyamos en el testimonio de López Crespo, sino también en lo que Patricia Venti le contó de Pizarnik a la ensayista Alejandra Hurtado Tarazona y que esta cita en su artículo sobre *Otoño o los de arriba*. Ese comentario, en lo fundamental, coincide con el de López Crespo, como podemos ver en las palabras de Patricia a las que se refiere Hurtado Tarazona y que confirman las condiciones de escritura del texto:

> Además, [Venti] agregó que esta obsesión no era metafórica sino real, ya que Pizarnik tenía problemas con sus vecinos e, incluso, según comenta, en alguna ocasión, partió sus puertas con una plancha.[102]

Sumado a esos dos testimonios, tenemos el propio texto de Pizarnik que, deformándolo mínimamente, relata el episodio:

> Una mañana les golpeé en la puerta con un martillo. No pude más y les rompí la puerta. Pero rompí muchas cosas. Estaba delirante y posesa y les rompí la puerta porque no podía más. Algo tenía que pasar. [...]
>
> Fornicaron o fingieron fornicar; luego me acusaron ante la policía de haberles roto la puerta. Y fue entonces cuando me sucedió. Caí, y sigo cayendo. Algo pasó cuando volví de la

102. Alejandra Hurtado Tarazona, «La obra (in)completa de Alejandra Pizarnik: un acercamiento a su obra inédita a partir de *Otoño o los de arriba*», en *Lexis*, Vol. XXXIX (1), 2015, 199-217.

comisaría. Lloré toda la noche [y me dolían los oídos]. Había pasado algo fundamental y nunca he vuelto a ser la misma.[103]

Pero a este extremo solo llegó al final, ya que de antes data —como lo cuenta Fernando Noy— el intento de devolverles la agresión golpeándoles el techo con un par de zapatos de taco alto atados a un palo de escoba para perturbarlos, a su vez.

Sea como fuere —seguramente por la experiencia con la policía o, tal vez, por algún cambio en sus síntomas— esa obsesión en cierto momento se disolvió y solo quedaron las voces reales de Janis Joplin, Lotte Lenya, Nina Simone y las que recorrían su subjetividad o dialogaban con ella en el espacio de sus noches de lectura o de las larguísimas charlas con sus amigos.

Pero no podemos dejar de destacar el nivel en el que el lenguaje se aproxima al de *La bucanera de Pernambuco* ya que se alternan —no se mezclan con la sistematicidad que adoptan en aquella— la obscenidad, la obsesión sexual, la muerte y algunos juegos de lenguaje, como podemos ver aquí:

En cuanto dejo de escribir la 8.ª teclea con los zapatos como yo estuve tecleando con mi máquina. Su ansiedad enciende los míos y vuelvo a posar los dedos en la Tippa de finos tipos manuscritos que se imprimen hermosamente sobre las hojas de

103. Papeles Pizarnik, Biblioteca de la Universidad de Princeton, Departamento de Libros Raros y Ediciones Especiales, Departamento de Manuscritos, Caja 7, Carpetas 31 y 32.

papel de algodón marca SPHJNX. La tipa, digo la esfinge, digo Sahara, digo Saaaaaaaaaaaaaaaaáaaaaará, digo mi persopeje, mi persopaje, mi despojadera, mi Despojadura, mi Despojadero, mi despiojadero y [Descabezadero]

Me despiertan los golpes de la viuda quien tiene conmigo una intimidad repugnante a juzgar por esos golpes. He soñado con una tensión continua y terrible como cuando sueño con la muerte, como cuando sueño que la muerte me tiene presa [en sus redes], sobre todo amordazada pues no puedo abrir la boca [y] para gritar, pues no puedo abrir la boca [como quien muere sonriendo] *para, digamos, sonreír,* y le ponen un algodón en la boca para que no sonría nunca más, carajo.

Hace unas 7 hs que están haciendo el amor y pensando en mí. A mi ritmo se excitan y tratan de lograr un clima parecido a la creación que yo no sabría describir. Pero ¿qué busca él dentro del viejo bolsillo que ella tiene entre las piernas en el que él guarda dinero para su cercanísima vejez? [...]

Finalmente, me di cuenta que el silbo se volvía duro, se erecto y que perdía su fluidez, su textura aérea. Era como un falo de aire que Max (1) y yo nos diputábamos en honor de Saaaara. Entonces dejé de silbar [y también, de paso, de respirar].

Lo único que quisiéramos destacar antes de pasar a otros aspectos de su vida es que, cuando pensamos que en el mismo año escribe, además de algunos poemas profundamente significativos, estos textos y los de *La bucanera de Pernambuco*, no resulta extraño que también se dé su primer intento de suicidio: ante el humor brutal y sin alegría de los últimos o el dramatismo de los primeros, no cabe duda de que la muerte la ronda en círculos cada vez más ceñidos. Si a esto, además, le sumamos dos datos que aporta López Crespo, no cabe duda de que entre 1970 y 1971 la poeta está al borde del precipicio que franqueará en 1972.

Además del terror a la vejez y la mendicidad que aparece en diversos textos de esta época, uno de ellos es la confesión que le hace Alejandra de que quería morir porque sentía que su locura era irreversible; el segundo, que confirmaría el extremo de desestructuración interior al que había llegado y ocurre también por esas fechas, es el desastre del que la tienen que salvar Antonio y su mujer, Marta.

Un día llamó a la casa de la pareja y le dijo a Marta, quien la atendió, que estaba bajo una piedra —una señal convenida con Antonio para que fuera a rescatarla—, ante lo cual ambos volaron a su casa, donde encontraron una catástrofe: Alejandra se había tirado encima todos los libros de la biblioteca, que la cubrían, lo mismo que unas cajas de cartón, y había pintado con aerosol el baño, no solo las paredes sino el inodoro. Antonio se hace cargo de Alejandra, que era como una nena de 3 años después de haber hecho una barbaridad y ella le confiesa que había tomado pastillas, después de andar rastreando una fórmula infalible para suicidarse. Acerca de esto último, veremos que se repite en el 72, agravado, como lo demuestra su diario.

Pero salgamos de la espiral de desequilibrio y consignemos que en esta época Alejandra también conoce a tres amigos que tuvieron gran significación para ella: el ya citado Fernando

Noy, Víctor Richini y Pablo Azcona. A los dos últimos los conoció a través de Antonio López Crespo, ya que Pablo entró a trabajar en su librería, y Víctor —que la conoció antes— era un habitué, como dijimos, a raíz de su amistad con Antonio, que databa de mucho tiempo atrás. Con ellos, Pizarnik estableció una relación aparte, pues había aspectos en los que Antonio no coincidía con la actitud de Víctor y Pablo respecto de Alejandra y que después consignaremos.

Con Fernando Noy anudaron una relación llena de humor y de amor, donde el juego era lo dominante y la poesía alternaba con el disparate, en medio de una atmósfera de disfraces, escritura, copas de Norton blanco —vino que compraban, como los sándwiches de jamón crudo y tomate que tanto le gustaban a Alejandra, en El Cisne, el bar de la esquina de Montevideo y Marcelo T. de Alvear, donde los mozos la conocían y la querían porque a menudo iba a escribir y a leer allí. Porque a Alejandra nada ni nadie podía impedirle que, cuando sentía la necesidad de hacerlo, se sentara a su mesa y escribiera rodeada de sus libros queridos —Michaux, Char, Lewis Carroll, Trakl, Milosz, Rilke, Breton, Bonnefoy y tantos otros— marcados, tras una atenta lectura, con sus biromes, lápices y marcadores multicolores. En consecuencia, si estaba Fernando o cualquier otra persona, los hacía escuchar discos, leer, irse, lo que fuera con tal de que no interfirieran en su concentración. Es decir que entre el adolescente de larguísima cabellera y pómulos altos («el hombre del Cáucaso», como lo bautizó Olga Orozco al verlo por primera vez) y la mujer con aspecto de muchachito y ojos inmensos detrás de los anteojos, se había establecido, desde el primer momento, una atmósfera de complicidad y de contraseñas compartidas que los hacía derivar, felices, por un mundo de risas, muebles que se cambiaban de lugar, poemas leídos en voz alta, juegos hasta el amanecer.

Creemos que esa atmósfera se percibe en el testimonio de Fernando sobre el día en que la fue a visitar y se conocieron. La estuvo esperando en la puerta de su departamento y

«Bajó un muchacho de gran cabellera, con unos anteojos en llamas y el mismo aspecto de alguien a quien yo veneraba, Brian Jones (fundador y primera guitarra de los Rolling Stones). Se acercó, nos miramos, nos dimos cuenta de que uno y el otro éramos cada uno. ¡Ese exquisito y apuesto caballero con jeans y botas verdes, con una especie de gamulán turquesa en una tarde de invierno, que me abrió la puerta sonriendo, era Alejandra! Empezamos a reírnos uno del otro. Cuando subíamos en el ascensor ella me preguntó la causa de mi risa y yo le confesé: 'Te confundí con Brian Jones'. Ella, por no cesar en el juego del humor, que es una especie de gran deporte que practican los genios, me respondió enseguida: 'Y yo a vos te confundí con una prostituta alemana'».[104]

Por su parte, Víctor Richini, si bien no escribía, era un apasionado lector y quedó fascinado por ese extraño personaje que, a partir de sus constantes charlas, lecturas y comentarios, lo introdujo en ese mundo peculiar y fascinante donde reinaba como una princesa de sueño.

104. Testimonio oral de Fernando Noy a Patricia Venti.

Hay un comentario de Víctor acerca del físico de Alejandra que resulta muy revelador: cuando la conoció, pensó que era realmente fea, pero a medida que la relación se fue ahondando, empezó a verla cada vez más linda. Así, cuando alguien hacía alguna referencia a su hipotética fealdad se enfurecía: «Lo que pasa es que no la conocés. Es muy linda». Y, en efecto, según Víctor, en algún momento de la conversación, Alejandra comenzaba a transformarse y su rostro se volvía bello, la piel arruinada por el acné desaparecía, una luz parecía resplandecer a través de su mirada y su seducción se volvía irresistible. La voz, los ojos, la mirada, la luz, el círculo mágico que creaba en torno a ella y era una niña de Lautréamont cruzando un paisaje de sueño, la mujer con un aura hechizante que había arrancado a Evtuchenko de la «jauría lujosa» que lo reverenciaba y que seducía a cuanto joven, viejo, hombre o mujer se le acercara. Al margen de la idealización que podría implicar por parte de su amigo, sin duda le producía ese efecto, que también puede haber funcionado para otros.

Víctor también compartió fiestas y amigos con ella, aprendió a hacer deslumbrantes cadáveres exquisitos en su compañía y a quedarse prendido en interminables juegos verbales que iban desenrollando la noche; la vio dirigirse súbitamente a su mesa de trabajo y, sin decir una palabra, hundirse en su escritura que borraba todo lo que estaba a su alrededor, mientras él miraba libros y fotografías —puestas en una caja que quedó en manos de su madre, pero de la que los amigos probablemente sacaron muchas alguna de las tardes o las noches posteriores a su muerte en las que, como señalaba Antonio

López Crespo, su departamento estuvo lleno de amigos re-
nuentes a dejar ese lugar de reunión y que sin duda se llevaron
también otros recuerdos de esa amistad entrañable— o escuchaba los innumerables discos que Alejandra ponía una y otra
vez: Brahms, Mozart, Schubert, Lotte Lenya en la *Ópera de
tres centavos*, Janis Joplin siempre.

Pero Víctor, además, junto con Pablo Azcona —que murió no mucho después de Alejandra pues entró en su misma
pendiente—, formaba parte del pequeño grupo que, hacia el
final de su vida, la acompañaba noche tras noche en esa actitud de admiración y aceptación que, para algunos, no la ayu-
daba a salir de su propia alienación. Porque, cuando después
de la internación de cuatro o cinco meses tras su segundo
intento de suicidio —las referencias en el diario y en la correspondencia son confusas, tanto por la fecha como por su
propia naturaleza, ya que a sus amigos del exterior les inventa un accidente motivo de su internación— Alejandra estaba
más obsesionada por la muerte y se desquitaba con ese humor estremecedor y destructivo de los textos de *La bucanera
de Pernambuco*..., este grupo, lejos de tratar llevarla a una
atmósfera menos malsana, la seguía y le festejaba sus peligro-
sas disonancias humorísticas, lo cual, en opinión de López
Crespo, era abiertamente contraproducente.

Porque compartían con ella el festejo y la fascinación de
la muerte y una especie de síndrome de Peter Pan: todos,
más allá de ser muy jóvenes, eran inmaduros, infantiles y
justamente por eso, «perversos». Es decir que lejos de ser un
grupo de contención, la alentaban a internarse todavía más
en esa atmósfera letal, por lo cual, al final, Alejandra pagaba

las consecuencias porque su estructura subjetiva estaba demasiado deteriorada para seguir avanzando por ese camino. Si a esto le sumamos el consumo de alcohol —que Alejandra retomó— y las drogas —para las que le conseguían recetas—, advertimos la precariedad de su situación.

Acerca del incremento de su adicción, la libreta de 1972 es muy clara: hay una constante mención del Daprisal —un tipo de anfetamina que también es analgésica[105]— como medicación habitual. No es que ya antes no la hubiera tomado, sino que entre 1967 y 1970 alude a él solo en tres ocasiones espaciadas, mientras que en la libreta lo cita seis veces en unos meses.

Pero esa falta de menciones en absoluto es una confirmación de un consumo más escaso ya que, como cuenta Fernando Noy, cuando la conoció tomaba: «Daprisal, Actemin (un frasco diario), Poper (alucinógeno), Amil Nitrito (un spray para usos odontológicos), Parobes, Artane (alucinógeno) y Secobarbitol».

Al respecto, no podemos dejar de tomar en cuenta que en la época hay un contexto de fascinación con la muerte y una cierta visión subversiva respecto de ella, en el sentido de ruptura que ya está en los surrealistas, y que en Alejandra se convertía en una densidad poética que los demás no compartían, en opinión de López Crespo. Para él también, comparado con

---

105. Su fórmula es un compuesto anfetamínico, en el que se combinan amobarbital (32 mg), sulfato de dextroanfetamina (5 mg), aspirina (0.16 gm), y fenacetina, cuya toxicidad —a causa sobre todo de la fenacetina— y propiedades adictivas no hace mucho que se ha confirmado. jama.jamanetwork.com/article.aspx?articleid=340921

el contexto terrible de los 70 en el país —donde en el plano político y de la militancia también estaba presente esa especie de actitud inconsciente de ir alegremente al precipicio—, en el grupo había un regodeo con la muerte que tenía algo de falsa sofisticación. Porque no veían lo que estaba sucediendo en el país, con lo cual repetían y multiplicaban la actitud de desentendimiento de la realidad que siempre caracterizó a Alejandra. Así, mientras el país se estaba incendiando, para el grupo todo era Michaux, el viaje a Europa de algún conocido, etc., lo que los encerraba en una vida a contramano de la realidad pero que compartía con ella algo muy fúnebre.

Es cierto que, en otro sentido, el hecho de que el grupo casi le hubiera «tomado la casa»—pues estaba instalado gran parte del día allí— le resultaba muy conveniente, porque Alejandra estaba en situación de desamparo total. Sin embargo, a la vez significó una forma de distanciamiento con Antonio y Marta, porque, a causa de esa presencia constante del grupo —del que también formaba parte Arturo Carrera—, no podían verla a solas, por lo cual les resultaba muy difícil rehacer la antigua relación.

Pero volviendo a Víctor, él también, al igual que López Crespo —quien casi siempre la llevaba a una casa de té de Belgrano R muy famosa que a Alejandra le encantaba—, la visitaba durante la internación en el Hospital Pirovano en 1971, no solo cuando pudo empezar a salir, sino antes, para acompañarla. También lo hacían muchos de sus amigos, que le llevaban tarjetas, regalitos, todo lo que pudiera ayudar a esa muchacha quebrada, sumergida en esa «Sala de psicopatología» cuyos horrores reaparecen en el texto del mismo título que se publicó póstumamente. Una de las copias en carbónico del original se le regaló, apenas lo escribió, a Rubén Brahin, un muchacho varios años más joven, internado por el mismo motivo que ella y con quien tuvieron una amistad que se prolongó hasta su muerte, en la que el silencio y la comprensión más allá de las palabras al principio tuvo un valor muy importante, según lo recuerda el propio Rubén:

Recuerdo el primer día, cuando nos conocimos: solo hablamos con nuestras miradas en silencio de palabras. Mi interior movilizado reflotó mis miedos del primer día, cuando me internaron, de manera que fui hasta la capilla del Pirovano y lloré. Pero luego comencé a verla dos veces por semana en terapia grupal, donde al principio y por varios días Alejandra y yo estuvimos sin poder hablar, todo el tiempo con la cabeza baja hasta que finalizaba la sesión de terapia. Salimos juntos, caminando, sin emitir palabras y nos sentamos en las hamacas del pabellón de niños. Llegó así el primer fin de semana, en el que vino mucha gente «rara» a verla que se sentaba en el césped, fumando entre risas y palabras fuertes. Yo solo observaba a Alejandra, a poca distancia, ella seguía en silencio. Hasta que algunos días después, me dijo: «Buen día, ¿hace mucho que estás?». Yo no respondí, y caminamos juntos por el largo pasillo techado, hasta la puerta de salida, donde nos quedamos varios minutos observando el ruido del otro lado, volvimos, ida y vuelta varias veces, pero al final no pudimos volver a la puerta de salida, y yo sentí miedo. Alejandra lo percibió y se produjo nuestro primer contacto físico: me tomó del brazo para regresar. Nuestros días eran rutinarios y una tardecita/

noche después de cenar salí a caminar un rato y al regresar me cruzo con la mirada de Alejandra. Ahí comenzaron nuestras charlas: primero caminamos y nos sentamos en una camilla, ella fumando a cuatro manos, yo solo observando. Y en ese, que fue nuestro lugar hasta que me dieron el alta, empezamos a hablar.[106]

Lo que comenzó con largas charlas surgidas del mutuo silencio, se prolongó después del alta de Rubén —que llegó antes que la de Alejandra— porque la visitaba todos los días a pesar del silencio de ella, solo lleno de cigarrillos y del ruido de los pasos de sus caminatas por el largo pasillo del Pirovano. Así pasaron varias semanas hasta que llegó el último día —cuya fecha Rubén no recuerda— en que Alejandra lo esperaba en las hamacas del jardín de pediatría. Se dieron un abrazo, ella le pidió que la invitara con un café con leche y algo para comer, y salieron del brazo, ella con una sonrisa que él nunca le había visto, una sensación de alegría, que le duró hasta que después de cruzar Av. Monroe y pedir un café con leche y un sándwich de jamón y queso, ella no atinó a comerlo. Algo no funcionaba porque Alejandra, tras decirle que no podía comer, volvió con la cabeza gacha al hospital y la apoyó largamente contra el pecho de él, tras lo cual se dio vuelta y caminó lentamente por el larguísimo pasillo, hasta el pabellón 18.

Al tiempo le dieron el alta a Alejandra pero Rubén no sabía dónde encontrarla hasta que un día, de pura casuali-

---

106. Conversación de Rubén Bahin con Cristina Piña.

dad, pasó delante del bar Politeama y la encontró con un grupo de amigos, al que lo sumó sin mayor explicaciones y donde siguió viéndola hasta que a él lo incorporaron al servicio militar y se perdieron hasta que, con una enorme congoja, se enteró de su muerte por el diario. Pero esto no solo no logró borrarla de su memoria, sino que hasta el día de hoy sigue recordando, además de su lucidez, su tristeza, su actitud de que lo suyo no tenía cura, el desaliento final detrás de las salidas humorísticas, gran recurso de Alejandra.

Mencionamos que Rubén fue el primero en recibir una copia de ese texto devastador que es «Sala de psicopatología», el cual, además de sus rasgos inquietantes, presenta un costado misterioso en cuanto a sus condiciones de escritura ya que, según el testimonio de López Crespo, en el Hospital no la dejaban escribir —lo cual ahondaba su desesperación—, sino que solo podía pintar y hacer trabajos manuales. Acerca de esto último, Antonio guarda una tablilla al estilo de los dibujos japoneses de Michaux, de 15 cm de ancho por 25 cm de alto. Si bien no hay certeza de dónde hizo estas tablillas pirograbadas —pues eran varias—, seguramente se remiten a los trabajos manuales en el Pirovano.

Señalábamos antes, centrándonos en 1971, la importancia de este año en diversos aspectos y, si bien los amigos que acabamos de mencionar tuvieron gran significación para ella, también Alejandra conoció a dos amigas jóvenes —Ana Calabrese y Ana Becciu— con las que estableció una sólida relación que, en el caso de la segunda, se extendió más allá de su muerte, pues actuó, primero junto con Olga Orozco y luego individualmente, como albacea literaria de su obra.

Pero también conoce a su último y gran amor, la lingüista Martha Isabel Moia, que en esa época trabajaba en la Comisión Fulbright, con quien establece —como más allá del testimonio de sus amigos lo demuestra su diario, en especial la libreta inédita con algunas entradas de 1970 pero fundamentalmente de 1972—[107] una relación que, como les decía a muchos de sus amigos, «la llevaba del cielo al infierno».

El constante tironeo entre el desborde amoroso de Pizarnik y la cautela de Moia —a quien realmente no podemos juzgar ni calificar ya que solo tenemos el unilateral testimonio de Alejandra— convierte a la relación en un auténtico sube-y-baja, al que nada parece calmar desde la perspectiva de Alejandra.

Lo que sí queda claro es la importancia que tuvo para ella, ya que se trató de una auténtica *pasión* con infinitos avatares, la cual, incluso, la llevó a decirle a una amiga poeta que, a partir de esta experiencia, pensaba que se había equivocado en su apuesta vital y que, si en ese momento pudiera, la reformularía: no ya la poesía, sino el amor.

Creemos que queda claro en qué sentido hablamos de pasión si nos detenemos en la oscilación entre extremos como los siguientes y el estado constante de duda e insatisfacción ante el amor que Martha le brinda:

---

107. Papeles Pizarnik, Biblioteca de la Universidad de Princeton, Departamento de Libros Raros y Ediciones Especiales, Departamento de Manuscritos, Caja 3, Carpeta 1.

19/II/72

No escribiré más. Tal vez corrija algo,
lo cual ya sería mucho. Quiero atestiguar
que nadie me ha herido tanto como Martha.
Tampoco nunca quise tanto a nadie.
Mi relación con ella —si no se rompe del todo— tiene que cambiar.
Hoy me hizo el mayor daño que se me puede hacer, y aún más.
Ojalá tuviera fuerzas para tirarme por la ventana. (la tentación de llamarla no está lejos).

El sábado puedo tomar Seconal y Amytal. Hay una buena cantidad y yo ya no puedo más.

<u>Viernes, 21/IV</u>
Por primera vez en mis diarios nombré al Doctor Jacinto Armando. Hoy le dije que no me interesa ir a USA y hablamos de los conflictos que me acarrea este «regalo»[108] de M.
Todo esto acompañado de mi doloroso racconto de mi drama mental presente: no poder pensar sino en M. Anteayer fumé algo de <u>grass</u> a modo de ejercicio: «Llévame» (le pedía al cigarrillo). Pero pensé solamente en M. y solo de ella hablé con V. y P., hecho que va minando nuestra amistad. Y sin duda no solo esta amistad sino las demás. Mi encuentro con Olga, par ex., fue solo para hablar de M. Asimismo con Ana, con Dany, etc.

108. Se refiere a la Beca Fulbright.

Jacinto aludió a mi temor imaginario a caer en la infidelidad, esto es: pienso en M. exclusivamente para que no «crea» que desdeño su regalo o beca.

Otra conjetura: solo vivo pensando en M. para que M. no se escape, para tenerla. Un solo instante de descuido —de pensar en otra cosa— implicaría descubrir un resquicio por el que M. se evadiría.


Domingo 14 mayo

De golpe sobrevino. Una especie de cariño frío por M. Hoy deseé que NO llamara, es decir: deseé no dormir en su casa. Ella, el Dr. A.: despedidas. Pero M. me suscita / ahora una mezcla de sufrimiento y de —digamos— indiferencia. ¿Dónde está su magia? ¿Dónde mis temblores ante c/u de sus palabras? Tal vez si mañana no llama volveré a recuperar mi ansiedad, sin la cual no sé vivir pues no me reconozco.


El aburrimiento. M. y solo ella me arrebata de ese lugar más triste que el nacimiento. No sé si podré continuar. Es tan inminente su partida. ¿Qué son 3 meses?

Asimismo, sé que no hubiera[s] podido aguantar nuestro vínculo de antes, despotismo y sumisión. Pero ¿a quién veré cuando se vaya? ¿a quién confiaré mis quejas? ¿quién me alimentará y me cuidará? (¿y quién me hará sufrir como nunca nadie?). (Si me quisiera de verdad, no se iría. Esto me ha de doler en lo más hondo.)[109]


109. Todos los fragmentos son de la libreta inédita.

Para López Crespo, lo negativo de la relación, esa oscilación constante, obedece, por un lado, a la personalidad de Martha y por otro a los reclamos imposibles de Alejandra a la persona amada. Martha era distante por naturaleza, por lo cual no le ofrecía lo que ella necesitaba: que le dieran sin intención de recibir, tener la garantía absoluta de que la querían. Para Alejandra la relación infaliblemente tenía que ser de ida y permanente, el ser amado una especie de Dios cristiano que está siempre. Como las cosas no eran así, se establecía una gran tensión, por lo cual con Martha todo era pura lucha, relación de poder y conflicto.

Antes de centrarnos en otros aspectos importantes de la relación —el otorgamiento de la Beca Fulbright a Alejandra, que nunca aceptó a raíz de su pésima experiencia en Estados Unidos; la ida de Martha a especializarse en ese país pocos días antes del suicidio de Alejandra—, es importante señalar que esa misma alternancia entre extremos de exaltación y angustia, referencias sexuales explícitas[110] y dolor exasperado se perciben en su producción del período, sea publicada o inédita.

110. Las referencias sexuales aparecen en varios momentos, de los que elegimos este como ejemplo:

Mierda, ¿qué hiciste de mi amor inmenso? Martha, es tarde y dormís como una cosa. Mi adorado golem.
Te perdono pero es irremediable. Jamás podré metejonearme. Coger, sí, (Espero, pues M. me habituó a coger como a los 2 años o a coger como dos robots). Yo sé que no me cojexq' le joden mis jadeos y mi duración. Como quieras. Monamour. Pero yo te enseñé algo, estoy segura. Aunque nada como masturbarte (y ni siquiera sola llegás siempre; esto es (¿)único(¿))

Acerca de la que ha quedado inédita hasta ahora, hay una serie de «textos», a los que llamamos así, siguiendo a Roland Barthes, porque es imposible remitirlos a un género literario determinado. En efecto, más allá de su extensión muy variada —que va de las veintidós carillas del conjunto formado por «Otoño o los de arriba» y «La pequeña marioneta verde» a las catorce de «Fifina» o las dos de «Diana de Lesbos»—en ellos se articulan la narración; la apelación a una interlocutora sobre la cual está hablando la voz narrativa/poética/humorística; el lirismo, y la brutalidad lingüística de un Sade. Por tales rasgos, en este conjunto de textos escritos por Pizarnik entre 1962 y 1972, la obscenidad y el despliegue de la sexualidad alcanzan niveles que apenas roza *La bucanera de Pernambuco o Hilda la polígrafa*. Porque en ellos está ausente el humor que campea en los que publicaron sus albaceas Olga Orozco y Ana Becciu. Y ya que señalamos este factor, tal vez la crudeza del idioma sea el verdadero motivo que llevó a sus amigas a no publicarlos o a excluir de *La bucanera...* otros fragmentos más brutales pero de similar nivel estético. A este grupo nos remitiremos de nuevo cuando hablemos del dolor que le produjo a Alejandra la partida de Martha I. Moia.

En cuanto a los que se editaron sea en vida de Alejandra, sea póstumamente en la edición organizada por sus albaceas bajo el título de *Textos de sombra y últimos poemas* diez años después de su muerte, es decir, en 1982, vemos que, si por un lado, en diciembre aparece *El infierno musical*, su último libro de poemas, en la revista *Árbol de Fuego* se publican «Los pequeños cantos» y «En esta noche, en este mundo» (dedicados, los primeros a Pablo Azcona y Víctor Richini, y el segundo a Martha I. Moia) y escribe los textos de «Sombra» y otros poemas al padre, donde aparecen el dolor y la conciencia exasperada del estado de carencia que implica el haberse abandonado al lenguaje, la trampa para la subjetividad que entraña haberlo elegido como patria e instancia de plenitud; por el otro, se consagra con entusiasmo a los textos obscenos tantas veces aludidos y que creemos momento de analizar.

Al hablar de su única pieza teatral, señalamos su peculiar articulación festiva entre angustia metafísica y lenguaje delirante, tanguero, infantil y sexual. En el caso de *La bucanera de Pernambuco o Hilda la polígrafa* (incluido en *Textos de sombra y últimos poemas* junto con *Los poseídos entre lilas* y una serie de poemas en prosa y en verso que abarcan desde 1962 hasta 1972), sin embargo, a pesar de que algunos rasgos parecen comunes, en el fondo todo ha cambiado. Estamos ante otro tipo de obscenidad que hace estallar el lenguaje mismo a partir de una manipulación de las palabras y de constantes juegos abrumadores con el significante, los cuales, a su vez, desmontan, desacralizan y descomponen la totalidad del mundo de la cultura. Creemos que en la literatura argentina existen pocos textos tan reiterativamente transgresores, tan obscenamente empeñados en nombrar lo prohibido, sacar de las diversas cristalizaciones culturales las escasas palabras «locas» de lo imaginario, pulverizar y demoler, a partir de una misma pulsión, la máscara de lo consciente y del orden simbólico. En rigor, habría que remitirse fundamentalmente a Osvaldo Lamborghini, quien publica después de la muerte de Alejandra —*El Fiord* es de 1973— y sin conocer sus textos, que se publican en 1982.

Si bien la muerte no aparece aquí de manera explícita, el movimiento mismo del texto —que con pasmosa monotonía repite sus manipulaciones verbales para hacer estallar la sexualidad capturada en el lenguaje y oculta en él— nos instala de lleno en esa «compulsión a la repetición» que con tanta sagacidad identificó Freud como una de las manifestaciones de la pulsión de muerte. Por eso, también, no puede sino hacernos recordar la metáfora lacaniana del inconsciente como una cinta de calculadora que gira y gira sin cesar, diciendo siempre lo mismo. Y, ¿qué dicen los textos de *La bucanera*? Dicen sexo, sexo omnipresente y obsesivamente nombrado.

Vale decir, entonces, que la lógica que los rige es esencialmente metonímica, un frenético deslizarse de un significante al otro diciendo parcialmente lo prohibido y alterando hasta el cuerpo mismo de las palabras en ese afán por capturar y mostrar lo «fuera de escena». Acerca de esto último, su operativa nos remite a la escritura de un Artaud, un Girondo o un Joyce —más cerca todavía, Hugo Padeletti—, solo que el procedimiento está combinado, en el texto de Alejandra, con un humor siniestro, ausente en los cuatro escritores señalados.

Al humor debe sumarse el efecto que produce el constante juego con las referencias culturales, las cuales convierten al texto en un mosaico de citas. Precisamente en relación con esta parodia constante se percibe el doble nivel de transgresión que implica *La bucanera…*, ya que además de destruir ese primer «lugar» o morada que es el lenguaje, pulveriza los monumentos culturales construidos sobre la base de este.

A partir de ese horadamiento y descomposición se filtra, impregnándolo todo, lo obsceno, en una demostración inquietante por lo reveladora, de que no hay «palabra inocente», esa que pronunciaba en sus grandes libros del «período encantado»: *Árbol de Diana* y *Los trabajos y las noches*. En este sentido, lo que angustia más allá de la carcajada que a veces surge es la percepción de una especie de *venganza* exasperada contra el lenguaje por no ser esa «patria» que se ha buscado. Pero en otro sentido, el gesto de hacer estallar el lenguaje infiltrándolo con los contenidos preedípicos constituye, como lo hemos señalado en el capítulo anterior, una de las formas de esa transgresión generalizada que entraña la elección propia de los poetas malditos. Asimismo, y esto no puede dejar de vincularse con la angustia que crean en muchos lectores, se trata de textos cercanos, precisamente por esa desestructuración, a la locura, al deliro verbal del psicótico, cuyo mundo subjetivo ha estallado y su lenguaje deriva de asociación en asociación.

Solo que *no* es el lenguaje de la locura sino el de un arte que ha llegado hasta el fondo de su impulso transgresor, imitando peligrosísimamente el habla descarrilada del delirio. Y decimos «peligrosísimamente» porque el lector siente, al igual que ante los agónicos poemas de *El infierno musical*, «Los pequeños cantos» u otros del período 1971-1972, donde la muerte reina, que quien a tal punto roza el habla de la locura y la muerte no puede salir impune de semejante tráfico verbal, más allá de la hermosa, acertada pero un poco optimista teoría del lenguaje poético de Julia Kristeva.[111]

111. Julia Kristeva, *La Revolution du langage poétique*, París, Éditions du Seuil, 1974.

En otro sentido, los textos de *La bucanera* verbalizan una forma de pérdida del lenguaje, de destrucción que no deja en pie nada donde el sujeto —errante, extranjero, desposeído—pueda asentarse. Al respecto, uno de sus amigos decía que, hablando con ella sobre estos textos y más allá del entusiasmo que le producía trabajar en ellos, Alejandra le dijo que ya no podía escribir como antes, que la Alejandra de los poemas se había acabado. Y había una profunda tristeza en esa afirmación.[112]

Sin embargo, otro amigo también muy cercano sostenía que, cansada de no darle voz a ese rostro —o máscara— de sí misma que surgía en la conversación —y, como lo señala Sylvia Molloy en el artículo antes citado, desde la adolescencia—, Alejandra se había sentido desolada cuando varios escritores amigos a quienes se los mostró y cuya opinión tenía en alta estima los desvalorizaron por completo —y se trataba de personas que la valoraban genuinamente como poeta y que conocían el costado «loco» de juego con los niveles verbales propios de su conversación—, instándola a dejar de escribir esas «porquerías» y volviera a su anterior escritura poética. Si la afectó tan profundamente, fue porque en tal opinión percibió una forma de rechazo a ese costado suyo que necesitaba inscribir en su escritura. Además, dejó testi-

---

112. Por cierto que, como lo explicamos seguidamente, se trata de nuestra interpretación de los textos humorísticos, mientras que hay otras visiones fundamentadas y atendibles que los consideran una forma de escapar del sofocamiento que la búsqueda de la perfección y de la *mot juste* produce en ella. Cfr., en especial, Javier Galarza, Leonardo Leibson y María Magdalena, *La perfecta desnudez. Conversaciones desde Alejandra Pizarnik*, Buenos Aires, Letra Viva, 2018.

monio de dicho rechazo en su diario: «La gente no quiere saber nada de mis textos de humor. *Par ex.* M.A.; *par ex.* todo el mundo» (entrada del 22 de julio, 1970, p. 956), así como, un mes antes, manifestó que escribirlos le hacía físicamente mal: «Vértigo y náuseas. Advertí que el texto de humor me hace mal, me descentra, me dispersa, me arrebata fuera de mí» (2 de junio, 1970, 952).

Acerca de las dos versiones sobre su pérdida del lenguaje poético o su decisión de dejar por escrito ese aspecto de su lenguaje oral, creemos que son igualmente ciertas, y sin duda Alejandra oscilaría entre el deseo de hacer literatura desde ese punto extremo de peligro —pero que la salvaba de la represión que la había llevado esa búsqueda de la *mot juste* en su poesía y al silenciamiento de toda la otra dimensión de su subjetividad—y la conciencia de que dicha opción era una pérdida decisiva de la patria buscada y de su papel de «endechadora».

Porque, y nos parece fundamental tener esto en cuenta, Alejandra no escribía dichos textos en una especie de «trance loco»: leía los grandes libros de humor o de desestructuración del lenguaje para captar en ellos los mecanismos de descentramiento del texto y de las palabras —*Seis problemas para don Isidro Parodi y Crónicas de Bustos Domecq*, de Borges y Bioy Casares, el Quevedo satírico, Lewis Carroll, James Joyce, Jarry, varios de los cuales se encuentran en la Biblioteca Nacional de Maestros y donde sus marcas dan testimonio de esos préstamos—,[113] tanto como ciertos textos finiseculares

---

113. A ella donó Ana Becciu gran parte de la biblioteca que Pizarnik tenía en su departamento de Montevideo 980, que, según una comunicación personal de la donante con el profesor Daniel Link, la madre de

a fin de parodiar su lenguaje, actualmente ilegible (pensamos en *Los raros* de Rubén Darío, cuyo ejemplar casi íntegramente marcado se puede consultar en la parte de su biblioteca depositada en la Biblioteca Nacional, que antes estuvo en manos de Pablo Ingberg por voluntad de uno de los sobrinos de Alejandra, quien se la regaló).[114] Es decir que en el nivel de

Alejandra le regaló dos años después de la muerte de esta. Así lo manifestó Link en la conferencia que dio en la Sala Americana de Investigadores de la Biblioteca Nacional de Maestros el 31 de noviembre de 2008, en ocasión de la apertura oficial al público de la Colección Pizarnik.

114. Es decir que la biblioteca de Pizarnik se dividió en dos partes: una quedó en casa de sus padres de la calle Montes de Oca y, al morir la madre de Alejandra, su sobrino, Mario Nesis, se la regaló a Pablo Ingberg, quien además de ser poeta era compañero de trabajo en el Banco Central. Sus quinientos setenta y ocho volúmenes luego los compró la Biblioteca Nacional. La otra, de su departamento de Montevideo 980, la madre de Alejandra se la regaló en 1974 a Becciu, quien en 2008 la donó a la Biblioteca Nacional de Maestros. Pero de ninguna manera los conservados son la totalidad de los libros de Alejandra. Señalemos que entre los doscientos cincuenta que su albacea donó a la Biblioteca Nacional del Maestro faltan, entre muchísimos otros, algunos de los más queridos por la poeta, como la obra de Lautréamont, los poemas de T.S. Eliot, Michaux, Vallejo y Olga Orozco, la narrativa de Cortázar, Borges y Djuna Barnes entre otros, y a cuya lectura se refiere tanto en sus diarios como en sus cartas y sus diálogos con sus amigos. Suponemos que muchos estarán repartidos entre amigos de la poeta, como es el caso de Ana Becciu, de quien sabemos (Ferrari, 2018) que conserva el ejemplar de los *Diarios* de Kafka, que Alejandra leía «como una Biblia» al final de su vida y que por desgracia no ha permitido que lleguen a manos de los investigadores de su obra, como sí lo hizo generosamente con los numerosos e invalorables libros que donó a la Biblioteca Nacional de Maestros.

Becciu es la albacea de Pizarnik y quien, de acuerdo con la familia de Alejandra —su hermana Myriam, su marido y sus dos hijos—, asumió la tarea de actuar como su única editora, según se ve en las ediciones de la *Poesía completa (1957-1972)* y la *Prosa completa*. De más está decir que no son completas, como lo señala Becciu en una brevísima elaboración artística, de trabajo de escritura, corrección, medida y peso de las palabras —obsesivo, implacable—, su actitud era idéntica a la que aparecía en sus poemas «serios». En ambos tipos de escritura se manifestaba la idea que compartían con Cozarinsky, de que en *todo* había un texto y que la tarea del escritor pasaba por una labor de montaje, corte, collage, inserción y desarrollo de fragmentos, rearmado formal y constante depuración verbal. Es decir, por un cuidadoso trabajo con la palabra ajena.

De paso, señalamos que este mismo trabajo con la palabra ajena también es un rasgo de la poesía de Pizarnik, que si en su momento fue malinterpretada por sus amigos vanguardistas —que lo consideraron directamente plagio— en la actualidad constituye una muestra de lo que llamamos *intertextualidad*, rasgo que si bien Borges va a afirmar taxativamente para toda escritura, ya aparece en André Gide y en Pedro Salinas, de quienes en rigor lo tomó Alejandra, como lo demuestran los fragmentos que marcó en el ensayo del último sobre la poesía de Jorge Manrique —conservado también en

---

pero aclaratoria nota al final de la *Poesía completa*, y como se deduce de los muchos artículos, reseñas y entrevistas ausentes de la *Prosa completa*. En lo relativo a los *Diarios*, mientras la edición de 2003 es de una brevedad y desprolijidad insólitas —en parte por culpa de la editorial que, como luego confesó Becciu, restringió el número de páginas—, en la de 2013 se ha multiplicado casi por dos la cantidad de páginas y, por más que tampoco están completos, las exclusiones que impuso la editora en muchos casos son justificables por lo terrible o desgarrador de los textos no incluidos. Sin embargo, el hecho de no incorporar la libreta final de 1971-72 es una decisión que objetamos, lo mismo que la distribución de los anexos y las notas al final —al estilo norteamericano—, que complican innecesariamente la lectura, de por sí compleja y dura.

la Biblioteca Nacional de Maestros de Buenos Aires—, donde afirma, apoyándose en el escritor francés, que se escribe desde y con la tradición.

En relación con esto, no puede sino llamar la atención la crítica que dirige a Olga Orozco cuando lee su libro —suponemos que se trata de *La oscuridad es otro sol*, de 1967, si bien habría pasado demasiado tiempo para que solo entonces lo leyera— y, al día siguiente, a Julio Cortázar:

La presunta desilusión por el libro de O. proviene de mi descubrimiento de O. como antiheroína. Su libro viene de los libros. Es una literata, y muy consciente de su oficio. Inclusive le encuentro pequeños «robos», literarios, como los descubro en otros literatos. (14 de junio de 1968, p. 784)

Empecé *La vuelta al mundo en 80 días*. La evidencia de la impostura es excesiva y, no obstante, la magia verbal de Julio más su seguridad de ser el primero (que plagia a aut[ores] desconocidos en Arg[entina]) más su exaltación al adoptar la pose de cronopio exaltado y desordenado, todo eso concede al libro una dignidad inmensa. Olvido lo principal: Julio es, antes que un gran escritor, un gran lector. También, como Eliot, es un gran plagiador, un gran calculador. Por otra parte, tiene el sentimiento de la grandeza. Y no obstante, hay algo de viejo en esa apelación que hace a la no-seriedad, sin duda porque él mismo quisiera no ser serio. Pero yo, que lo envidio —algo desde arriba, naturalmente— y lo envidio precisamente por su espíritu lúdico y calculador (nada pueril, como dice cuando plagia a Michaux) y lo envidio por su tenacidad, por su modo de vivir para la literatura sin juzgar su razón ni su vida, yo quisiera ser muy seria. Y no es verdad que chez nous se escriba muy seriamente. Pasa lo contrario. Julio lo dice porque cree que antes nadie lo dijo y de esta suerte conquista a los jóvenes prematuramente rebeldes y a los viejos-jóvenes. En fin, debo leerlo por un asunto verbal (aprendizaje del idioma, del cálculo, si quiero vivir...). (p. 785)

Como vemos, también con Cortázar esa ambivalencia característica de Alejandra ante sus amigos, mezcla de admiración, envidia y fingido sentimiento de superioridad (consideramos que, en rigor, obedece a su complejo de inferioridad) especialmente llamativo en este tema, ya que si alguien es una refinada trabajadora de la palabra ajena, es precisamente ella. En momentos así, creemos que se revela de manera pasmosa la incapacidad de Alejandra de verse a sí misma, de reconocer sus propios mecanismos de creación en el otro, ese desconocimiento de sí al que por momentos se refiere en su diario pero que, en los hechos concretos, no logra percibir.

Volviendo ahora a lo que antes decíamos acerca de la «pérdida» de lenguaje que entrañan los textos de La bucanera... que hemos analizado, cabe preguntarse lo siguiente: cuando a «la casa del lenguaje se le vuela el tejado» por «jugar»—en el sentido pleno, infantil y sagrado de apuesta hasta sus últimas consecuencias propio del término—, ¿qué le queda al poeta que lo soñó como morada sino morir?

Y ya que volvemos a la muerte, es preciso señalar que, en 1971, realiza su segundo intento de suicidio, que va a entrañar la mencionada internación en el Hospital Pirovano de cuatro o cinco meses, en la que sus amigos la visitan y la sacan a pasear, se hace amiga de Rubén Brahin, y dentro de los cuales queda incluida la internación ambulatoria por la cual, a partir de cierto momento, le permiten salir del hospital y, si nos atenemos a la prohibición de escribir durante la internación, volver algunas horas o días a su casa, donde escribiría su diario y los textos del período.

Al respecto es importante señalar que ya en diciembre de 1970 había iniciado un tratamiento con el Dr. Jacinto Armando en el Hospital Pirovano —seguramente como consecuencia de su primer intento de suicidio— y que, si nos atenemos a la libreta inédita con entradas de 1970 pero, fundamentalmente, de 1972, se prolongó en el consultorio privado de este, como lo indica esta entrada del 1 de junio de 1972: «Ayer, 1$^{era}$ entrevista con el Dr. A. en su consultorio particular».[115] Esto, sin embargo, no implica que dejara de verse con Pichon Rivière, como lo revela su diario, donde, en el mes de julio de 1971 aparece la siguiente entrada —no tiene fecha exacta pero es, según la siguiente, anterior al 18 de julio:

P.R. rehusó el pacto que yo le propuse: darme la dosis exacta de barbitúricos para poder morirme sin miedo que me descubran con el corazón todavía latiendo. [...] P.R. no quiso meterse en mi proyecto. Él me dio pastillas para vivir, cinco años atrás. Ahora, le correspondía darme el arma para consu-

115. Papeles Pizarnik, Biblioteca de la Universidad de Princeton, Departamento de Libros Raros y Ediciones Especiales, Departamento de Manuscritos, Caja 3, Carpeta 1.

mir mi derrota. «¿Por qué tanta omnipotencia?», me preguntó
hoy. (p. 976)

Precisamente a raíz de esta entrada y de las siguientes resulta
muy difícil fijar la fecha exacta de su segundo intento de suicidio, ya que por la forma en que está escrita parecería que se
produjo después de la negativa del día anterior y debido a
que tomó una cantidad de pastillas errada; asimismo, que se
habría producido después del 24 de julio, pues Alejandra sigue escribiendo su diario, donde registra las cartas que ha
escrito, los ejemplares de *La condesa sangrienta* en la edición
de López Crespo que envió o enviará. Y tras esto tenemos una
interrupción hasta el 9 de octubre, cuando dice: «Van cuatro
meses que estoy internada en el Pirovano. Hace cuatro meses
intenté morir ingiriendo pastillas. Hace un mes, quise envenenarme con gas» (p. 978). Con simplemente hacer las cuen-
tas, advertimos que son apenas tres meses —ya que de ser
cuatro, el intento de suicidio se ubicaría en el mes de junio.
Asimismo, si atendemos a las entradas anteriores a la ya citada del mes de julio, como no escribe nada a partir del 10 de
mayo, podríamos fecharlo en cualquier momento entre ese
día y el mes de julio, solo que esto no resuelve del todo la
extrañeza que produce dicha entrada, así como ciertas cartas
a las que seguidamente nos referimos.

En efecto, la datación se complica más cuando consideramos aquellas cartas de su correspondencia —el diario y
la correspondencia son las dos fuentes para establecer las
fechas de muchos episodios, no todos ya que, por ejemplo,
no hay ninguna referencia a su intento de 1970 como a

muchas otras cosas, desde publicaciones hasta relaciones amorosas, amistosas o sexuales—, donde alude con singular ambigüedad, cuando no directamente mintiendo, a su estado de salud.

En la correspondencia con Antonio Fernández Molina dice, en una carta también de julio de 1971: «Perdón por mi horrible silencio. Van dos meses que estoy en el hospital. Mi salud es perfecta pero…» (p. 276), lo cual también llevaría el episodio al mes de mayo. Sin embargo, a su otro amigo español, Antonio Beneyto, también en julio le dice: «No sé cuándo podré narrarte estos últimos tres meses. Aún estoy en el hospital. Mi salud, somáticamente hablando, es perfecta. También mentalmente. El asunto es más complicado» (p. 315), lo cual nos llevaría al mes de abril. Pero, si tomamos en cuenta las dos cartas anteriores a Beneyto, fechadas el 12 y el 24 de mayo de 1971, la última de las cuales termina con una llamada muy significativa: «Esta carta no pudo ser enviada; te la mando por no sé por qué» (p. 315), esa datación no funciona y tendríamos que correr la fecha a algún momento después del 10 de mayo, última fecha en que escribe en su diario antes de la entrada de julio.

Pero esto nuevamente hace sonar extraña la entrada referida a Pichon Rivière, así como las diversas cartas que envió a sus corresponsales españoles, los dos Antonios, entre los meses de julio y agosto. Sin embargo, como veremos, podrían indicar que en el mes de julio Alejandra ya estaba en internación ambulatoria.

Por fin, en noviembre de 1971 anota en su diario: «El miércoles 10 de noviembre salí del Pirovano, en el que estuve cinco meses» (p. 980), lo que ubicaría su intento no ya en abril o mayo, sino en los primeros días de junio de 1971 —como se verá, una fecha a la que no solo nos remite esta indicación, sino también una carta a Fernández Molina—, e indicaría que en el mes julio ya estaba en internación ambulatoria, pues en la carta de julio a Antonio Beneyto le dice: «En septiembre —fines— iré a USA, me concedieron la beca Fulbright —para— escritores en la Universidad de Iowa, la beca es por 2 meses. Y si vienes y recorremos california y méxico?». Por su parte, la carta a Fernández Molina del 27 de noviembre confirmaría esta fecha, pues comienza así: «Te escribo después de haber yacido cinco meses en un hospital», para a continuación inventar una mentira sobre el motivo de esa internación: «(causas: un accidente de auto seguido de una depresión anímica)» (p. 280).

A quien en cambio no le miente es a Julio Cortázar, como lo demuestra esta dedicatoria de la separata de «La pájara en el ojo ajeno» aparecida en *Papeles de Son Armadans* que le envía, según dice, a los dos meses de estar en el hospital, pero sin fecha:

Julio, este textículo les parece joda. Solamente vos sabés que el más mínimo chiste se crea en momentos en que la vida est à l'hauteur de la mort[116]. Muy tuya Alejandra.
P.S.: Me excedí, supongo. Y he perdido, viejo amigo de tu vieja Alejandra que tiene miedo de todo salvo (ahora, oh Julio) de la locura y de la muerte. (Hace dos meses que estoy en el

116. está a la altura de la muerte.

hospital. Excesos y luego intento de suicidio —que fracasó, hélas). [...]

Julio, fui tan abajo. Pero no hay fondo.

Julio, creo que no tolero más las perras palabras. (pp. 397-98)

En consecuencia, no se puede fijar con verdadera precisión cuándo hizo Alejandra su segundo intento de suicidio —abril, mayo o junio— y tampoco cuánto tiempo su internación fue total y cuánto ambulatoria, ya que además de todo lo señalado, al día siguiente de que registra que hace cuatro meses que está internada, el 10 de octubre, dice que «M. me hizo a un lado este fin de semana» (p. 978) —se refiere a Martha Moia— así como apunta: «El Dr. P.R. elogió la muerte por ahorcamiento. *Ahorcarse*» (p. 979), indicios ambos de que ya estaba pasando algunos días u horas en su casa.

De todo lo dicho, podemos deducir que el intento de suicidio se ubicaría alrededor del 10 de junio y que a partir del mes de julio la internación fue ambulatoria, con salidas durante el día del Hospital, como lo señalan los amigos, y que este sistema finalizó en noviembre. Por cierto, si nos atenemos al diario, un alta sin demasiado sustento ya que, como lo registra el 21 de noviembre, once días después de salir: «El domingo pasado traté de ahorcarme. Hoy no dejo de pensar en la muerte por agua» (p. 979).

En relación con esto cabe recordar lo que Fernando Noy le contó a Patricia Venti cuando lo entrevistó. Una noche en que ambos estaban drogados con anfetaminas, Alejandra le pide a Fernando que la ayude a suicidarse. Él, en medio del estado de alucinación en que se encuentra, le dice: «Está bien, ¿qué tengo que hacer?». Alejandra le responde: «Yo me tomo una sobredosis de pastillas, me meto en la bañera llena de agua y luego, cuando me haya quedado dormida, tú tienes que sumergirme la cabeza, nadie sabrá que tu estuviste aquí. ¿Te parece bien?», y Noy le respondió: «Sí, ¿cuándo lo hacemos?». Hubo un silencio, Alejandra lo miró con miedo y le dijo: «No, mejor no».

Vinculada con esta atracción por la «muerte por agua» (título de la tercera parte del bellísimo poema «The Waste Land», de T.S. Eliot) y simultáneamente con su terror a ella, encontramos el comentario que le hizo a su amigo Juan José Hernández sobre su preferencia por los baños de inmersión. Según contaba el poeta tucumano, Alejandra tenía mucho miedo de morir ahogada. Entonces, como le gustaba mucho darse baños de inmersión en la bañera, se ataba al cuello una cuerda y se sujetaba a la llave de paso. Porque su temor era quedarse dormida y ahogarse.

Al margen del señalado problema de datación y de lo que inventa para sus corresponsales del exterior, todos sus amigos de Buenos Aires dan cuenta del sufrimiento de Alejandra y recuerdan la tristeza de su rostro surgiendo del delantal gris que les ponían a las internas. Igualmente significativo es el texto que antes nombramos, «Sala de psicopatología»—publicado por primera vez en el volumen de *Prosa completa* de 2000—, donde además de estallar toda la desazón, la desesperación, la revulsión interior que le produce estar en la Sala 18 con las otras internas, que no entienden nada de su propio estado, se manifiesta el desprecio de la autora por los «mediquillos» que intentan curarla, a los que opone a su adorado y terrible Pichon Rivière, con el único que, según sus palabras, logró establecer una verdadera relación, si bien tortuosa y enferma. Y también, su melancolía frente al psicoanálisis, por su imposibilidad de curarla, como dice en este fragmento estremecedor:

> porque —oh viejo hermoso Sigmund Freud— la ciencia psicoanalítica se olvidó la llave en algún lado:
> abrir se abre
> pero ¿cómo cerrar la herida? (p. 415)

Por su parte, la dedicatoria a Cortázar antes citada sintetiza el horror de su situación en el hospital en esta referencia:

> PS En el hospital aprendo a convivir con los últimos desechos. Mi mejor amiga es una sirvienta de 18 años que mató a su hijo. (p. 398)

Volviendo ahora a su vida una vez que sale del Pirovano, hay otros textos a los cuales referirse, otras relaciones que nos permiten acercarnos mejor a esta Alejandra final.

Ya hemos mencionado a algunos entrañables amigos jóvenes que estuvieron muy cerca de ella entre 1970 y 1972. Ana Calabrese, por ejemplo, que venía de un mundo muy diferente de aquel al que pertenecía Alejandra, pero que pudo percibirla en toda su seducción y su desamparo.

Porque la poeta extraordinaria que había leído *toda* la poesía y la literatura que se debía leer, que escribía esos textos deslumbrantes y podía citar poetas en varios idiomas, de pronto era el ser mágico que se proponía curarle un terrible dolor de cabeza a su amiga leyéndole poemas de Michaux; o una criatura absolutamente desposeída y desamparada a la que, en uno de esos gestos de infinita ternura que le dedicaban los amigos, había que hacerle la cama porque era incapaz de hacerla ella misma; o la adolescente trastornada porque «una persona» tenía que llamarla y todo su universo quedaba pendiente del hilo de ese teléfono traidor. O la que dejaba entrever una forma de vivir la sexualidad totalmente libre y anticonvencional y de pronto fantaseaba si no sería posible conocer hombres «normales» de su edad —es decir, profesionales integrados a ese otro mundo del que mucho tiempo atrás ella había desertado— para salir del universo especialísimo en el que estaba instalada por propia voluntad. O la que tras fascinarse con un brillo para labios que Ana usaba, se negaba a probárselo porque «yo no, no... para qué...». La que leía los poemas que su amiga más joven empezaba a escribir con un respeto y una atención equivalentes a los que le prestaría a un texto de «Octavio», por ejemplo; ese ser espléndido al que Silvina Ocampo le enviaba una principesca bandeja de masas, a la que Olga Orozco visitaba y Elvira Orphée invitaba a tomar el té o Cortázar le mandaba deliciosos y tiernos casetes.

La que de pronto no se podía bajar de su personaje dandi y fascinante en una fiesta y hablaba durante cuatro horas seguidas sin parar, seduciendo, haciendo reír, deslumbrando a todos, tapando a la «pequeña mendiga» a fuerza de palabras. La misma que recibía con amor a su madre —una mujer alegre pero atenta hasta la extenuación a cualquier cambio en el humor de esa hija tan diferente; protectora, sobreprotectora, entrañable— cuando la visitaba y ordenaba como podía la casa, o se iluminaba con las visitas de sus dos sobrinos, los hijos de Myriam, a los que adoraba y con quienes reeditaría y compartiría su mundo mágico de niña escapada de una fotografía de Lewis Carroll; la que leía a Kafka como a una Biblia y, en sus últimos años, retomaba el judaísmo —«Hay que volver a las raíces», le decía a Juana Ciesler, o a Arturo Carrera, «vos sos judío, porque sos igual a mí»— identificándose con la errancia del pueblo judío, con la sabiduría deslumbrante de los jasidim, y que en ciertos ritos, signos y señales reconocía las marcas de su esquiva identidad; la que les pedía a los que formaban el círculo más estrecho de su soledad que la llamaran Sasha; la que, por fin, quiso una vez conseguir un trabajo *part-time* en la Universidad de Buenos Aires —cuyo rector era pariente de Ana— pero que no pudo concretarse tras la entrevista que mantuvo (¿habrá sugerido un curso de 11 de la noche a las 3 de la mañana? ¿Tal vez analizar *La historia del ojo* de Bataille con los alumnos de Letras?).

Porque el dinero seguía siendo un problema central —la Beca Guggenheim se había agotado definitivamente y había rechazado la Beca Fulbright, obtenida en 1971 y por mediación de Martha I. Moia, que como ya señalamos trabajaba en la Comisión Fulbright, porque se sentía incapaz de hacer el viaje a Iowa que esta exigía y permanecer varios meses allá— y las colaboraciones en los diarios y revistas no alcanzaban para vivir, aun sumadas al dinero de su madre; tampoco los textos publicitarios que, de tanto en tanto, inventaba casi como un juego para la agencia de una amiga que pagaba en dólares y bien.

Es que Alejandra solo podía escribir literatura y sus diarios, cuadernos y cartas. Cada vez más con una especie de urgencia extrema y así, además de los textos obscenos se sucedieron su último libro publicado en vida, *El infierno musical*, y los poemas editados en Árbol de Fuego, en los que ahora nos detendremos.

*El infierno musical* reunía los textos de su breve libro anterior, *Nombres y figuras*, publicados por Beneyto en España, pero agregaba dos partes fundamentales: «Las uniones posibles» y «Los poseídos entre lilas», las cuales le confieren un carácter auténticamente decisivo al libro, casi diríamos preñado de una significación *terminal*.

En los cinco poemas de «Las uniones posibles» hay dos elementos que marcan una transformación: por un lado, simultáneamente aparece un deseo más acendrado de acceder al silencio como instancia de la armonía y la conciencia implacable de que se lo ha perdido definitivamente, según se puede ver en este poema, literalmente ensordecedor:

Signos

Todo hace el amor con el silencio.

Me habían prometido un silencio como un fuego, una casa de silencio.

De pronto el templo es un circo y la luz un tambor. (p. 276)

Por otro lado, «Lazo mortal» da cuenta de una experiencia del erotismo —por primera vez mínimamente cercana a sus anotaciones en su diario y a los textos obscenos que siguen inéditos en Princeton—, que está a una notable distancia de la melancolía, incluso de la inquietante articulación entre amor y muerte que se da en *Los trabajos y las noches:* «El ritmo de los cuerpos ocultaba el vuelo de los cuervos. El ritmo de los cuerpos cavaba un espacio de luz adentro de la luz» (p. 279).

Algo, definitivamente, parece haber estallado.

Pero la inclusión más importante es «Los poseídos entre lilas», el poema que surge a partir de la *borradura* de los mecanismos de la creación puestos en la escena de la escritura por la pieza teatral de igual título. Si bien nos hemos detenido tangencialmente en él al referirnos a la pieza, creemos que es fundamental destacar su carácter *terminal,* en lo relativo a la confianza en el lenguaje, por parte de la subjetividad, como lugar de realización y salvación.

De las cuatro partes que constituyen el poema, las dos primeras representan una suerte de confirmación, en el plano de la escritura, de la irreversible pérdida de la «mirada poética» que permitía transformar la realidad en un ámbito cargado de significaciones; así, lo que quedan son «restos. Para nosotros quedan los huesos de los amores y de los hombres» (p. 294*)*. Restos a partir de cuya nominación se filtra el acento desesperado de una voz despojada de lenguaje y por lo tanto de toda morada posible.

Pero si esto resulta abrumador, las dos partes finales nos llevan aún más adelante y más hondo en la desesperación, presentándose como dos de los momentos más estremecedores de su poesía. En el fragmento III —que hemos citado en parte al analizar la pieza teatral— se asume, con un dolor desgarrado, la definitiva pérdida del don poético, el fracaso en la tarea desmesurada y utópica de fundar «el ser en la palabra y por la palabra» —como quería Hölderlin—, a raíz de lo cual ya no se es —«Yo ya no existo y lo sé, lo que no sé es qué vive en lugar mío» (p. 295)—. En el fragmento IV se muestra la exasperada reformulación de su fe en la posibilidad de hallar un refugio así como la aceptación de que a ella no le es posible alcanzarlo. Ante tal certeza, el yo poético exhibe su *soledad mortal* poblada de imágenes letales —el lobo gris que ha de transformar a los vivos en muertos, la matadora que viene de la lejanía. Tras afirmar por última vez su fe obstinada y terca en el lenguaje —«Las palabras hubieran podido salvarme» (p. 295)—, esas imágenes la llevan a perderse en sus visiones de terror y apostrofar al universo con las preguntas esenciales sobre el sentido de la vida y el sentido del ser:

¿No hay un alma viva en esta ciudad? Porque ustedes están muertos. ¿Y qué espera puede convertirse en esperanza si están todos muertos? ¿Y cuándo vendrá lo que esperamos? ¿Cuándo dejaremos de huir? ¿Cuándo ocurrirá todo esto? ¿Cuándo? ¿Dónde? ¿Cómo? ¿Cuánto? ¿Por qué? ¿Para quién? (pp. 295-296)

Este final, por sí mismo, resulta auténticamente conmovedor. Pero cuando, gracias al testimonio de Ivonne Bordelois, sabemos que este fragmento es la reescritura de una cita de San Agustín («Entre mis papeles encuentro una pequeña hoja escrita en tinta roja por Alejandra, con la siguiente cita de San Agustín: '¿Y qué esperanza nos queda si estamos muertos? [...] ¿Cuándo vendrá nuestra primavera? ¿Cuándo nuestro verano? ¿Cuándo nos recubrirá el adorno de nuestras hojas? [...] ¿Cuándo ocurrirá esto?»), el efecto resulta más devastador todavía. Porque se han articulado, desde la absoluta desolación, las preguntas esenciales sobre el sentido de la existencia, y porque, a diferencia de San Agustín, quien se incluye entre los muertos, la voz poética que pregunta en este poema elude hasta el consuelo de compartir la conciencia desgraciada con los demás, para erigirse en *soledad mortal* ante el umbral de su sueño imposible, devorada por el desmesurado afán de *hacer con su cuerpo el cuerpo del poema* y conseguir, en la fusión inalcanzable de vida y poesía, cuerpo y lenguaje, esa fundación trascendente enunciada por Hölderlin y convertida por Novalis en la flor azul que brilla detrás del absoluto literario.

Algo se ha acabado definitivamente aquí, algo ha muerto, hay una imposibilidad tan radical de retorno, una inscripción tan decisiva de la conciencia de la pérdida y el fracaso en el destino poético, que casi pueden ignorarse una buena parte de los poemas y los textos ulteriores y, a partir del carácter terminal propio de este poema afirmar que, después de este libro, solo cabe la muerte. Autoinfligida o convocada por equivocación —en el caso, para nosotros poco probable, de que, como sostenía sobre todo Olga Orozco, no haya sido voluntaria sino a raíz de una confusión de pastillas—, no importa, pero muerte al fin, muerte sin fin. En este sentido, se puede decir que los textos posteriores eran *literalmente* textos póstumos, en tanto están escritos después de la muerte y a partir de ella y que los meses que median entre la publicación de *El infierno musical* y su muerte —diciembre de 1971 y septiembre de 1972— fueron apenas el lapso en que se disponía el escenario para mejor morir.

Hubo una hermosa fiesta, es cierto, en casa de la persona tan amada para festejar el libro —si bien nos preguntamos cómo era posible «festejar» este libro. ¿Cómo hicieron Alejandra y quienes la rodeaban para superar la inscripción, casi con letras de fuego, de su muerte en el poema? ¿Cómo no tuvieron la certeza de la catástrofe ante ese poema final en los dos sentidos: final del libro y final de su vida? Y la respuesta es banalmente sencilla: porque siempre está la esperanza, esa ciega esperanza que a todos nos ciega ante las credenciales del destino y que se perdió en el fondo de la caja de Pandora para destrozarnos la vida. Hubo los *Textos de sombra y últiimos poemas* publicados póstumamente, cada vez más salvajes y desencajados, casi pura materia gritando el peligro letal. Hubo encuentros y, en muchos amigos, la certeza de que algo estaba radicalmente en riesgo, que Alejandra estaba más del otro lado que de este. A veces aferrándose a los seres queridos como un abrojo desolado, a veces alegre y estridente hasta la carcajada. Y también hubo la zarpa de la locura inmiscuyéndose en ciertas cartas a ciertos amigos muy queridos, porque en lugar de la letra diminuta y escolar había rayas, rayos que eran la desnuda huella de la desestructuración interior, o palabras procaces y una letra ininteligible, la pérdida del hilo del discurso transformado en el lazo del estrangulador, una voz que injuriaba y nada más. Es cierto que antes, en 1970,

había escrito a su amigo instalado en Barcelona, Osías Stutman, una serie de cartas que parecen integrarse a los textos
de *La bucanera*... por sus juegos obscenos y desestructuran-
tes, pero aquí todavía están presentes el humor y ese control
atento e intelectual que implica la intertextualidad a la que
antes nos referimos como marca de sus textos obsceno-humo-
rísticos, rasgos totalmente ausentes de las cartas a las que
aludimos ahora enviadas a su amigo Marcelo Pichon-Rivière.

Como ejemplo, citemos una de principios de año —el 7 de
febrero de 1972— donde los juegos obscenos con el lenguaje
se mezclan con una desesperación que ella misma reconoce y
que se irá agudizando en los meses que siguen, como veremos después por las anotaciones del diario:

[...] Sin embargo, preferiría aparecer bella y que mil púberes
se pajeen ante mi cara (eso quiero; no, no es todo). En fin, hay
alguien que me llevará a la quinta del Ñato. Lo adoro. Quiero
que me vea linda. (Esto que te digo ya lo pedía Safo).
Espero tu libro orgasmáticamente. No te dejes ir al otro lado
del mundo. Volvé, dame el libro y proyectemos cosas belias
como una poronga raliada en la lluvia, cerca de las liamas que
jadean porque se metan Hamlet con el cacho de piza de [ilegi-
ble] mientras las miro.
1) Dibujar estamentos en forma de pie equino.
2) Cagar [palabra tachada] a rayas.
Pero lo esencial: hoy que polucionan a cuadritos. (No deliro.
Estoy desesperada. Y a la vez qué hermoso que seas vos, Mar-
celito, un viviente de esta puta ciudad). (p. 267)

Y después, la partida de Martha Moia a Estados Unidos por su beca, que, a partir de una anotación en el diario y una carta a Ivonne Bordelois fue a principios de septiembre. En efecto, el domingo 14 de julio de 1972 anota en la libreta inédita: «Falta poco menos de dos meses para que M. se vaya por 4 años (nunca volverá)».

Por su parte, en la carta del 5 de julio de 1972 a Ivonne —quien seguía en el MIT— dice: «Martha Moia, muy amiga mía, se va para USA en septiembre. Estará en New York del 14 al 18». (p. 126)

No es difícil imaginar, cuando revisamos la libreta de ese último mes, la sensación de abandono que experimentó, si bien la partida de la tan amada en apariencia se festejó en despedidas con vino y alegría fingida. Pero esa desazón y dolor que aparece en el diario y los textos escritos a partir de los años setenta, se vuelve rabia y obscenidad en una singular carta/apelación/relato que la autora misma rompió y que transcribimos a continuación:

La pura verdad

El agujero de X....X
Cierra. Se cierra. Cielo raso. Al ras para el coito, trabaja, no escatima jabón, Chanel n° 5, rizos púbicos; se afeita las piernas, algo de su coñito, se maquilla y viste para seducir o mejor para excitar. No sonríe, no ríe, no quiere. Quiere seducir y huir dejando a su paso un reguero de miembros erguidos y conchas vibrátiles.
Yo declaro con vergüenza la verdad siguiente: la amo.

Alguien: ¿cómo es posible?

Yo: Porque fue perra conmigo, porque me abandona yéndose a otro país en cual vivirá con un ente apenas humano que la hará trizas. X es sádica y por tanto, lo contrario. Quiere ser conmigo como la gorda marimacho es con ella: lesbiana réptil, frígidas (cosa que les gusta, oh Dios si comprendiera esto!) que ejecutan el coito de juguete sin ruidos respiratorios, a veces un beso perdido pero ¿cuál de las 2 le metería a la otra el dedo en el culo? X, puesto que se lo enseñé! Claro que se trata de deslumbrar a la de Hélade (dueña de un culo que me dio tanto asco y justo pasarme eso a mí, la del trasero perfecto —si bien mi cuerpo todo es mejor que el de las vestales de la Hélade. X no tolera que le acaricien los genitales. Demasiado placer y eso no rinde plata. Por eso me desprecia y admira con pavor a Concha Diz. (allá se las halla con su nombre que no exige tocarla ni menos que la toquen, si bien se quiso acostar con X y yo. Oh bonito espectáculo! Yo Alexandra Pizarnik de Bromiquier Kolikovzka mostrándoles un orgasmo a dos nenas.[117]

Pero entre sus amigos algunos se comprometieron a una vigilancia atenta porque temían que algo terrible pudiera pasar. Así, cuando Juanjo la llamaba en la última época, le decían que Alejandra estaba bien, que había salido de la crisis y estaba en la plaza tomando el sol. Aquello era mentira, las «amigas lesbianas»—conocemos la entrada en el diario donde afirma que no es lesbiana ni le gustan las lesbianas—

117. Papeles Pizarnik, Biblioteca de la Universidad de Princeton, Departamento de Libros Raros y Ediciones Especiales, Departamento de Manuscritos, Caja 7, Carpeta 54.

la acaparaban y no dejaban que se relacionara con los viejos amigos.[118]

Para entender semejante miedo, López Crespo tenía sólidas bases, pues había visto cosas muy inquietantes en su diario. La libreta a la que nos hemos referido tenía —ahora las hojas han desaparecido pero queda una anotación anterior que da fe— dibujos de revólveres de diferentes tamaños, como si estuviera buscando aquel indicado para matarse, así como listas y combinaciones de pastillas, sin duda con el mismo fin.

De lo primero, tenemos el siguiente testimonio del 19 de febrero de 1972: «Muy pronto tengo que matarme. Averiguar revolver_____»; de lo segundo, además de la lista escrita en un papel azul cuadriculado hacia el final del cuaderno/agenda, en la sección Memoranda,

Seconal sódico 32
Amytal sódico 0,2
20 hs 50 7hs
20
407 horas
½ hora

el mismo 19 de febrero anota: «El sábado puedo tomar Seconal y Amytal. Hay una buena cantidad y yo ya no puedo más». Y, antes del 19 de abril —en que hay una anotación fechada— dice:

118. Testimonio de Antonio López Crespo.

Por algo no estudio el suicidio [subrayado en verde]
Por ej.: libros /de medicina sobre psicofármacos (En El Ateneo
hay)_____

Hasta que los disfraces del «todo-está-bien» se mezclaron,
como un mazo de naipes adulterado, con las señales del destino y la creciente desesperación. Mientras el 22 de septiembre le pidió prestada a su viejo amigo Roberto Yahni —profesor de literatura española en la Facultad— la novela de
don Miguel de Unamuno, *Niebla* —donde Augusto Pérez,
el protagonista, se niega a morir de muerte natural, como
quiere el autor, y reclama su derecho al suicidio—; el domingo 24, cuando Elvira Orphée fue a visitarla, quien la
recibió fue una Alejandra alegre e increíblemente «señorita»,
que con la ayuda de una amiga había puesto en orden todo
el departamento para no ofender con su caos de papeles,
vasos de Coca-Cola y ropa tirada por el piso la sensibilidad
«jansenista» de su antigua cómplice de París. Ese día hubo
risas, le lectura de un capítulo novelístico en el que Elvira
trabajaba en el momento, el vislumbre de cartas por contes-
tar en la canastilla de correspondencia de Alejandra. Todo
fluido y natural, en una atmósfera de armonía, sin el menor
signo que indicara la inminencia del final. Pero también,
ese mediodía, la había llamado a Esmeralda Almonacid para
verse por la noche en su casa y Esmeralda no había podido
aceptar porque tenía otro compromiso y nada en la voz de
su amiga le dio a entender que hubiera algún tipo de urgencia especial. Tampoco percibieron nada demasiado urgente
Víctor Richini y Jorge García Sabal, a quienes les insistió

dos veces en que fueran esa noche, pero que tampoco pudieron llegar.

De modo que llamó y llamó, pero siempre sin marcar un énfasis excesivo, sin que nada desolado u ominoso se tradujera en su voz, en su modulación, en su manera de pedir; incluso arregló un programa con Olga Orozco para el día siguiente y esa noche se despidió, sin indicios de que algo estuviera por cortarse, de una amiga que se quedó con ella hasta después de cenar.

Pero el corte, la ruptura, está claramente inscripto en la última entrada de su diario del 24 de septiembre:

Todo el día queriendo buscar límites. No debería ser tan difícil. Está la Martha q' odio y la q' amo. Pero ¿cómo escribirle cartas tiernas y, a la vez, escribir acerca de la M. perversa (x mi culpa)---
---

Bataille. —la presencia conciente del hombre en el mundo en tanto q' sinsentido (ser lo q' es; no superarse ni buscar sentido en la acción). [Esto último es un tabú ancestral o acaso burgués]

Dejar el bien y abandonar la razón (el sentido) es abrirme al abismo (locura.

«Si abandono las perspectivas de la acción, mi perfecta desnudez se me revela». Estoy en el mundo sin recursos, sin apoyo, me hundo».[119]

119. Papeles Pizarnik, Biblioteca de la Universidad de Princeton, Departamento de Libros Raros y Ediciones Especiales, Departamento de Manuscritos, Caja 3, Carpeta 1.

Creemos que en esta entrada se concentran todos los elementos que la llevaron a querer morir: la ausencia de la persona amada y a la vez detestada —en esos contrastes de opuestos que formaban la materia misma de sus complejos enamoramientos—; la conciencia de la falta de sentido de la vida humana; el consecuente terror/apertura a la locura y, por fin, el reconocimiento de su carencia de «recursos», entre los que nos parece que la pérdida del lenguaje, de la confianza en la poesía, es fundamental.

Apuntemos, también, que el hecho de que la sobredosis la tome precisamente un domingo está cargado de significación: como lo ha dicho en París, al recordar su adolescencia desdichada y lo citamos en el capítulo I, los domingos son un día fatídico, como se ve en estas palabras que volvemos a citar por su estremecedora significación:

> Los lúgubres domingos —lúgubre ya no es un adjetivo de domingo en mi caso: es un epíteto inseparable—, los lúgubres domingos me caen ahora como frutos podridos: asociados para siempre a la soledad. Nunca tuve con quién salir, con quién ir al cine, con quién ir a pasear. Y cuando conseguía alguna chica o algún muchacho mi deseo de inspirarle interés por salir conmigo, el domingo siguiente provocaba un clima de tensión y tristeza. (p. 345)

Más allá de nuestra casi certidumbre de que este tercer episodio —no intento, sino suicidio definitivo— fue deliberado, en el fondo carece de importancia el hecho de que la sobredosis de barbitúricos[120] fuera voluntaria o no. Quizá llamó desesperadamente a la tan nombrada, quizá la muerte encontró la forma de colarse en su confusión. No podemos saberlo con absoluta certeza; lo que importa es que la cita se cumplió y vino antecedida de muchos indicios.

Como confirmación de la duda acerca de la voluntad de morir de Alejandra tenemos, nuevamente, el testimonio de Antonio López Crespo. Como lo supo cuando pasó por su estudio —después de saber por Pablo Azcona, quien lo llamó desesperado para darle la noticia del suicidio— y el recepcionista del edificio, que tenía guardia las 24 horas pues era un importante inmueble de oficinas en Talcahuano casi esquina Santa Fe, le entregó los mensajes, Alejandra lo había llamado tres veces en la madrugada. En el primero le decía: «Antonio me tomé una sobredosis de pastillas, ayudame»; en el segundo: «Antonio, por favor, me siento mal»; en el tercero: «Antonio, llamame». Una vez más, una última vez la búsqueda de protección de esa especie de padre adoptivo al que no pudo alcanzar y que quedó tan devastado que durante tres días no pudo hablar.[121]

---

120. Como lo señalamos al comienzo. Alejandra tomó, en apariencia, 50 pastillas de Seconal sódico, cuya eficacia para producir la muerte queda clara cuando nos enteramos de que los médicos de Oregon utilizaban con frecuencia este fármaco como una forma de inyección letal para ayudar a los pacientes a suicidarse, hasta que la compañía que lo fabricaba, Eli Lilly and Company, dejó de producirlo. En la misma página de Internet se señala que la sobredosis puede ser fatal. muyfitness.com/que-es-seconal_13167098

121. Como es imposible no hacerlo, nos preguntamos hasta qué punto esa búsqueda de ayuda no la boicoteó la misma Alejandra. Porque lo llamó a su estudio, no a su casa, donde seguramente lo habría

También es significativa la forma de actuar de Alejandra cuando Fernando Noy se fue a Brasil: iba todos los días a su casa y le tocaba el timbre. Cuando él regresó Alejandra ya se había suicidado y el portero le comentó que ella lo había buscado todos los días desde su partida al extranjero.

No debemos imaginar nada; es imposible imaginar nada: la muerte no tiene palabras, el sufrimiento extremo no tiene palabras, la confusión involuntaria o el gesto deliberado de morir no tiene palabras.

Como no hubo palabras que respondieran a los llamados telefónicos de Olga al día siguiente —se había comprometido a despertarla para que fuera a su sesión de análisis y después compartir una tarde de errar por las librerías y tomar café—, a la una, a las dos, a las cinco, hasta que Olga supuso que Alejandra había cambiado de planes y optó por irse al cine con Valerio y después a comer.

Y tampoco las hubo para su amiga Ana Becciu, que debía pasar a buscar unos libros esa tarde y que, cansada de tocar el timbre, recurrió al portero para que le abriera y se los dejara retirar.

Después las hubo menos aún: apenas el cuerpo de Alejandra todavía con un hálito mínimo de vida y el caos: un taxi, un hospital, una morgue, los llamados y llantos y silencios que siguieron después. Como le dice Becciu a Antonio Beneyto en la carta del 29 de septiembre, que le envía junto con la tarjeta que Alejandra dejó para él:

---

encontrado... De nuevo el sí y el no, el quiero y no quiero, la entrega a la muerte y el terror a ella, la tan buscada.

Escribirte ahora para mí es muy doloroso. La muerte de Alejandra me ha dejado vacía, cercada, herida. La veo cada día. Vuelvo a su casa. Trato de encontrarla. Sé que volveré a encontrarla. Sé cuanto la querías, por eso quiero decírtelo yo. Fui la que ha estado a su lado con más fervor en estos últimos meses. Murió en mis brazos. Estaba muy bella. Como ella quería. (p. 323)

En algún momento de esa masa inarticulable, su hermana Myriam, a quien la madre le dijo que habían vuelto a internar a Alejandra, fue al Hospital Pirovano, donde le dijeron que allí no estaba, que no se había internado. Pero Myriam insistió y caminando por los pasillos oscuros —era el atardecer— llegó hasta la sala de psicopatología, donde tampoco estaba. Desconcertada, pensó que por error la habrían llevado a otro hospital, pero alguien la sacó de la confusión: Alejandra estaba muerta. Vinieron entonces la morgue —donde su marido reconoció el cuerpo—, los papeles, el hachazo brutal del sinsentido, la burocracia y los trámites implacables, los rituales para entender que Alejandra ya no estaba y todo se reducía a un cuerpo pequeño que, muy poco antes de partir había escrito en su pizarrón de colegiala: «No quiero ir nada más que hasta el fondo» y un año antes, había entendido, definitivamente, que la palabra no es patria ni refugio sino la intemperie y la desolación, esa intemperie y desolación donde quedó sumida Rosa, que nunca, nunca, superó la muerte de su hija.

El grupo de amigos que la acompañó hasta el último momento se instaló nuevamente en su casa ese día tras enterarse de su muerte, en estado de total desamparo y tristeza. Su cuerpo no estaba, como vuelve a contar López Crespo, pero el departamento era una romería: sus amigos —entre los que también estaban Ana Becciu y Ana Calabrese— tocaban los libros, los cuadernos, los lápices, como queriendo materializar a la amiga muerta. Nadie se hacía cargo de nada porque la familia no estaba y Olga tampoco, solo el desolado coro de los que tanto la quisieron y tan íntimos fueron de ella.

Aunque, como lo dijimos al hablar de la biblioteca de Alejandra, sus amigos seguramente se llevaron muchos libros como recuerdo, así como pequeños adornos, papeles, lapiceras. Felizmente la caja de fotos de Alejandra quedó en manos de su madre, quien en 1976 le permitió a Antonio López Crespo sacar bastantes —de las que sigue conservando alrededor de 20— para un proyecto de hacer un libro de homenaje. El contrato es de ese mismo año, y empezaron a trabajarlo con Arturo Carrera, pero luego vino la dictadura y Antonio se fue al exilio por sus simpatías de izquierda —pese a que no estaba vinculado con ninguna organización o partido—, del que volvió cuando se restauró la democracia. Esto explica por qué nunca se realizó el proyecto.

Y después del horror vinieron los ritos, de los que casi ni vale la pena hablar:

El martes 26, el velorio tristísimo en la nueva sede de la Sociedad Argentina de Escritores que, prácticamente, se inauguró para velarla. Había tablas, pedazos de espejo por el piso, el pequeño cajón cerrado en el medio con el paño negro y la estrella de David que prescriben los ritos. La luz de los candelabros eléctricos, las flores muertas para la niña muerta. De un lado la familia, atónita y desolada. Del otro, los amigos, los cómplices, los lectores que se habían ido enterando con consternación y que, a pesar de esperarlo, de preverlo, no lo podían creer. De ambos lados, un dolor profundo. Y en medio de él, como una profecía de su transformación progresiva en el mito que deslumbraría a generaciones, una de sus primeras manifestaciones. Como lo señala Antonio Requeni,[122] esa noche, tarde, cuando solo quedaban él y unos pocos amigos además de la familia, llegó una chica muy parecida a Alejandra y vestida igual que ella —el infaltable Montgomery de forro escocés—, peinada igual que ella —el pelo muy corto, castaño oscuro—, que caminaba como ella en una imitación inquietante.

El miércoles 27 —llovía, como todas las primaveras en Buenos Aires—[123] la familia y un grupo muy pequeño de amigos entrañables acompañaron el féretro al cementerio judío de La Tablada.

El jueves 28, a partir de las crónicas doloridas de los diarios, del despertar entre espesos velos negros de quienes súbitamente entendían que era preciso borrar su nombre y su dirección y su teléfono de todas las agendas, arrancar para

122. Antonio Requeni, *Memoria iluminada*, Capítulo IV: Final del juego. Video de Ernesto Ardito y Vilma Molina, 24:48 a 25:32. vimeo.com/41143178
123. Los testimonios se contraponen: mientras varios de sus amigos hablaron de un día de lluvia, Becciú, en la citada carta a Beneyto, le dice: «La llevamos a su jardín un día de sol, con algo de viento y pájaros, mucho canto» (323). Quizás, cada uno vivió el clima según su estado de ánimo o su deseo.

siempre de su vida el ritual de las visitas y las charlas hasta el amanecer, del vacío insoportable en la vida de Rosa Bromiker de Pizarnik, su madre, que de pronto no tenía una hija desvalida a quien cuidar y por quien desvelarse, Alejandra comenzó a faltar.

Si, como dice Borges, en el final solo quedan las palabras, guardemos, por un lado, el sintético y bello retrato que Fernando Noy hace de Alejandra:

«Un colibrí que se había vuelto leopardo, un leopardo con corazón de mariposa santa. Era sagrada, era santa. Brava era, muy brava. Era de una bondad infernal, tan grande que daba espanto».

y, por el otro, este ruego conmovido de Alejandra como una forma de revertir su ausencia, como un conjuro para su soledad:

Y que de mí solo quede la alegría de quien pidió entrar y le fue concedido.

*Buenos Aires-París, 29 de enero, 2020*

# Árbol genealógico

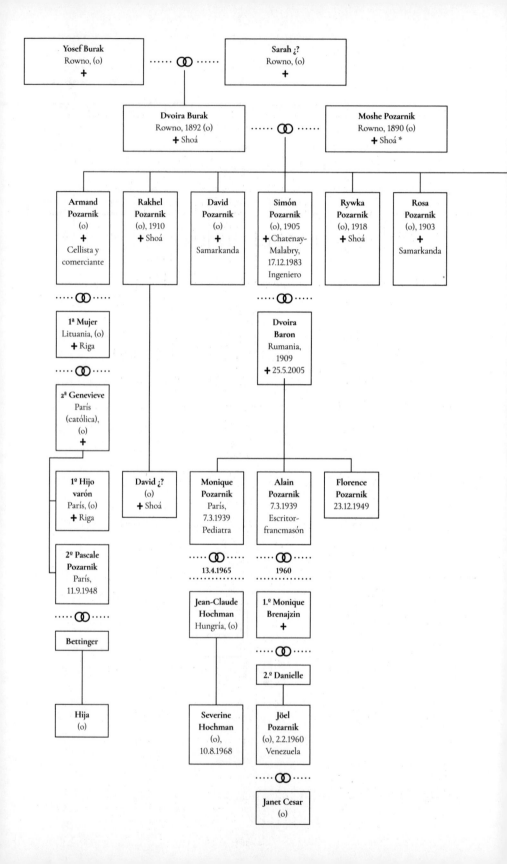

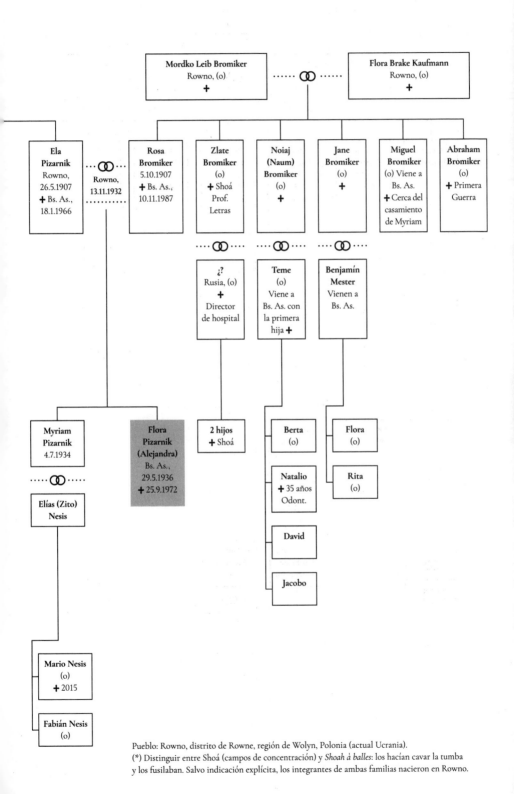

Pueblo: Rowno, distrito de Rowne, región de Wolyn, Polonia (actual Ucrania).
(*) Distinguir entre Shoá (campos de concentración) y *Shoah à balles*: los hacían cavar la tumba
y los fusilaban. Salvo indicación explícita, los integrantes de ambas familias nacieron en Rowno.

# Bibliografía

## Textos de Pizarnik

BORDELOIS, Ivonne (1998). *Correspondencia Pizarnik*. Buenos Aires: Seix Barral.

BORDELOIS, Ivonne y Cristina Piña (2014). *Nueva correspondencia Pizarnik*. Buenos Aires: Alfaguara.

PIZARNIK, Alejandra [Flora Alejandra] (1955). *La tierra más ajena*. Buenos Aires: Botella al Mar.

——— (1956). *La última inocencia*. Buenos Aires: Poesía Buenos Aires.

——— (1958). *Las aventuras perdidas*. Buenos Aires: Altamar.

——— (1962a). «Diario (1960-1961)». *Mito*. Bogotá, vol. 2, n.º 39-40, dic. 1961-ene./feb. 1962: 110-115.

——— (1962b). *Árbol de Diana*. Buenos Aires: Sur.

——— (1964). «Entrevista con Jorge Luis Borges». *Zona Franca*, nº 2, año I.

——— (1965a). «La libertad absoluta y el horror». *Diálogos* I-5, julio-agosto: 46-51.

——— (1965b). *Los trabajos y las noches*. Buenos Aires: Sudamericana.

—————— (1963). «Fragments d'un journal». *Les lettres nouvelles* *39*. Onzième année, n.º 14: 173-174.

—————— (1966a). «Entrevista con Juan José Hernández». *Zona Franca,* n.º 40, año II.

—————— (1966b). «La condesa sangrienta». *Testigo,* n.º 1: 55-63.

—————— (1967). «Entrevista con Roberto Juarroz». *Zona Franca,* n.º 52, año III.

—————— (1968a). *Extracción de la piedra de locura.* Buenos Aires: Sudamericana.

—————— (1968b). «Nota sobre un cuento de Cortázar: El otro cielo». En AA.VV., *La vuelta a Cortázar en nueve ensayos.* Buenos Aires: Carlos Pérez.

—————— (1968c). «El poeta y su poema». *Antología consultada de la joven poesía argentina.* Buenos Aires: Fabril.

—————— (1969). *Nombres y figuras.* Barcelona: La Esquina.

—————— (1970). «El textículo de la cuestión». *Testigo,* n.º 5: 19-23.

—————— (1971a). «La pájara en el ojo ajeno». *Papeles de Son Armadans.* Palma de Mallorca, CLXXVII, 13: 289-296.

—————— (1971b). *Los pequeños cantos.* Caracas: Árbol de Fuego.

—————— (1971c). *La condesa sangrienta.* Buenos Aires: Aquarius.

—————— (1971d). *El infierno musical.* Buenos Aires: Siglo XXI.

—————— (1972). «El textículo de la cuestión». *Testigo,* n.º 9: 19-23.

—————— (1975). *El deseo de la palabra.* Barcelona: Ocnos.

—————— (1976a). *La condesa sangrienta.* Buenos Aires: López Crespo Editor.

—————— (1976b). *La última inocencia y Las aventuras perdidas.* Buenos Aires: Botella al Mar.

———— (1982a). *Textos de sombra y últimos poemas*. [Ed. ordenada y supervisada por Olga Orozco y Ana Becciu]. Buenos Aires: Sudamericana.

———— (1982b). *Zona prohibida*. Veracruz: Papel de Envolver/Colección Luna Hiena.

———— (1990). *Obras completas. Poesía y prosa*. Buenos Aires: Corregidor.

————(1993). *Obras completas. Poesía completa y prosa selecta*. [Ed. Cristina Piña]. Buenos Aires: Corregidor.

———— (1987). *A Profile*. [Ed. Frank Graziano]. Colorado: Longbridge Rhodes.

———— (1988). *Árbol de Diana*. Buenos Aires: Botella al Mar.

———— (1990). *Obras completas-Poesía y prosa*. Buenos Aires: Corregidor.

———— (1996). *Semblanza*. México: Fondo de Cultura Económica.

———— (2000a). *Obra completa*. [Ed. Gustavo Zuluaga]. Medellín: Árbol de Diana.

———— (2000b). *Poesía completa (1955-1972)*. [Edición de Ana Becciu]. Barcelona: Lumen.

———— (2002). *Prosa completa*. [Edición de Ana Becciu, prólogo de Ana Nuño]. Barcelona: Lumen, Palabra en el Tiempo 317.

———— (2003a). *Diarios*. [Edición e introducción de Ana Becciu]. Barcelona: Lumen.

———— (2003b). *Dos letras* (Cartas a Antonio Beneyto). [Presentación de Carlota Caulfield]. Barcelona: March Editor.

———— (2013). *Diarios*. [Nueva edición de Ana Becciu]. Barcelona: Lumen.

——— (2018). *Poemas franceses*. [Traducción y edición: Patricio Ferrari]. Santiago de Chile: Cuadro de Tiza.

——— (2018). *Cantora nocturna/Nočna pevka*. [Edición de Miklavž Komelj; selección y traducción de Nada Kavčič y Miklavž Komelj]. Liubliana: mglc.

Pizarnik, Alejandra y León Ostrov (2014). *Cartas*. [Ed. Andrea Ostrov]. Córdoba: Eduvim.

Pizarnik, Alejandra y André Pieyre de Mandiargues (2018). *Correspondance Paris-Buenos Aires 1961-1972*. París: γρsilon.éditeur.

## Bibliografía crítica

Aira, César (1998). *Alejandra Pizarnik*. Rosario: Beatriz Viterbo.

——— (2001). *Alejandra Pizarnik. Vidas literarias*. Barcelona: Ediciones Omega. Incluye una selección de textos.

Areta marigó, Gema (1999). «La textura de la oscuridad: el castillo frío de Alejandra Pizarnik». En G. Areta Marigó, H. Le Corre, M. Suárez y D. Vives (eds.), *Poesía hispanoamericana: ritmo(s)/métrica(s)/ruptura(s)*.

Bassnett, Susan (1990). «Speaking with Many Voices: The Poems of Alejandra Pizarnik». *Knives and Angels: Women Writers in Latin America*. Londres: Zed Books, 36-51.

——— (1996). «Blood and Mirrors: Images of Violence in the Writings of Alejandra Pizarnik». *Latin American Women's Writing: Feminist Readings in Theory and Crisis*. [Eds.

Anny Brooksbank Jones and Catherine Davies]. Oxford: Clarendon Press, 127-147.

BECCIU, Ana (2002). «Los avatares de su legado». *Clarín, Cultura y Nación*. Buenos Aires, sábado 14 de septiembre, 5.

BORDELOIS, Ivonne y Pedro Cuperman (2010). *Alejandra*. Vol. 10, n.º 1-2, *Point of Contact*.

BORINSKY, Alicia (1995). «Alejandra Pizarnik: the self and its impossible landscapes». *A dream of light and shadow. Portraits of Latin American Women Writers*. [Ed. Marjorie Agosin]. Alburquerque: University of New Mexico Press, 291-302.

CALAFELL SALA, Núria (2010). *La convulsión orgiástica del orden: sujeto, cuerpo y escritura en Alejandra Pizarnik y Armonía Sommers*. Tesis de doctorado en Teoría de la Literatura y Literatura Comparada, Facultad de Filosofía y Letras, Departamento de Filología Española, Universidad Autónoma de Barcelona.

CATELLI, Nora (2002). «Invitados al palacio de las citas. Los diarios inéditos». *Clarín Cultura y Nación*. Buenos Aires, sábado 14 de septiembre, 5.

CAULFIELD, Carlota (1992). «Entre la poesía y la pintura: elementos surrealistas en *Extracción de la piedra de locura* y *El infierno musical* de Alejandra Pizarnik». *Chasqui*, 21, 1: 3-10.

CHÁVEZ SILVERMAN, Suzanne (1990). «The Discourse of Madness in the Poetry of Alejandra Pizarnik». *Monographic Review*, 6: 274-281.

——— (1995). «The Look that Kills: The 'Unacceptable Beauty' of Alejandra Pizarnik's *La condesa sangrienta*». *¿Entiendes? Queer Readings, Hispanic Writings*. [Eds. Emilie L.

Bergmann and Paul Julian Smith]. Durham y Londres: Duke University Press, 281-305.

CINTI, Claudio (2004). «Verso Pernambuco. Invito alla lettura di Alejandra Pizarnik». *Alejandra Pizarnik. La figlia dell'insonnia*. [Traducción y cuidado de la edición: Claudio Cinti]. Milán: Crocetti Editore, 159-190.

DEPETRIS, Carolina (2004). *Aporética de la muerte: estudio crítico sobre Alejandra Pizarnik*. México: Ediciones de la Universidad Autónoma de Madrid.

———— (2008). «Alejandra Pizarnik después de 1968: la palabra instantánea y la 'crueldad' poética». *Iberoamericana América Latina-España-Portugal*, n° 31: 63-76.

DI CIÓ, Mariana (2006). «El prólogo de Octavio Paz. ¿Apertura de *Árbol de Diana*, de Alejandra Pizarnik». En M. Ezquerra (dir.), *Le texte et sesliens I. Les aterieres du SAL. Cultures et Littératures Hispano-américaines*. París: Indigo, 259-359.

———— (2007). «Una escritura de papel: Alejandra Pizarnik en sus manuscritos». Revue *Recto/Verso*, n° 2, dic. 2007, www.revuerectoverso.com

———— (2007). «Los cuadernos de Alejandra Pizarnik. Una casa de citas». En M.I. Waldegaray, *Réécritures en Amérique Latine. Les modèles déscentrés*. Metz: Université Paul Verlaine-Metz. Centre de Recherches «Écritures». Col. Littératures des mondes contemporains. Série «Amériques», 3: 69-82.

———— (2014). *Une calligraphie des ombres. Les manuscrits d'Alejandra Pizarnik*. París: Col. Manuscrits modernes, L'Harmattan.

Donati, Arturo (2012). *En la otra orilla de la noche. En torno a la obra de Alejandra Pizarnik* [eds. E. Leonardi, G. Minardi, A. Polizzi]. Roma: Aracne.

Ferrari, Patricio (2018). «Autocensura en los diarios parisinos de Alejandra Pizarnik: 'Diario 1960-1961' y 'Les Tiroirs de l'hiver'». En J. Pizarro y D. Guzmán (comps.), *Ilusión y materialidad: perspectivas sobre el archivo*. Bogotá: Universidad de los Andes, 179-205. Presentado en el Coloquio Internacional Ilusión y Materialidad de los Archivos Literarios. Universidad of Los Andes. Bogotá, mayo 2014, 7-8.

Foster, David William (1994). «The Representation of the Body in the Poetry of Alejandra Pizarnik. *Hispanic Review*, 62, 3: 319-347.

Freud, Sigmund (1984), «Los vasallajes del Yo». El Yo y el Ello. *Obras completas*, vol. XIX, Buenos Aires: Amorrortu Editores.

Gallo, Marta (1983). «Los espejos de Alejandra Pizarnik». *Letras de Buenos Aires*, 9: 9-20.

Galarza, Javier, Leonardo Leibson y María Magdalena (2018). *La perfecta desnudez. Conversaciones desde Alejandra Pizarnik*. Buenos Aires: Letra Viva.

Garro, Elena (1995). *Inés*. México: Grijalbo.

Genovese, Alicia (1998). *La doble voz. Poetas argentinas contemporáneas*. Buenos Aires: Biblos (Biblioteca de las Mujeres).

Gil, María Esperanza (2008). «Poesía y humor: notas sobre la lectura de *La bucanera de Pernambuco o Hilda la Polígrafa*, de Alejandra Pizarnik». *Espéculo. Revista de Estudios Litera-*

*rios*, n.º 39, Universidad Complutense de Madrid, www.
ucm.es/info/especulo/numero39/hildapol.html

GÓMEZ, Natalia (1992). *Alejandra Pizarnik and Painting.*
A Thesis Presented in Partial Fulfillment of the Require-
ments for the Degree Master of Arts. Arizona State University, December.

GÓMEZ MANTILLA, Saúl. «Arpa de silencio: Las ideas de la
poesía en Alejandra Pizarnik». En lainsula451.blogspot.
com.ar/2014/02/arpa-de-silencio-las-ideas-de-la-poesia.
html

HAYDU, Susana (1996). *Alejandra Pizarnik. Evolución de un
lenguaje poético.* Washington DC: Organization of American States.

HURTADO TARAZONA, Alejandra (2015). «La obra (in)com-
pleta de Alejandra Pizarnik: un acercamiento a su obra inédita a partir de *Otoño o los de arriba*», *Lexis,* vol. XXXIX
(1), 2015: 199-217.

JARAMILLO AGUDELO, Ramiro (1990). «Jorge Gaitán Durán». *Revista de Estudios Colombianos*, n.º 90: 20-31.

KAVČIČ, Nada (2018). «'Nada sino golpes': la poesía como
experiencia postmortem» [traducción al español: Marjeta
Dobnič]. *Cantora nocturna/Nočna pevka.* [Edición de
Miklavž Komelj; selección y traducción de Nada Kavčič y
Miklavž Komelj]. Liubliana: mglc, 434-451.

KOMELJ, Miklavž (2018). «Contra la opacidad» [traducción
al español: Marjeta Dobnič]. *Cantora nocturna/Nočna
pevka.* [Edición de Miklavž Komelj; selección y traducción de Nada Kavčič y Miklavž Komelj]. Liubliana:
mglc, 384-415.

KUHNHEIM, Jill S. (1990). «Unsettling Silence in the Poetry of Olga Orozco and Alejandra Pizarnik». *Monographic Review/ Revista Monográfica*, 6: 258-273.

—— (1996). «Chapter 4. The Struggle of Imagination: Alejandra Pizarnik and Olga Orozco». *Gender, Politics, and Poetry in Twentieth-Century Argentina*. Gainesville: University Press of Florida, 64-89.

LAGUNA, Alberto (1988). «Alejandra Pizarnik: Textos inéditos y un reportaje desconocido». *Proa*, n.º 2: 43-48.

LASARTE, Francisco (1983). «Más allá del surrealismo: la poesía de Alejandra Pizarnik». *Revista Iberoamericana* XLIX, 125: 867-877.

—— (1990). «Alejandra Pizarnik and Poetic Exile». *BHS*, 67: 71-76.

LEIGHTON, Marianne (2001). «El jardín vedado: el espacio de la pintura en Alejandra Pizarnik». Santiago de Chile, *Taller de Letras*, 29: 177-90.

LÓPEZ-LUACES, Marta (2002). «Los discursos poéticos en la obra de Alejandra Pizarnik». *Espéculo. Revista de Estudios Literarios*, n.º 21, Universidad Complutense de Madrid, www.ucm.es/info/especulo/numero21/pizarnik.html

LUCIFORA, María Clara (2011). «Una escritura sobre la escritura. La condición autorreferencial de la escritura en *La bucanera de Pernambuco o Hilda la polígrafa* de Alejandra Pizarnik». *Espéculo. Revista de Estudios Literarios*, n.º 47, Universidad Complutense de Madrid, www.ucm.es/info/especulo/numero35/alpizar.html

MACKINTOSH, Fiona J. (1999). «La pequeña Alice: Alejandra Pizarnik and *Alice in Wonderland*». *Fragmentos*, 16: 41-55.

———— (2000). «The Unquenched Thirst: An Intertextual Reading of 'las dos poetashermanas', Alejandra Pizarnik and Elizabeth Azcona Cranwell». *Bulletin of Hispanic Studies*, 77: 263-78.

———— (2003). *Childhood in the Works of Silvina Ocampo and Alejandra Pizarnik*. Woodbridge: Colección Tamesis, Serie A. Monografías, 196.

———— (2010a). «Self-Censorship and New Voices in Pizarnik's Unpublished Manuscripts». *Bulletin of Spanish Studies*, vol. LXXXVII, n.° 4: 509-535.

————(2010b). «Alejandra Pizarnik as Translator». *The Translator*, vol. 16, n.° 1: 43-66.

MACKINTOSH, Fiona and Karl Posso (2007). *Arbol de Alejandra: Pizarnik Reassessed*. Gran Bretaña: Tamesis Books.

MERHI, Yucef (2018). «Memoria colectiva: Aproximaciones a la vida, obra y substancia de Flora 'Alejandra' Pizarnik». *Cantora nocturna/Noćna pevka*. [Edición de Miklavž Komelj; selección y traducción de Nada Kavčič y Miklavž Komelj]. Liubliana: mglc, 465-477.

MINELLI, María Alejandra (2002). «Políticas de género en el neobarroco: Alejandra Pizarnik y Marosa di Giorgio». *Proceedings of the 2 Congresso Brasileiro de Hispanistas*, San Pablo (SP) [en línea, 19 de octubre 2011], www.proceedings.scielo.br/scielo.php?script=sci_arttext&pid=MSC00000000120020003000038&lng=en&nrm=iso

MOLLOY, Sylvia (2015). «'Una torpe estatuilla de barro': figuración de Alejandra Pizarnik». *Taller de Letras*, 57: 71-79.

MORENO, Liliana (2006). «La palabra deformada: Conversaciones con el poema 'En esta noche, en este mundo' de Alejandra Pizarnik». *Revista Internacional de Culturas & Literaturas*, 5, www.escritorasyescrituras.com/revista.php/5/51

MUSCHIETTI, Delfina (1989). «Alejandra Pizarnik: la niña asesinada». *Filología*, XXIV: 231-241.

MOURE, Clelia (1997). «Alejandra Pizarnik: una grieta en la razón occidental». *Mujeres que escriben sobre mujeres (que escriben)*. [Ed. Cristina Piña]. Buenos Aires: Biblos, 111-148.

————— (2003). «Antonin Artaud y Alejandra Pizarnik: los riesgos de una metafísica en actividad». *Actas del XIII Jornadas Nacionales de literatura francesa y francófona. Enfoques críticos*. Ed. Facultad de Humanidades y Ciencias de la Educación, La Plata, 535-543.

————— (2005). «Las huellas del teatro de la crueldad. Antonin Artaud / Alejandra Pizarnik: hacer el cuerpo del poema con mi cuerpo». *Confluencia. Revista Hispánica de Cultura y Literatura*, vol. 20, n.º 2: 25-34.

NEGRONI, María (2001). «Alejandra Pizarnik: melancolía y cadáver textual». *Inti. Revista de literatura hispánica*, n.º 52-53: 169-178.

————— (2003). *El testigo lúcido. La obra de sombra de Alejandra Pizarnik*. Rosario: Beatriz Viterbo.

————— (2009). «Muñecas muertas y otros poemas. Alejandra Pizarnik: *La condesa sangrienta*». *Galería fantástica*. México: Siglo XXI, 41-50.

NUÑO, Ana (2002). «Prólogo» en Pizarnik, Alejandra. *Prosa completa*. Barcelona: Lumen, Palabra en el Tiempo 317, 7-9.

PEZZONI, Enrique (1965). «Alejandra Pizarnik: la poesía como destino». *Sur*, n.º 297, Buenos Aires, nov.-dic., 101-104 [incluida en Pezzoni, Enrique. *El texto y sus voces*, Buenos Aires: Sudamericana, 1986].

PIÑA, Cristina (1977). «Alejandra Pizarnik o el yo transformado en lenguaje». *El Ornitorrinco*. Buenos Aires, n.º 1, año 1, oct.-nov.: 21-24; *Revista Nacional de Cultura*, 251, Venezuela, 1983 (s/p).

—— (1981). *La palabra como destino. Un acercamiento a la poesía de Alejandra Pizarnik*. Buenos Aires: Botella al Mar.

—— (1982). «El tema del doble en la poesía de Alejandra Pizarnik». *Actas del Congreso Nacional de Literatura Argentina*, Tucumán, Dirección General de Cultura, s/p, 22 pp.

—— (1990). «La palabra obscena». *Alejandra Pizarnik-Violeta Parra. Cuadernos Hispanoamericanos. Los complementarios*, 5. Madrid, mayo: 17-38.

—— (1991). *Alejandra Pizarnik. Una biografía*. Buenos Aires: Planeta, Colección Mujeres Argentinas [reediciones sucesivas en Ediciones Corregidor].

—— (1994a). «Alejandra Pizarnik: la extranjera». *Arca del Sur*. Buenos Aires: 10-12.

——— (1994b). «Alejandra Pizarnik: la construcción/destrucción del sujeto en la escritura». En J. Orbe (comp.), *Autobiografía y escritura*. Buenos Aires: Corregidor, 185-196.

—— (1994c). «Alejandra Pizarnik: una estética del deshecho». En I. Azar (ed.), *El puente de las palabras. Homenaje a David Lagmanovich*. Washington D.C.: OAS, 333-340.

—— (1996). «Alejandra Pizarnik (1936-1972): Judentum und Fremdheit» (Judaísmo y extranjería). *Literaturmagazin, 38: Nueva Poesía América Latina*. Reinbek bei

Hamburg, Rowohlt Verlag. [Trad.: Tobías Burghardt]. 146-150.

———— (1998). «Alejandra Pizarnik: la extranjera». *Mujeres argentinas*. Buenos Aires: Alfaguara. [Prólogo de María Esther de Miguel]. 297-332.

———— (1999a). «Prólogo» en *Pizarnik, Alejandra: Textos selectos*. Buenos Aires: Corregidor, Colección Letras al Sur del Río Bravo, 7-17 [También es autora de la antología].

———— (1999b). *Poesía y experiencia del límite. Leer a Alejandra Pizarnik*. Buenos Aires: Botella al Mar.

———— (2001). «Las transformaciones de un corpus poético». *Fénix. Poesía-crítica*. Córdoba, n.º 10, octubre [Recensión de: *Alejandra Pizarnik: Poesía completa (1955-1972)*. (Ed. Ana Becciu). Barcelona: Lumen, 2000], 131-135.

———— (2002). «La desprolijidad y la riqueza». *Fénix. Poesía-crítica*. Córdoba, n.º 12, octubre [Recensión de: *Alejandra Pizarnik: Prosa completa*. (Ed. Ana Becciu, prólogo de Ana Nuño). Barcelona: Lumen, Palabra en el Tiempo 317, 2002], 133-137.

———— (2005). «Alejandra Pizarnik y Silvina Ocampo: la legitimación de un espacio transgresor dentro del campo intelectual argentino». En P. Rubio y M.C. Andrés (eds). *Entre mujeres. Colaboraciones, influencias e intertextualidades en la literatura y el arte latinoamericanos*. Santiago de Chile: Editorial RIL (Red Internacional del Libro), 167-185.

———— (2007a). «The 'Complete' Works of Alejandra Pizarnik? Editors and Editions». En F. Mackintosh and K. Posso. *Árbol de Alejandra: Pizarnik Reassessed*. Gran Bretaña: Tamesis Books.

———— (2007b). «Formas de morir: de Alberto Greco a Alejandra Pizarnik». *Arrabal*. Lleida, España, n.º 5: 173-183.

———— (2007c). «Poder, escritura y edición. Algunas reflexiones acerca de la *Poesía completa*, la *Prosa completa* y los *Diarios* de Alejandra Pizarnik». *Páginas de guarda. Revista de lenguaje, edición y cultura escrita*. Argentina, n.º 3, otoño: 61-77.

———— (2011a). «Les 'poèmes français' de Pizarnik». *rbl La Revue de Belles-lettres*, Ginebra, 136, 2: 113-118. [Traducción al francés: André Gabastou].

———— (2012a). «La desterritorialización genérica en Alejandra Pizarnik: poesía/narración/microficción y oralidad». Conferencia en las *X Jornadas de Literatura Comparada*, Asociación Argentina de Literatura Comparada, Universidad Nacional de La Plata, Centro de Literaturas y Literaturas Comparadas, Instituto de Investigación en Humanidades y Ciencias Sociales, La Plata, 17 al 20 de agosto.

———— (2012b). «Poema en prosa, microficción, *récit*: la indecidibilidad genérica en los últimos textos de Alejandra Pizarnik». Ponencia en el Sexto Simposio Internacional CEN, Centro de Estudios de Narratología, Buenos Aires, 18 al 20 de julio.

———— (2012c). «El descentramiento del sujeto en la poesía de Alejandra Pizarnik». En A. Donati, E. Leonardi, G. Minardi, A. Polizzi (eds.), *En la otra orilla de la noche. En torno a la obra de Alejandra Pizarnik*. Roma: Aracne, 109-117.

———— (2012d). «La 'novela' de Pizarnik: de *Aurélia* de Nerval a *La bucanera de Pernambuco o Hilda la polígrafa*».

Actas del Cuarto Congreso Internacional CELEHIS de Literatura 2011: Nicolás Abadie [*et al.*]; con colaboración de María Pía Pasetti; compilado por Aymará de Llano, 1.ª ed., Mar del Plata: Universidad Nacional de Mar del Plata, 2013. E-Book.

PIÑA, Cristina (Ed.) (2012e). *En la trastienda del lenguaje. Nueve miradas a la escritura de Alejandra Pizarnik*. Editora y autora del prólogo y el ensayo «La biblioteca alejandrina». Pittsburg: Instituto de Literatura Iberoamericana (IILI), 2015, 23-59.

—— (2012f). *Límites, diálogos, confrontaciones. Leer a Alejandra Pizarnik*. Buenos Aires: Corregidor.

—— (2013). «La profanación e inversión del proyecto narrativo». En A. de Chatellus y M. Ezquerro (eds.). *Alejandra Pizarnik: el lugar donde todo sucede*. Coloquio Internacional Pizarnik de la Sorbonne. París: L'Harmattan, 175-186.

—— (2017). «Manipulación, censura e imagen de autor en la nueva edición de los *Diarios* de Alejandra Pizarnik». *Valenciana*. Estudios de filosofía y letras. Universidad de Guanajuato, nueva época, año 10, n.º 20, jul.-dic.: 25-48.

RODRÍGUEZ FRANCIA, Ana María (2003). *La disolución en la obra de Alejandra Pizarnik*. Buenos Aires: Corregidor.

RUNNING, Thorpe (1985). «The poetry of Alejandra Pizarnik». *Chasqui*, 14: 45-55.

SONCINI, Anna (1990). «Itinerario de la palabra en el silencio». *Cuadernos Hispanoamericanos*. Los complementarios, 5: 7-15.

TEMBRÁS, Dores (2008). *La obra poética de Alejandra Pizarnik. Arquitectura de un desencuentro*. Tesis Doctoral, Universidade da Coruña.

Torres Rodríguez, Laura (2009). «Alejandra Pizarnik y la novela en práctica». *CiberLetra. Revista de crítica literaria y de cultura*, n.º 22, diciembre, www.lehman.cuny.edu/ciberletras/v22/torresrodriguez.html

Venti, Patricia (2003). «Las diversiones púbicas de Alejandra Pizarnik». *Espéculo. Revista de Estudios Literarios*, n.º 23, Universidad Complutense de Madrid, www.ucm.es/info/especulo/numero23/alepizventi.html

————— (2004). «Censura y traición en los diarios de Alejandra Pizarnik». *Espéculo. Revista de Estudios Literarios*, n.º 26, Universidad Complutense de Madrid, www.ucm.es/info/especulo/numero26/diarios.html

————— (2005). «*Palais du vocabulaire* de Alejandra Pizarnik: cuadernos de notas o apuntes para sobrevivir». *Espéculo. Revista de Estudios Literarios*, n.º 31, Universidad Complutense de Madrid, www.ucm.es/info/especulo/numero31/palaisap.html

————— (2006). «La traducción como reescritura en *La condesa sangrienta* de Alejandra Pizarnik», *Espéculo. Revista de Estudios Literarios*, n.º 32, Universidad Complutense de Madrid, www.ucm.es/info/especulo/numero32/alepizventi.html

————— (2007a). «*Innocence & non sense*: el cuerpo fraudulento de la lengua en los textos póstumos de Alejandra Pizarnik». *Espéculo. Revista de Estudios Literarios*, n.º 35, Universidad Complutense de Madrid, www.ucm.es/info/especulo/numero35/alepizar.html

————— (2007b). «El discurso autobiográfico en la obra de Alejandra Pizarnik». *Grafemas:* Boletín electrónico de la AILCFH, diciembre, s/p.

——— (2007c). «Alejandra Pizarnik en el contexto argentino». *Espéculo. Revista de Estudios Literarios*, n.º 37, Universidad Complutense de Madrid, www.ucm.es/info/especulo/numero37/pizaconte.html

——— (2008a). *La dama de estas ruinas. Un estudio sobre* La condesa sangrienta *de Alejandra Pizarnik*. El Escorial: Dedales.

——— (2008b). *Bibliografía completa de Alejandra Pizarnik*. Madrid: Del Centro Editores.

——— (2008c). *La escritura invisible. El discurso autobiográfico en Alejandra Pizarnik*. Barcelona: Anthropos.

Zeiss, Anne-Elizabeth (2001). *The subject between texts in Alejandra Pizarnik's Poetry*, Ph. D. University of Tex.

Este libro
acabó de imprimirse
en Madrid
en enero de 2022

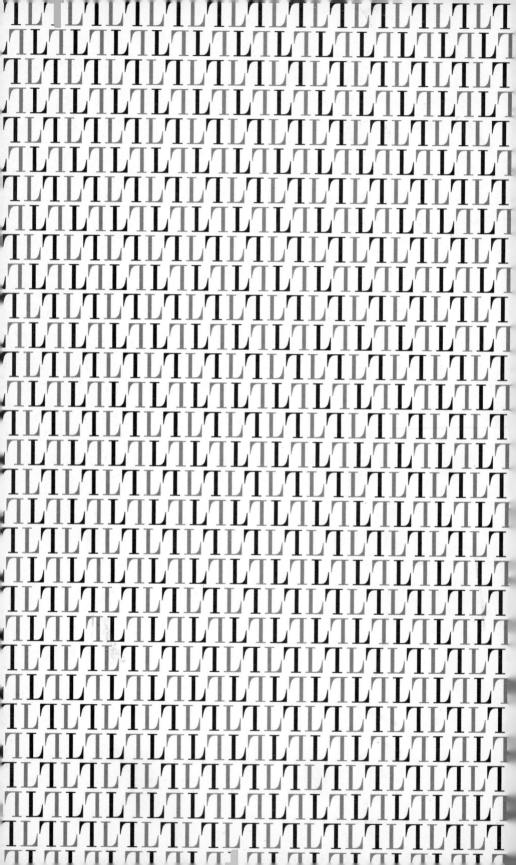